古典文獻研究輯刊

三六編

潘美月・杜潔祥 主編

第24冊

晚清日本漢文清史專著要論
——佐藤楚材《清朝史略》研究（下）

趙晨嶺 著

國家圖書館出版品預行編目資料

晚清日本漢文清史專著要論——佐藤楚材《清朝史略》研究（下）／趙晨嶺 著 -- 初版 -- 新北市：花木蘭文化事業有限公司，2023〔民112〕
目 2+208 面；19×26 公分
（古典文獻研究輯刊 三六編；第24冊）
ISBN 978-626-344-282-5（精裝）
1.CST：佐藤楚材 2.CST：清朝史略 3.CST：研究考訂
011.08　　111022056

ISBN-978-626-344-282-5

古典文獻研究輯刊
三六編　第二四冊　　ISBN：978-626-344-282-5

晚清日本漢文清史專著要論
——佐藤楚材《清朝史略》研究（下）

作　者　趙晨嶺
主　編　潘美月、杜潔祥
總編輯　杜潔祥
副總編輯　楊嘉樂
編輯主任　許郁翎
編　輯　張雅淋、潘玟靜　美術編輯　陳逸婷
出　版　花木蘭文化事業有限公司
發行人　高小娟
聯絡地址　235 新北市中和區中安街七二號十三樓
電話：02-2923-1455／傳真：02-2923-1452
網　址　http://www.huamulan.tw 信箱 service@huamulans.com
印　刷　普羅文化出版廣告事業
初　版　2023年3月
定　價　三六編52冊（精裝）新台幣140,000元

晚清日本漢文清史專著要論
——佐藤楚材《清朝史略》研究（下）

趙晨嶺 著

目次

上冊

第二節　附傳中的人物形象

書中有一《附傳目錄》，每行兩位傳主，茲按其格式抄錄如下：

范文程（承謨　時崇　時繹）	圖賴
準襄毅公（渾塔）	文簡公希福
伊忠直公	陳忠襄公
寧完我	圖文襄公
佟養性（養甲）	佟圖賴（國綱）
石忠勇公	愛星阿（揚古利）
索尼	遏必隆〔註 258〕
魏裔界〔註 259〕	魏象樞
李霨	馮溥〔註 260〕
趙廷臣	王文靖
李文襄公	費揚古
郝浴	楊錡湄
張英	于成龍
傅忠毅公	湯斌
靳輔	熊賜履
徐元夢	韓菼
趙良棟	趙〔註 261〕伯行
施琅（世綸　世驃）	藍理
姚啟聖	陳鵬年（以上第四卷）
○鄂爾泰	張廷玉（若渟）
勵文恪公（廷儀　宗萬）	岳鍾琪
方望溪	余田生
李紱	甘汝來
顧琮	閻百詩
兆惠（以上第五卷）	○孫嘉金〔註 262〕

〔註 258〕二人實際無傳，遏必隆在其孫阿里袞傳中提及。

〔註 259〕應為「介」。

〔註 260〕實際無傳。

〔註 261〕應為「張」。

〔註 262〕應為「淦」。

胡煦
謝濟世
尹會一
劉統勳（墉）
彭芝庭

阿桂（阿迪斯　阿彌達）
明瑞
紀曉嵐
〇朱珪
吳熊光
曹錫寶
孫玉庭（蔣襄平）
金光悌
董教增
額勒登保
福康安
那彥成
〇林則徐
吳文鎔（以上第八卷）
〇孫夏峰
李二曲
侯方域
王漁洋
魏叔子
陳維崧
王夢樓
趙甌北
朱之錫

徐士林
錢陳群
尹繼善
汪由敦
傅恒（福靈安　福隆安　福長安
豊伸濟〔註263〕）
沈德潛
阿里袞
王杰（以上第六卷）
鄂容安
錢灃
謝振定
松筠
簡恪公
阮文達公
德楞泰
楊遇春（國柱）
楊芳（以上第七卷）
陳化成
〇曾國藩（以上第十卷）
黄梨洲
顧炎武
毛龜〔註264〕齡
朱彝尊
姜宸英
袁隨園
張船山
姚端恪公
王而農

〔註263〕應為豐紳濟倫。
〔註264〕應為「奇」。

應潛齋	朱柏盧
施愚山	汪昆〔註265〕溪
李剛主	萬斯同
崑繩	李簡菴
馬驌	梅文鼎
何義門	惠天牧
全祖望	焦里堂
惠棟	王西莊
錢大昕（大昭 塘 坫 侗）	宋荔裳
汪堯峰	丁藥園
毛先舒	窮〔註266〕舫
許〔註267〕東	潘次耕
陳恭尹	孫豹人
邵青門	彭羡門
李天生	汪武曹
周青士	王翃
藍鼎元	朱梅崖
黄莘田	唐仲冕
曹習菴	劉大櫆
陳〔註268〕東甫	馬秋玉
吳穀人	姚姬傳（管異之）
惲子居	鄧子立
魏源（海西秋〔註269〕）	王石谷
鄧石如	湯西涯
章慥	黄采
陸桴夢〔註270〕	高世泰

〔註265〕應為「星」。
〔註266〕應為「鶴」。
〔註267〕應為「計」。
〔註268〕應為「沈」。
〔註269〕應為湯海秋。
〔註270〕應為「亭」。

以上傳目大體上可以曾國藩為界，之前傳主皆為清朝大臣，之後傳主按作者在凡例中的歸納，可謂儒林文苑、孝義隱逸。不過個別人物存在分類錯誤，閻百詩當歸入儒林文苑傳，姚端恪公（姚文然）、朱之錫當歸入清朝大臣傳。且實際入傳人物並非與目錄中一一對應，傳主、附傳者及順序均有出入。下面按書中這兩類，依正文順序分別列表述之：

清朝大臣傳一覽表

序號	實際傳主及已知生卒年	大約字數（含標點）	眉批個數	附傳者及備註
1	范文程（1597～1666）	1700	5	范承謨（1624～1676） 范承勳（1641～1714） 范時崇（1663～1720） 范時綬（？～1782）
2	費英東（1562～1620）	400	1	圖賴（1600～1646）
3	準塔（？～1647）	300	0	扈爾漢（1576～1623） 目錄另有渾塔。
4	希福（1589～1653）	700	1	目錄寫為文簡公希福。
5	伊爾登（1595～1663）	500	2	目錄寫為伊忠直公。
6	陳泰（？～1655）	400	0	目錄寫為陳忠襄公。
7	寧完我（1593～1665）	200	0	
8	佟養性（？～1633）	500	2	佟養甲（1608～1648） 佟養量 佟岱（？～1663） 佟國鼐

〔註271〕實際無傳。

〔註272〕附傳目錄中實有192個人名稱謂，除去重出的湯海秋，當為191人。

〔註273〕殷夢霞、李強選編《外國人著清史八種》，第三冊，第49～57頁。

				佟國器 佟國楨 佟鳳彩（1622～1677）
9	佟圖賴（1606～1658）	500	0	佟養真（？～1621） 佟國綱（？～1690） 佟國維（1643～1719） 法海（1671～1737）
10	石廷柱（1599～1661）	700	1	石琳（1638～1702） 目錄寫為石忠勇公。
11	揚古利（1572～1637）	200	2	實未記愛星阿（？～1664）事。
12	魏裔介（1616～1686）	500	1	
13	魏象樞（1617～1687）	700	2	
14	李霨（1625～1684）	200	0	
15	圖海（？～1682）	1800	2	目錄寫為圖文襄公，位置在寧完我和佟養性之間。
16	趙廷臣（？～1669）	800	2	提及張煌言（1620～1664）事。
17	王熙（1628～1703）	800	0	目錄寫為王文靖。
18	李之芳（1622～1694）	500	0	目錄寫為李文襄公。
19	費揚古（1645～1701）	1900	5	提及噶爾丹（1644～1697）事。
20	郝浴（1623～1683）	400	0	
21	楊素蘊（1623～1689）	200	0	目錄所寫為其字筠湄。
22	湯斌（1627～1687）	300	1	
23	靳輔（1633～1692）	600	3	提及陳潢（1637～1688）事。
24	熊賜履（1635～1709）	400	1	
25	張英（1638～1708）	500	1	張廷璐（1675～1745）
26	于成龍（1617～1684）	2000	3	目錄張英、于成龍、傅弘烈在湯斌前。
27	傅弘烈（1623～1680）	700	1	目錄寫為傅忠毅公。
28	徐元夢（1655～1741）	1900	1	
29	韓菼（1637～1704）	400	1	
30	趙良棟（1621～1697）	1700	2	
31	張伯行（1651～1725）	1100	3	

32	施琅（1621～1696）	1400	1	施世綸（1659～1722） 施世驃（1667～1721）
33	藍理（1648～1719）	2600	5	藍珠
34	姚啟聖（1624～1683）	2400	1	姚儀（？～1696）
35	陳鵬年（1663～1723）	2200	2	
36	鄂爾泰（1677～1745）	1400 （前有闕文）	3	該傳影印未全。 未述其子鄂容安自有傳。
37	張廷玉（1672～1755）	2900	5	張若靄（1713～1746） 張若渟（1728～1802）
38	勵杜訥（1628～1703）	600	1	勵廷儀（1669～1732） 勵宗萬（1705～1759）
39	岳鍾琪（1686～1754）	1800	2	未附其子岳濬等。
40	方苞（1668～1749）	1200	1	
41	余甸（1655～1726）	400	0	目錄所寫為其字田生，正文名誤。
42	李紱（1675～1750）	2000	1	
43	甘汝來（1684～1739）	400	0	
44	顧琮（1685～1754）	1200	1	
45	閻若璩（1636～1704）	500	1	目錄所書為其字百詩。 當歸入儒林文苑傳。
46	兆惠（1708～1764）	1400	0	
47	孫嘉淦（1683～1753）	1400	4	
48	胡煦（1655～1736）	700	0	胡季堂（1729～1800）
49	徐士林（1684～1741）	500	0	
50	謝濟世（1689～1755）	800	1	
51	錢陳群（1686～1774）	1000	0	
52	尹會一（1691～1748）	1000	2	
53	尹繼善（1696～1771）	900	3	
54	劉統勳（1700～1773）	800	1	劉墉（1720～1805）
55	汪由敦（1692～1758）	500	0	
56	彭啟豐（1701～1784）	200	0	目錄所書為其號芝庭。

57	傅恒（1722～1770）	2700	0	福靈安（？～1767） 福隆安（1743～1784） 福康安，未述自有傳。 福長安（1760～1817） 豐紳濟倫（1763～1807），目錄及傳中名均誤。
58	阿桂（1717～1797）	1000	1	阿迪斯（1740～1815） 阿必達（？～1791） 提及阿克敦（1685～1756）事。
59	沈德潛（1673～1769）	400	1	
60	明瑞（？～1768）	2900	2	奎林（？～1792） 提及惠倫（？～1797） 並提及觀音保（？～1768）事。
61	阿里袞（？～1769）	1600	0	豐昇額（？～1777） 提及達爾黨阿（？～1760） 額亦都（1562～1621） 遏必隆（？～1674） 尹德（？～1727） 布彥達賚（1754～1801）
62	紀昀（1724～1805）	500	1	目錄寫為紀曉嵐。
63	王杰（1725～1805）	700	0	
64	朱珪（1731～1807）	1200	5	提及汪學金（1748～1804）事。
65	鄂容安（1714～1755）	500	0	提及雷鋐（1696～1760）事。
66	吳熊光（1750～1833）	1300	4	
67	錢灃（1740～1795）	1100	0	提及武億（1745～1799）事。
68	曹錫寶（1719～1792）	300	2	
69	謝振定（1753～1809）	200	0	
70	孫玉庭（1741～1824）	600	0	蔣攸銛（1766～1830）
71	松筠（1752～1835）	800	3	
72	金光悌（1747～1812）	300	0	
73	戴敦元（1767～1834）	700	2	目錄寫為簡恪公。
74	董教增（1750～1822）	300	1	
75	阮元（1764～1849）	1600	3	目錄寫為阮文達公。 提及孔璐華（？～1832）

76	額勒登保（1748～1805）	1600	3	
77	德楞泰（1749～1809）	1000	1	
78	福康安（1754～1796）	1000	2	提及德麟（約 1780～1819）
79	楊遇春（1760～1837）	1200	2	提及其長子「國桂」及子「國柱」，名均誤。
80	那彥成（1763～1833）	300	0	
81	楊芳（1770～1846）	1200	2	
82	羅思舉（1764～1840）	700	3	桂涵（？～1833） 目錄失載。
83	林則徐（1785～1850）	1600	5	提及鄭淑卿（1789～1847） 林汝舟（1814～1861）
84	陳化成（1776～1842）	300	2	
85	吳文鎔（1792～1854）	300	1	
86	曾國藩（1811～1872）	1700	0	提及曾麟書（1790～1857） 曾國潢（1820～1886） 曾國華（1822～1858） 曾國荃（1824～1890） 曾國葆（1828～1862） 曾紀澤（1839～1890）

儒林文苑、孝義隱逸傳一覽表

序號	傳主及已知生卒年	大約字數（含標點）	眉批個數	附傳者及備註
1	侯方域（1618～1655）	200	2	目錄排在顧炎武之後。 提及王猷定（1598～1662）
2	孫奇逢（1584～1675）	600	2	孫博雅（1630～1684） 魏一鰲（1613～1692） 提及鹿善繼（1575～1636） 左光斗（1575～1625） 魏大忠（1575～1625） 周順昌（1584～1626） 鹿正 張果中（1588～1658） 馬光裕（1601～1671） 目錄僅書孫夏峰。

3	黃宗羲（1610～1695）	1300	3	黃宗炎（1616～1686） 提及黃宗會（1618～1663） 黃百家（1643～1709） 吳鍾巒（1577～1651） 萬斯同（1638～1702） 萬言（1637～1705） 吳任臣（1632～1689） 孫嘉績（1604～1646） 目錄僅書黃梨洲。
4	李顒（1627～1705）	600	1	提及李可從（？～1642） 彭氏（？～約 1667） 汪喬年（1585～1642） 劉宗周（1578～1645） 目錄寫為李二曲。
5	顧炎武（1613～1682）	1200	4	提及錢謙益（1582～1664） 熊賜履（1635～1709）
6	毛奇齡（1623～1716）	1600	7	目錄名誤。 提及張新標 施閏章（1619～1683） 賀淩臺 楊洪才 李因篤（1632～1692） 李光地（1642～1718）
7	朱彝尊（1629～1709）	500	5	提及朱昆田（1652～1699） 朱稻孫（1682～1760） 周篔（1623～1687） 繆泳（1623～1702）
8	魏禧（1624～1681）	400	1	提及魏兆鳳（1597～1654） 魏祥（1620～1677） 魏禮（1628～1693） 馮景（1652～1715）
9	姜宸英（1628～1699）	500	1	提及嚴繩孫（1623～1702）
10	陳維崧（1625～1682）	200	2	吳綺（1619～1694） 提及章藻功（？～約 1711）
11	查慎行（1650～1727）	300	1	目錄失載。 提及范驤（1608～1675）

				查昇（1650～1707） 查嗣庭（1664～1727）
12	袁枚（1716～1798）	400	2	提及其父袁濱（1676～1752）
13	王文治（1730～1802）	300	1	目錄寫為王夢樓。
14	張問陶（1764～1814）	200	2	目錄寫為張船山。 提及其繼室林頎。
15	趙翼（1727～1814）	400	1	目錄寫為趙甌北。 提及劉綸（1711～1773） 蔣士銓（1725～1785） 費淳（1739～1811） 蔣兆奎（1729～1802）
16	姚文然（1620～1678）	200	0	當歸入清朝大臣傳。
17	朱之錫（1623～1666）	300	0	當歸入清朝大臣傳。 提及靳輔（1633～1692） 陳鵬年（1663～1723） 齊蘇勒（？～1729） 嵇曾筠（1670～1739）
18	王夫之（1619～1692）	800	0	目錄寫為王而農。 提及瞿式耜（1590～1650） 嚴起恆（1599～1650）
19	應撝謙（1615～1683）	200	0	目錄寫為應潛齋。 提及許三禮（1625～1691）
20	朱用純（1627～1698）	200	1	目錄寫為朱柏廬。 提及朱集璜（1597～1645）
21	施閏章（1619～1683）	400	0	目錄寫為施愚山。
22	汪佑	100	1	生卒年不詳，目錄字誤。 提及高世泰（1604～1676）
23	王端	100	2	生卒年不詳，目錄失載。
24	張烈（1622～1685）	400	3	陳法（1692～1766） 目錄失載。
25	李塨（1659～1733）	1100	3	王源（1648～1710），字崑繩。 目錄寫為李剛主、萬斯同、崑繩。 提及顏元（1635～1704） 方苞（1668～1749）

26	李圖南（1676～1732）	100	2	目錄寫為李簡菴。 提及雷鋐（1696～1760）
27	萬斯同（1638～1702）	500	1	目錄排在李剛主、崑繩之間。 提及萬泰（1598～1657） 錢名世（1660～1730）
28	馬驌（1621～1673）	100	0	提及張玉書（1642～1711）
29	梅文鼎（1633～1721）	200	0	提及梅瑴成（1681～1764）
30	何焯（1661～1722）	700	3	陳景雲（1670～1747） 目錄僅書何義門。
31	惠士奇（1671～1741）	400	3	目錄寫為惠天牧。
32	全祖望（1705～1755）	100	1	提及李紱（1675～1750） 閻若璩（1636～1704） 何焯（1661～1722）
33	焦循（1763～1820）	300	0	目錄寫為焦里堂。
34	惠棟（1697～1758）	200	0	未述其為惠士奇之子。
35	王鳴盛（1722～1798）	200	1	王鳴韶（1732～1788）
36	錢大昕（1728～1804）	200	0	錢大昭（1744～1813） 錢塘（1735～1790） 錢坫（1744～1806） 錢侗（1778～1815）
37	宋琬（1614～1674）	100	0	目錄寫為宋荔裳。
38	汪琬（1624～1691）	200	0	目錄寫為汪堯。
39	丁澎（1622～1691 年之後）	100	0	目錄寫為丁藥園。
40	毛先舒（1620～1688）	100	0	毛際可（1633～1708）
41	計東（1625～1676）	100	0	目錄、正文姓均誤。
42	潘耒（1646～1708）	100	0	目錄寫為潘次耕。
43	葉燮（1627～1703）	100	0	目錄失載。
44	陳恭尹（1631～1700）	100	0	提及李世熊（1602～1686） 彭士望（1610～1683） 屈大均（1630～1696） 梁佩蘭（1630～1705） 金邠（1834～約 1915）

45	孫枝蔚（1620～1687）	100	1	目錄寫為孫豹人。
46	邵長蘅（1637～1704）	100	0	目錄寫為邵青門。
47	儲欣（1631～1706）	50	0	目錄失載。
48	彭孫遹（1631～1700）	100	0	目錄寫為彭羨門。
49	李因篤（1632～1692）	300	2	目錄寫為李天生，正文名誤。
50	汪份（1655～1721）	200	0	王步青（1672～1751） 提及陶元淳（1646～1698） 黃越 目錄僅書汪武曹。
51	周篔（1623～1687）	100	0	目錄寫為周青士。
52	王翃（1603～1653）	50	0	未提梅里詩派。
53	藍鼎元（1680～1733）	100	0	朱仕琇（1715～1780） 黃任（1683～1768） 目錄分三傳，寫為藍鼎元、朱梅崖、黃莘田。
54	唐仲冕（1753～1827）	100	0	未提其子唐鑑（1778～1861）
55	曹仁虎（1731～1787）	50	0	目錄寫為曹習菴。
56	劉大櫆（1698～1779）	100	0	提及方苞（1668～1749） 姚鼐（1732～1815）
57	沈炳震（1679～1737）	100	1	目錄及正文姓均誤。
58	馬曰琯（1687～1755）	100	0	目錄寫為馬秋玉。 未提其弟馬曰璐（1695～1775）
59	吳錫麒（1746～1818）	100	0	目錄寫為吳穀人。
60	姚鼐（1732～1815）	400	1	管同（1780～1831） 提及程晉芳（1718～1784） 吳定（1744～1809） 吳德旋（1767～1840） 梅曾亮（1786～1856） 目錄僅書姚姬傳。
61	惲敬（1757～1817）	100	2	目錄寫為惲子居。
62	鄧顯鶴（1777～1851）	300	0	目錄寫為鄧子立。
63	魏源（1794～1857）	200	0	湯鵬（1801～1844） 目錄字誤。
64	王翬（1632～1717）	100	1	提及惲壽平（1633～1690） 目錄寫為王石谷。

65	鄧石如（1743～1805）	400	0	提及梅鏐 張惠言（1761～1802） 金榜（1735～1801） 曹文埴（1735～1798）
66	湯右曾（1656～1722）	50	0	目錄寫為湯西涯。
67	章愷	50	0	生卒年不詳。
68	黃采	50	0	生卒年不詳。
69	陸世儀（1611～1672）	200	1	目錄字誤。 提及陸隴其（1630～1692） 劉宗周（1578～1645） 張采（1596～1648）
70	高世泰（1604～1676）	100	0	提及其為高攀龍從子。
71	謝文洊（1615～1682）	200	0	目錄寫為謝約齋，正文名誤。 提及宋之盛（1612～1668） 彭任（1624～1708）
72	王懋竑（1668～1741）	100	0	目錄寫為王白田。
73	段玉裁（1735～1815）	20	0	該傳篇幅最短。
74	王士禛（1634～1711）	100	0	目錄寫為王漁洋。
75	余增遠（1605～1669）	200	0	周齊曾（1603～1671） 目錄僅書余若水。
76	陸隴其（1630～1692）	300	0	

下文按兩表順序分述諸傳：

一、清朝大臣傳

1. 范文程、承謨、承勳、時崇、時綬

清初文臣范文程及其部分子孫傳位於該書列傳之首。附傳目錄為：范文程（承謨、時崇、時繹），實際傳中尚有范文程三子承勳史事，時繹僅提其名，所記為時綬之事。

該傳開篇曰：「范文程，字憲計，瀋陽人，本宋范仲淹後，為書生。」〔註 274〕范文程實字憲斗。

「天命三年，杖策謁太祖於撫順。偉其貌，詢其家世，謂諸貝勒曰：『此名臣後也，厚遇之。』」范文程並非主動投順，而是被擄求生。「厚遇之」，《國

〔註 274〕殷夢霞、李強選編《外國人著清史八種》，第三冊，第 192 頁。

朝耆獻類徵初編》中的《國史賢良小傳》及張宸撰《范文程傳》均作「善遇之」〔註 275〕，更為準確，當時不過是免死為奴而已。傳中未述其天命、天聰年間隨軍征戰，崇德元年授內秘書院大學士等事。

「順治元年四月，流賊李自成陷明北京，明將吳三桂來乞師。世祖召公決策進兵，公建議曰：『自闖賊猖狂，中原塗炭，近且傾覆京師，戕厥君後，此必討之賊也。雖擁眾百萬，橫行無忌，揆其敗道有三，俾殞其主，天怒矣；刑辱搢紳，拷略財貨，士怒矣；掠民貲，淫人婦女，火人廬舍，民恨矣。備此三敗，行之以驕，可一戰破也。』又言：『好生者，天地之德也，兵者，聖人不得已而用之，自古未有嗜殺而得天下者。今誠欲統一區夏，非乂安百姓不可。』於是大軍遂發，公扶病隨征，申嚴紀律，秋毫無犯，妄殺者罪之。」此時福臨尚幼，與范文程商議者並非「世祖」，而是攝政王多爾袞。

之後傳中述范文程「草檄宣諭」「建議首先為明帝發喪」「疏請撫遺黎」諸事，並總結：「嘗晝夜在闕下，事無巨細，應機立辨。開國規制，公手定者為多。」

「六年，任議政大臣，加世爵至一等子，晉少保，以疾乞休，世祖親調藥餌馳賜。」范文程任議政大臣，加一等精奇尼哈番在順治九年，晉少保兼太子太保、乞休、賜葯事在十一年。

「十四年，詔遣畫工就第圖公像，藏於內庫。」實畫兩幅，一藏於內庫，一賜其本人。

「康熙元年，上諭曰：原任大學士范文程、希福、寧完我、額色黑，皆太宗文皇帝股肱之臣，勳勞最著，其子宜擢用。」未述命其赴皇太極昭陵致祭事。

「越四年，薨。聖祖震悼，謚文肅，御製碑文勒墓上。五十二年，御書『元輔高風』額其祠。雍正中，詔入賢良祠。」京師賢良祠始建於雍正八年。

「次子承謨，字覲。」〔註 276〕范承謨，字覲公，漏「公」字。

「康熙七年，巡撫浙江。十年，因疾解任，浙江總督劉兆麟、提督塞白理各據民詞籲留，給事中姜希轍、柯聳，御史何元英等，亦言其愛民如子，劾貪除猾，杜加耗私派陋規，單騎勘荒，悉心賑恤，浙人愛戴，請特敕勉留。有旨：『俯順民情，留原任。』在浙四載，民安其治，每出巡，山農進瓜菓，脫粟飯，

〔註 275〕 李恆輯《國朝耆獻類徵》，江蘇廣陵古籍刻印社 1990 年版，第 4 冊，第 37 頁。

〔註 276〕 殷夢霞、李強選編《外國人著清史八種》，第三冊，第 193 頁。

受食之日，與父老童稚接，以故悉民疾苦，得設施極恤。」〔註 277〕未述范承謨順治年間選侍衛，成進士，授編修，遷學士諸事。

「十一年，擢福建總督，以疾辭，不允。明年，遣御醫診視，賜葠藥，趣赴新任，解御衣冠及鞍馬賜之。言閩人生計，非耕即漁，自海禁嚴，徙沿海民居內地，廢民田二萬餘頃，虧賦額二十餘萬，請聽民沿邊捕採取魚，課之，益軍餉。」范承謨「以疾辭，不允」後請陛見，十二年至京，「解御衣冠及鞍馬賜之」實為當面賞賜。

「十三年，吳三桂反雲南，會耿精忠陰附三桂，公察其有異志，乃疏請增兵復舊額，又請巡海嶠，赴漳、泉閱鎮兵，以遙制之。疏上，未及行，客謂公曰：『滇氛已及楚矣，盍以備鄰封為辭，出據其上流乎？』公曰：『彼逆猶末〔註 278〕發也，我動，彼且得間，謂我據地陰圖之，因以怒其下，是我失守而激變，不可為也。』乃密檄諸道將，以謁新總督為名，率健兒赴行省，用折逆謀。事未集，而精忠叛。是年三月，精忠詭言……」〔註 279〕之後關於范承謨被執就義的敘述與《清史攬要》略同〔註 280〕，而《攬要》並未說明「御賜冠」的來歷。

「十九年，精忠赴市朝日，公子時崇手砥其肉以祭墓。福建士民建專祠於道山，御書祠額曰『忠貞炳日』。所著《吾廬存稿》《畫壁遺稿》等，時崇以稿進呈，聖祖親製序。雍正中，詔入昭忠祠。」

「三子承勳，擢雲貴總督，在滇九年，所祛蠹弊甚多，民至今賴之。」范承勳總督雲貴在康熙二十五年。

「三十九年，入覲，聖祖曰：『爾係盛京舊人，爾父累朝效力，爾兄又為國捐軀，朕見爾思及爾兄，心為慘切，不見爾八九年矣。爾鬚髮遂皓白如此耶！』解御用貂冠、狐白裘賜之，竝賜御書『世濟其美』額。」〔註 281〕事當在三十二年。對玄燁的語言描寫直抒胸臆，可謂深度刻畫。

「明年，內遷左都御史，尋督兩江。初，公在滇黔發奸糾暴無所貸，至是專務清靜以與民休息。五十三年，薨。諭稱其敬慎自持，勳勞久著，賜祭葬如

〔註 277〕殷夢霞、李強選編《外國人著清史八種》，第三冊，第 193～194 頁。

〔註 278〕應為「未」。

〔註 279〕殷夢霞、李強選編《外國人著清史八種》，第三冊，第 194～195 頁。

〔註 280〕參見趙晨嶺《晚清日本漢文清史專著舉要——增田貢〈清史攬要〉〈滿清史略〉比較研究》，花木蘭文化出版社 2022 年版，第 99 頁。

〔註 281〕殷夢霞、李強選編《外國人著清史八種》，第三冊，第 197 頁。

例。」〔註282〕未述范承勳三十八年授兵部尚書，次年監修高家堰隄工，四十三年乞休等事。

至此傳中接敘范時崇事：「承謨子時崇，康熙四十四年，巡撫廣東，疏言：『前耿逆之變，隨臣父殉難者五十三人，內生員嵇永仁、王龍光等俱被幽囚三載，死難甚烈，經前撫臣題請贈銜，部以生員追贈例議寢。乞特敕追贈，祔祀臣父祠堂。』乃贈官入祠。」〔註283〕未述范時崇此前的仕宦經歷。

「五十三年，陛見，賜御製詩，有『棟梁祖德家聲重，蘭桂孫枝令譽清』之句。序云：『閩浙總督范時崇陛見來京，朕每思伊祖為開創宰輔，伊父乃忠義名臣，所以待之優重。今回回任，特賦餞送。』」所引詩、序既刻畫范家形象，亦是對玄燁形象的刻畫。

「五十九年，薨。前官福建時，明允哀矜，慈而善斷，士民竝祀之道山。」范時崇四十九年任福建浙江總督，五十四年卸任後歷任左都御史、兵部尚書。

「時繹、時紀、時綬、時捷皆文肅公孫也。時綬，乾隆十六年擢湖南巡撫，疏言：『洞庭為受水之區，私垸日增，則上流受害已巨。』勸諭毀垸，竝嚴禁填築，水得暢流。四十七年，薨。」〔註284〕范時綬乾隆十六年署湖南巡撫，因該水利之疏獲記，而未記其後的仕宦經歷。傳中未記雍正年間曾署兩江總督、任戶部尚書、總管內務府大臣的范時繹史事。

「乾隆五十七年，特旨：『原任大學士范文程，在國初時勳庸懋著，其子承謨又靖節捐軀，今其裔孫內無文職大員，殊堪軫念。范宣恆著加恩補授工部右侍郎，仍兼副都統。』」〔註285〕該傳至此完結。

2. 費英東、圖賴

附傳目錄為「圖賴」，實際其父費英東傳文約三百字，圖賴傳文僅百字。

「圖賴，姓瓜爾佳氏，滿洲人。父直義公，諱費英東。驍果善射。天命初，授一等大臣，尚公主。自少從太祖征討諸國三十餘年，每戰身先將士，突堅陣，當其鋒者，輒糜碎。以功授二等子世襲。」〔註286〕費英東之妻為努爾哈齊長子褚英的長女。《欽定八旗通志》為「以功授一等子世襲」〔註287〕。當時子爵

〔註282〕殷夢霞、李強選編《外國人著清史八種》，第三冊，第197～198頁。
〔註283〕殷夢霞、李強選編《外國人著清史八種》，第三冊，第198頁。
〔註284〕殷夢霞、李強選編《外國人著清史八種》，第三冊，第198～199頁。
〔註285〕殷夢霞、李強選編《外國人著清史八種》，第三冊，第199頁。
〔註286〕殷夢霞、李強選編《外國人著清史八種》，第三冊，第199頁。
〔註287〕《欽定八旗通志》卷一百三十五，吉林文史出版社2002年版，第四冊，第二

稱精奇尼哈番，乾隆元年改名。

「大〔註 288〕祖之取撫順也，明兵來援，投石飛火，直義公馬驚逸，諸軍欲退，乃迴馬大呼，揮諸軍猛進，卒破之。太祖拊體歎曰：『萬人敵也。』」〔註 289〕事在天命三年。

「從攻葉赫，城上矢石如雨下，直義公及諸將皆被創，太祖命之退，對曰：『我兵已薄城下，何退為？』再命退，對曰：『勢已垂克，請勿疑。』竟拔其城。性忠直，敢強諫，宣力殫心，以佐成大業。」事在次年。

傳中未述其病卒於天命五年，即敘：「太宗即位，追封直義公，配饗太廟。」事在皇太極稱帝之崇德元年，並非天聰元年。

「順治十六年，追論佐命功第一，晉世爵一等公。」所晉為三等公，晉一等公在乾隆四十三年。

「康熙九年，大駕東巡，親酹其墓。」玄燁首次東巡於是年動議，次年成行。

傳中至此方述圖賴事：「昭勳公圖賴，其第七子也。性忠鯁，勇而善謀，能以寡覆眾，無能禦者。結髮事戎行，屢立奇功，未嘗一挫。薨後二年，貝子屯齊等誣以黨徇睿親王，追論之，奪子輝塞爵。」圖賴卒於順治三年。

「世祖親政，知公無罪，追謚昭勳，配饗太廟，復輝塞一等公。雍正九年，詔加號雄勇公。」〔註 290〕福臨親政在順治八年。

傳末總結：「本朝異姓勳臣，配饗位次，首信勇公費英果〔註 291〕，次宏毅公額亦都，二公皆兩世配食清廟。」〔註 292〕費英東加號信勇公，與其子圖賴加號雄勇公，同在雍正九年。

3. 扈爾漢、準塔

附傳目錄為「準襄毅公（渾塔）」，準襄毅公即準塔，傳中未述其兄渾塔事，首先簡述其父扈爾漢事：「準塔，姓佟佳氏，滿洲人。父扈爾漢，太祖養以為子，賜姓覺羅，授一等大臣，居五大臣之列。每戰為軍鋒，奮不顧身，薨。」扈爾漢卒於天命六年。五大臣附傳中有二，額亦都、何和禮、安費揚古無傳，

二四七頁。

〔註 288〕應為「太」。

〔註 289〕殷夢霞、李強選編《外國人著清史八種》，第三冊，第 199～200 頁。

〔註 290〕殷夢霞、李強選編《外國人著清史八種》，第三冊，第 200～201 頁。

〔註 291〕應為「東」。

〔註 292〕殷夢霞、李強選編《外國人著清史八種》，第三冊，第 201 頁。

費英東則未提此職。

「公其第四子也。崇德二年，隨武英郡王阿濟格征明皮島。王以敵兵堅守，屢月不能克，集諸將問策。公與參領鼇拜抗聲曰：『志不強，力不果，氣不銳者，不下此城！塔、拜丈夫也，請詰且先登，誓必克之，否則不復見王。』遂連舟越眾渡海，舉火為號，以待後軍。時敵兵據堡列陣，公與鼇拜冒矢石奮擊，肉薄而登，遂克其城。超授三等男。」文中未因鼇拜後來獲罪而隱沒其事蹟。

「順治元年，從睿親王多爾袞入山海關，大破李自成，於是燕京迤北，居庸關內外各城及天津、正定皆降。二年，平定准〔註293〕安。三年，隨肅親王豪格剿張獻忠，川寇悉平。四年，薨。追謚襄毅。」〔註294〕正定時稱真定，雍正元年避胤禛諱改名。準塔追謚襄毅在順治十二年。

4. 希福

附傳目錄為「文簡公希福」。

「希福，姓赫舍里氏，滿洲人。太祖以其通滿、漢、蒙古文字，召直文館，文字之任，一以委之。」〔註295〕天命四年，希福隨其兄碩色自哈達部投奔弩爾哈齊。

「天聰二年，太宗親征察哈爾，命往徵科爾沁兵助戰，將還，土謝圖額駙粵〔註296〕巴止之曰：『寇騎塞路，行將安之？即有罪譴，誰執其咎？』公曰：『君命安得辭？死則死耳，事不可悞也。』遂行。再宿達大營復命，曰：『科爾沁兵不赴調，土謝圖額駙奧巴已率兵他往侵掠，掠畢然後來會。』上怒，復遣將士八人隨公往趣其速赴調，行四晝夜，至小屯遇敵，擊殺三十餘人，卒達科爾沁部，以其兵來會。明年，奧巴至，上命公等責讓之，奧巴服罪，獻駝馬以謝。」〔註297〕奧巴因娶弩爾哈齊養孫女，故稱額駙。希福以此功授牛錄章京世職。

「崇德元年，改文館為內三院，公授宏文院大學士，與大學士范文程請更定部院官制，奏可。當是時，公雖居內院，筦機務，猶間奉使察哈爾、喀爾喀、科爾沁諸部，編戶口，設佐領，頒法律於蒙古，平其獄訟。或往來軍中，傳示

〔註293〕應為「淮」。
〔註294〕殷夢霞、李強選編《外國人著清史八種》，第三冊，第201～202頁。
〔註295〕殷夢霞、李強選編《外國人著清史八種》，第三冊，第202頁。
〔註296〕應為「奧」。
〔註297〕殷夢霞、李強選編《外國人著清史八種》，第三冊，第202～203頁。

機宜，核功實，度形勢，宣上德意於諸降人。還奏未嘗不稱旨也。」〔註 298〕時名弘文院，避弘曆諱改。

「順治元年，繙譯遼、金、元三史奏進，世祖展閱數四，賜蟒衣、鞍馬。」福臨年方幼沖，「展閱數四」當非此時事。

「時都統譚泰阿附攝政王睿親王，其弟譚布詣公，公曰：『日者大學士范文程以堂餐華侈語我，我對曰：吾儕儒臣也，非功勳大臣比，安得盛饌若此。遂偕往啟王。王以予言為然，且自咎曰：吾過矣。』譚布退，以告譚泰，訐之法法〔註 299〕司。坐偽傳王言，詆謾大臣，欲搆釁亂政，應論死。讞成，啟王，王令免死，奪職籍其家。八年二月，世祖親政雪其寃，再授宏文院大學士，復世職，竝還所籍。是年，譚泰以黨附睿親王伏誅。九年，奉特旨，以公係太祖、太宗舊臣，銜命馳驅，克盡心力，嘉其功，晉男爵為一等。又以定鼎燕京時公方罷仕，未獲加世秩，至是特晉三等子，世襲罔替。九月，授議政大臣。十一月，薨，年六十四。謚文簡。」〔註 300〕當時男爵稱阿思哈尼哈番，乾隆元年改名。

5. 伊爾登

附傳目錄為「伊忠直公」：「伊忠直公，諱伊爾登，姓鈕祜祿氏，滿洲人。」未述伊爾登為五大臣中的額亦都之子。

「七年夏，大祖〔註 301〕以征明及朝鮮、察哈爾三者何先，諭諸貝勒大臣各抒所見，時方留諸軍，興屯山海關外地，於是諸貝勒大臣奏曰：『明，吾讎也。用兵宜先，今留重兵，以稽時日，彼必有備矣。』公曰：『與其頓兵關外，不若徑入內地，覘其城有可取則取之。況蓄銳已久，人有戰心，何城不克？及是時而用之，所謂事半而功倍也。』明日，上命公隨貝勒岳託等，取明旅順口，大獲，旋與都統葉臣率二千五百駐守之。」〔註 302〕事在天聰七年，「大祖」應改為「太宗」。

「四年，隨武英郡王阿濟格攻明燕京，以三十人敗敵千人，獲其馬。」事在崇德四年，此戰並未入關，加「燕京」則有歧義。

「杏山之戰，明總兵祖大壽以兵三千迎戰，我軍既設伏，公率壯士四十人

〔註 298〕殷夢霞、李強選編《外國人著清史八種》，第三冊，第 203 頁。

〔註 299〕眉批註明衍字。

〔註 300〕殷夢霞、李強選編《外國人著清史八種》，第三冊，第 203～204 頁。

〔註 301〕兩字均誤。

〔註 302〕殷夢霞、李強選編《外國人著清史八種》，第三冊，第 204～205 頁。

誘敵追襲，伏發還之，大敗敵眾，授參政大臣。」此戰為皇太極親征。

「六年，隨鄭親王濟爾哈朗圍錦州，明總兵洪承疇以師赴援，屯松山西北。鄭親王令右翼兵擊之，失利，我四旗駐營地為敵所奪，火石飛光，著人糜爛。都統葉臣等斂兵不敢進，獨公所領侍衛及四旗護軍、恭順王孔有德與蒙古敖漢、奈曼、察哈爾等兵力戰。公先右翼軍突入敵陣，陷重圍，身被十餘矢，轉戰若無所見，所乘馬死傷，易馬復負傷，再戰益奮。凡三易馬，四戰皆捷。太宗歎其勇絕，晉一等男。」洪承疇是總督，並非總兵。實際上伊爾登因此戰功恢復了此前獲罪被革的三等梅勒章京世職，梅勒章京在順治四年改稱阿思哈尼哈番，乾隆元年方改稱男爵。他在清軍入關後累封進爵至二等伯。

「十三年，以老致仕。上念公宣力老臣，命上駟院給騎乘入朝。每至召對賜食，又詔圖其像，一藏內府，一賜其家。」〔註 303〕伊爾登致仕在順治十三年，未述康熙二年卒及賜謚忠直事。

6. 陳泰

附傳目錄為「陳忠襄公」:「陳忠襄公，諱陳泰，姓鈕祜祿氏，滿洲人。」陳泰為額亦都之孫，伊爾登兄子，當可合傳。

「太宗即位，設八大臣，與其列。」所設為總管旗務八大臣，其中並無陳泰。傳中未述其天聰、崇德年間的戰功。

「順治十二年，調吏部尚書，兼都統、大將軍如故。」陳泰調吏部尚書在前一年，順治十年授寧南靖寇大將軍。

「十二年，張獻忠餘黨偽南安王孫可望遣賊帥劉文秀、盧明臣、馮雙禮等帥眾六萬，分犯岳州、武昌，樓櫓千餘，蔽江而下，而文秀復以精兵攻常德。公遣將設伏以待，自帥精兵橫衝其陣，大破之。復出奇計，以舟師迎擊，三戰三捷，窮追十餘里，屍體相撐籍。賊復列艦拒戰，公揮伏兵擊之，火其舟，別遣將破賊德山下。師抵龍陽，賊又集眾二千來犯，我軍奮剿，賊潰奔，明臣赴水死，雙禮被創遁，文秀走黔中。獲偽敕印，降偽官五十餘人，兵三千。敘功，晉世襲一等子。未幾，薨。」〔註 304〕「南安王」並非秦王孫可望的爵號。陳泰所晉世職為一等精奇尼哈番兼一拖沙喇哈番，即一等子兼一雲騎尉。

「明年三月，班師。世祖命酒以勞諸臣，諭曰:『大將軍陳泰為朕蕩除逆寇，卒於戎行，朕甚傷悼，因揮淚不止。』復諭學士麻勒吉等曰:『朕大將軍

〔註 303〕殷夢霞、李強選編《外國人著清史八種》，第三冊，第 205～206 頁。

〔註 304〕殷夢霞、李強選編《外國人著清史八種》，第三冊，第 206～207 頁。

班師，生入國門，朕將親酌，不意中道棄捐，不復相見，其命爾持此一觴，奠大將軍靈次，少抒朕追悼之懷。』於是從征諸臣及左右侍從皆感涕。謚忠襄。」〔註305〕此段亦刻畫了福臨的形象。

7. 寧完我

「寧文毅公，諱完我，字公甫，遼陽人。太宗召直文館，曾疏請立六部，設言官。至天聰五年冬，復疏言：『六部已立，未設言官，今日秉政者，豈盡循良方正？在屬下者既不敢非其長官，旁人孰敢輕議權貴？古云：兼聽則聰，偏聽則蔽。一設言官，人必自斂。君身尚許諫爭，他人安有忌諱？此古帝王明目達聰之大用也。』」皇太極召寧完我值文館在天聰三年。

「十年春，與參將劉士英博事發，罷參將，遂閒居數年。」參將時稱甲喇章京。

「世祖定鼎後起學士。十年，授議政大臣。十一年，疏劾大學士陳名夏。康熙四年，薨。後入賢良祠。其時與公同祀賢良者，凡三人，曰額色赫、曰褚〔註306〕庫、曰根特。」〔註307〕寧完我授議政大臣當在順治十一年。額色赫即前文額色黑。

8. 佟養性、養甲、養量、岱

附傳目錄為「佟養性（養甲）」，傳中尚有其從弟佟養量、佟岱事蹟，並提及其從孫佟國鼐、國器、國楨、鳳彩。

關於佟養性：「佟勤惠公，諱佟養性。先世為滿洲，居佟佳，以地為氏。天聰五年，太宗命督造紅衣礮。初，軍營未備火器，至是，礮成，鐫曰：天祐〔註308〕助威大將軍。公掌焉。大淩河之役，以礮壞城堞，又焚敵營。十一月，祖大壽以大淩河城降。詔城中所得鎗礮，悉以附公。」〔註309〕佟養性順治七年病卒，十三年謚勤惠。

關於其家族：「佟氏一門，號多才，勤惠公之從兄弟，曰養甲，曰養量，曰岱，其從孫行，曰國鼐，曰國器，曰國楨，曰鳳彩，皆有聲於時。」眉批：「佟氏多才。」未述佟養性堂兄佟養真（後避胤禛諱稱佟養正）。

〔註305〕殷夢霞、李強選編《外國人著清史八種》，第三冊，第207～208頁。
〔註306〕原字誤用示字旁。
〔註307〕殷夢霞、李強選編《外國人著清史八種》，第三冊，第208～209頁。
〔註308〕原字誤用衣字旁。
〔註309〕殷夢霞、李強選編《外國人著清史八種》，第三冊，第209頁。

關於佟養甲：「佟養甲，字陸海。順治二年，以內閣學士隨貝勒博洛帥師南征。越明年，下杭州，平福建，與提督李成棟率兵定廣東。當是時，明唐王朱聿鍵之弟聿鐭據廣州，建號紹武。養成〔註310〕與成棟既克惠、湖二府，急趨廣州，令前鋒軍悉用紅帕裹頭，偽為廣州援兵狀，以惠湖道印為公文，紿守者，奪門入，擒聿鐭及周、益、遼諸王等二十餘人。尋平南雄、韶州、肇慶三郡。五年，成棟叛，被害，入昭忠祠。卒之年，大饑，設法賑恤。粵人德之，祀名宦。」〔註311〕未述佟養甲任兩廣總督兼廣東巡撫事。

關於佟養量和佟岱：「佟養量，順治元年，與弟岱從克太原。二年，從定江南，克揚州，皆以紅衣礮有功，蓋即勤惠公舊所掌者也。岱之從英親王征江西也，歷下九江、南康、南昌、袁州等府，以俘獲疏聞，且言故明鐘祥王朱慈若等，皆衰殘廢棄，僅存餘喘，請撫卹以彰我朝浩蕩之仁。得旨：『故明諸王流落直省者均令督撫資送來京，分別恩養，其鎮國將軍以下，編籍輸稅。』自是假故明為號者皆無所籍，既杜亂而所保全尤多云。」〔註312〕英親王指阿濟格。佟養量卒年不詳，佟岱卒於康熙二年。

9. 佟圖賴、國綱、法海

附傳目錄為「佟圖賴（國綱）」，傳中尚有佟國綱次子法海事蹟，並提及國綱弟國維。

「佟襄勤公，諱佟圖賴，初名盛年，後改今名，遼東人。」未述其為佟養真（佟養正）次子，亦為佟養性從子。

「天聰七年，是時各軍多奉命分略明邊，公以謂不若深入明境，直取燕京，奏言：『天意歸聖主，明國人心動搖，宜因天時人事，攻拔燕京，控扼山海，則萬世之基，由此而定。』上以『大兵不克關外四城，何能即克山海？』優旨開諭之。」未述佟圖賴此前大淩河、松錦、塔山等處戰功。皇太極在此上諭中闡述了「取燕京如伐大樹」〔註313〕之論。

「順治元年，師圍太原，公獨率數騎東南繞城相形勢，城中兵突出，且邀擊之，來如風雨，從騎皆失色，公控馬大呼，目光如電，敵兵當之盡靡，引北將入城，大軍一麾乘之，城遂破，實奇捷也。遂招降府九、州二十七、縣百四

〔註310〕應為「甲」。
〔註311〕殷夢霞、李強選編《外國人著清史八種》，第三冊，第209～210頁。
〔註312〕殷夢霞、李強選編《外國人著清史八種》，第三冊，第210～211頁。
〔註313〕《清太宗實錄》卷六二，崇德七年九月壬申。

十有一。薨。謚襄勤。」佟圖賴卒於順治十五年，其於太原之役後參與河南、江南、湖廣等戰事及八年還京任職等事均未述。

「雍正元年，賜謚佟養正忠烈，入昭忠祠。明年，勅建襄勤公專祠。」此處補敘其父佟養真事，而未與說明。

「子佟國綱。二十九年秋，從以參贊軍務征噶爾丹。烏蘭布通之戰，中鎗陣亡。櫬至京，命皇子及大臣、侍衛迎奠茶酒。及將葬，上諭近臣曰：『佟國綱為國効力，忽爾陣亡，每思之，痛不能已，必須一視其喪，朕心庶幾少慰。』弟國維暨諸臣叩阻再三，乃命諸皇子及上三旗大臣、侍衛、部院大臣皆往送，謚忠勇。世宗朝，入昭忠祠，並敕立家廟。」烏蘭布通之戰在康熙二十九年。傳中未述佟國綱此前作為副使簽訂《尼布楚條約》事，《聖祖紀》中提及而名誤，詳見下文。

「法海，字淵若〔註314〕，忠勇公次子也。於群從中最賢，巡撫廣東，為忌者所中落職，赴西寧軍營効力。雍正元年召還，公寓古寺，終歲不還私室，布衣蔬食，老僕一人從，意翛然自得。在西陲偃臥土室，枯寂如老僧，及見王公大帥，動以大義相責，皆人所不敢言云。」〔註315〕法海字淵斋，並非淵若。傳中僅舉數事以刻畫形象，未述其召還後仕宦經歷及再次獲罪、卒於乾隆二年等。

10. 石廷柱、石琳

附傳目錄為「石忠勇公」，傳中尚有石廷柱四子石琳事蹟。

「石忠勇公，諱石廷柱，遼東人，姓瓜爾佳氏。父石翰，始家遼東，遂以石為氏。生有智略。」石廷柱原為明廣寧守備，天命七年廣寧之戰歸降後金。

「天聰五年，明總兵祖大壽築城大淩河，上親統軍圍之。敵騎出戰，公擒斬甚多。大壽窮蹙，將乞降，其從子澤潤以書繫矢射出城，一以與公，一以奏上，乞令公往與大壽議。公遂同達海等至城南臺下，先遣陣獲千總入城。大壽令游擊韓棟〔註316〕桂偕出迎公，並以其義子可法為質。公乃踰濠與語，大壽言決計歸順，惟乞大軍速取錦州，俾得妻子相見。公還奏，上復遣公往諭之，大壽遂出降。」文中千總名姜桂，游擊實名韓棟，應為「韓棟與桂偕出」。此次祖大壽實為詐降，文中後有補敘。

〔註314〕應為「斋」。
〔註315〕殷夢霞、李強選編《外國人著清史八種》，第三冊，第211～213頁。
〔註316〕有闕文。

「七月，隨貝勒岳託等入明旅順口，凱旋，上親酌金巵，以勞晉爵三等子。」〔註 317〕該爵時稱三等昂邦章京。

「太宗嘗與諸臣論兵事，諭為將者當以呂尚為法。奏言：『呂尚能專制閫外生殺，故所向有功。今臣等有過，下所司逮訊，雖佐領已下亦當與之比肩對簿，其何以堪？』諸大臣以其言過戇，請下部論罪，上特宥之。」〔註 318〕

「祖大壽之降也，請歸錦州，後竟背約抗我師。六年秋，上言：『錦州為遼左首鎮，我師剪滅此以圖進取，誠至計也。第明以祖大壽為保障，我兵圍之，彼益發援兵，宜及此時分布精銳，遇警即並進，我軍突戰，敵必敗遁，錦州可破矣。錦州破則關外八城聞風震動，是即當年瀋陽失而遼陽隨下，沙嶺失而廣寧隨順之，明效也。洪承疇書生耳，所統援遼兵皆烏合，雖張聲勢，心實怯。如祖大壽一失，則承疇與諸將縱得遁去，亦東市就誅而已，彼見我皇上恩養降將，或慕義歸順，誠未可料。』後皆如言。」此為崇德六年事。這兩段均通過語言刻畫形象。

「十二年，授鎮海將軍，駐防京口，能戢兵安民，民間稱為『石佛』。十八年，薨。謚忠勇。」〔註 319〕未述順治初年石廷柱戰功，與前段均未加年號導致敘事不清。

「石琳，忠勇公第四子也。康熙十三年，遷河南，時值禁旅南征，駐牧於汴，時當麥秋，琳與統軍約，令次於野，不得入廛市。琳坐其帳中凡四十日，民賴以安。四十一年，薨。祀各省名官〔註 320〕祠。」〔註 321〕石琳遷河南按察使當在十五年。

11. 揚古利

附傳目錄為「愛星阿（揚古利）」，實未記揚古利之孫愛星阿事。

「愛敬康公，諱愛星〔註 322〕，姓舒穆祿氏，滿洲人。祖武勳王揚古利，從征哈達，擒其貝勒以歸。及再征烏喇，裹創奮擊，大破之。崇德九〔註 323〕年，帥師直入明境，五十八戰皆捷，俘獲億萬計。」億萬為虛數，實際俘獲十

〔註 317〕殷夢霞、李強選編《外國人著清史八種》，第三冊，第 213 頁。
〔註 318〕殷夢霞、李強選編《外國人著清史八種》，第三冊，第 214 頁。
〔註 319〕殷夢霞、李強選編《外國人著清史八種》，第三冊，第 214～215 頁。
〔註 320〕應為「宦」。
〔註 321〕殷夢霞、李強選編《外國人著清史八種》，第三冊，第 215 頁。
〔註 322〕漏「阿」字。
〔註 323〕應為「元」。

餘萬人。

「二年朝鮮之役，重傷而薨，年六十有六。王自結髮從軍，大小數百戰，被創滿身，不少挫，而持身敬慎。歷事兩朝，恩遇殊渥。大〔註 324〕宗嘗命護軍為之守門，賜豹尾槍二，令親軍佩之，甲卒二十人為之衛。其卒於軍也，解御衣衣之，哭之慟，親視含殮，比葬，復親臨奠醊，置守冢八戶，追封武勳王，建碑墓道。順治中，配饗太廟。聖祖復御製碑文紀其功。」〔註 325〕傳文至此結尾，校對者也沒看出尚未記述目錄中的傳主事蹟。

12. **魏裔介**

「魏裔介，字石生，直隸人。順治三年進士，終世祖之世，十三四年間，歷官臺諫。聖祖嗣服，復長御史。公在言路最久，先後二百餘疏，或立見施行，或始詘於眾議，後卒以公言為然，或天子排眾議而獨伸公言。」仕清之前，魏裔介曾於明崇禎十五年參加順天鄉試中舉。

「在工垣時，世祖御極五載，公言：『少而勤學，古人比之日出之光，竊恐年歲既盛，嗜欲日開，宜及時肇舉經筵日講，以隆治本。』」順治四年，魏裔介授工科給事中，次年上此疏，多爾袞置之不理。

「公在吏垣，世祖已親政。時朝儀未定，公言：『深居高拱，不如詢訪臣鄰；披答詳明，不若親承顏色。故事有朔望之朝，有三六九之朝，有早晚朝，有內朝外朝，今縱不能如舊例，當一月三朝，以副勵精圖治至意。』自是始定月逢五視朝之制。」順治六年，魏裔介升吏科右給事中，福臨親政則在八年正月，時魏裔介尚在守制，此奏在九年其服闋復官後。

「世祖幸南苑別殿，夜半閱《明孝宗實錄》，有召對兵部尚書劉大夏、都御史載〔註 326〕珊事，心喜曰：『朕所用何遽不若大夏、珊？』明日，宣梁尚書清標及公，詣行幄備顧問。其蒙恩眷若此。」此事同時刻畫了福臨的形象。

「聖祖踐祚，言滇黔之間，宜以滿兵鎮守要地，荊襄乃天下腹心，宜擇大將領滿兵數千常駐其地。疏入，格於議。其後滇南變亂，人乃服公先見云。」從康熙帝平定三藩時的軍事部署可以驗證魏裔介的戰略眼光。

「公服官，日夕讀書輿中，輒攜一卷。懸車十六年，課督農桑，混跡田夫野老間，人不知為舊相也。康熙二十五年，薨。入賢良祠。乾隆元年，追謚文

〔註 324〕應為「太」。
〔註 325〕殷夢霞、李強選編《外國人著清史八種》，第三冊，第 215～216 頁。
〔註 326〕應為「戴」。

毅。」〔註 327〕魏裔介於康熙十年回籍，至二十五年卒，正好懸車十六年。

13. 魏象樞

「魏象樞，字環溪，山西人。」除了環溪，魏象樞另字環極。他和魏裔介均在崇禎十五年中舉。

「順治三年進士，性骨鯁敢言事，尤注意於當世，人才賢不肖，治術得失，民生休戚，是是而非非，必盡意乃止。最後請聖躬慎起居一疏，辭逼輔臣，略言：『聖政維新，中外想望治平匪同昔日，如皇上近巡京畿，輔臣當陪侍法駕以效啟沃之忠，儻遠有所幸，尤當諫止鑾輿以盡保傅之職。』疏上，人謂公禍且不測，有旨嘉之。左給事例不與議，特命公會議抗爭是非。在廷為仄目，獨大學士范文程曰：『此國家任事之臣也。』其後有搆公者，輒於眾中剖晰之，卒得白。」〔註 328〕此疏在順治八年。

「原任巡按御史郝浴為吳三桂誣陷，流徙底〔註 329〕陽堡，凡二十年，公屢疏薦之，且曰：『臣才守學識皆愧不如，願以職讓。』其後浴卒起用為名臣。」召還郝浴在康熙十二年。

「嘉定知縣陸隴其以盜案落職，公以清操飲冰、愛民如子薦之。上賜紫貂批領，面諭：『今年暫著，明年且別為緲換之。』」事在康熙年間，「上」指玄燁，敘述未清。

「十八年春，地連震，上晝夜御武帳中。公直入奏曰：『地，臣道也。臣失職，則地反常。臣不能肅風紀以修職業，請先罪臣以回天變。』（時公為左都御史。）上召公入，公伏地涕泣，請屏左右，語移時，極言天變若此，乃索額圖、明殊〔註 330〕二相，植黨賈權，排忠良，引用僉壬，以剝烝黎之應。及出，副都御史施公維翰迎於後左門，見公淚流頰未乾也。明日，上以六條宣廷臣集議，大略如公指，於是朝士咸知公造膝所請，而用事大臣皆為之股栗。後二相罷。」漏書康熙年號，當書康熙十八年。

「二十二年，以疾乞骸骨，諭三覲乃行，始入賜御膳，再賜茶，三賜御書『寒松堂』額寵其行，公遂自號寒松老人。出國門，公卿祖帳盈道，皆嘆息，以謂公清勁之節，至老不衰，固不愧斯稱。二十五年薨，年七十有一。」魏象樞乞休在康熙二十三年，卒於二十六年，謚敏果。

〔註 327〕殷夢霞、李強選編《外國人著清史八種》，第三冊，第 216～218 頁。

〔註 328〕殷夢霞、李強選編《外國人著清史八種》，第三冊，第 218 頁。

〔註 329〕應為「尚」。

〔註 330〕應為「珠」。

「公為本朝直臣之冠，彈劾必匪人，薦引必正人。其以薦起也，度俸糈不足自給，不欲出。有李恒岳者，妻兄弟也，謂曰：『子在京師，日費幾何？』曰：『得一金足矣。』恒岳曰：「子果出而有濟於世，吾能任之。」公遂行。終公在官，無內顧憂者，恒岳力也。雍正八年，詔入賢良祠。」〔註 331〕順治十六年魏象樞以母老乞終養，康熙十一年大學士馮溥薦起。李雲華，號恒岳，靠經商為妹夫解決後顧之憂，可謂是魏象樞「直臣之冠」榮譽的幕後英雄。

14. 李霨

「李文勤，諱霨，字景需〔註 332〕，直隸人。順治三年進士。公弱冠登第，十五年遷秘書院大學士，尋改東閣大學士，大拜時年裁三十有四。老成持重，風度端凝，內介外和，朝野倚以為重。」李霨實字景霱。

「聖祖衝齡，輔政諸臣多專決，票擬或失當，公每於談笑間婉言曲喻，徐使改易，調燮之力居多。三藩變作，察哈爾部亦叛，朝廷軍機方略諭旨皆口授，公起草。每入直，或夜分始出，或留閣中。居相位久，嫻掌故，凡朝廷大典禮，必以屬公。恪恭忠勤，三十餘年如一日。康熙中，暦充方略、聖訓、實錄、會典及明史總裁官。二十三年薨於位，年六十。」〔註 333〕李霨與修方略為《平定三逆方略》，聖訓為太祖、太宗、世祖三朝聖訓，實錄有《太祖高皇帝實錄》《世祖章皇帝實錄》。《大清會典》纂修在其卒年啟動，未能參與。

15. 圖海

附傳目錄為「圖文襄公」，位置則在寧完我和佟養性傳之間，查考其生年事蹟，不如正文所在位置合理。

「圖海，姓馬佳氏，字麟洲，滿洲正黃旗人。初由筆帖式加員外郎銜。順治八年，世祖幸南苑，公負寶以從。上見其舉趾嚴重，立授秘書院學士。十二年，加太子太保，攝刑部尚書。坐讞事失實奪職。十八年正月，世祖龍馭上賓，遺命起用。」〔註 334〕所坐讞事為江南鄉試舞弊案。

「聖祖御極，授滿洲都統。十一年〔註 335〕，命清吳三桂、耿精忠叛，上以籌餉需才，命攝戶部尚書。十四年，疏請通飭外省，勿私派軍需，勿先期拘

〔註 331〕殷夢霞、李強選編《外國人著清史八種》，第三冊，第 219～220 頁。
〔註 332〕應為「霱」。
〔註 333〕殷夢霞、李強選編《外國人著清史八種》，第三冊，第 220～221 頁。
〔註 334〕殷夢霞、李強選編《外國人著清史八種》，第三冊，第 221～222 頁。
〔註 335〕應為「十三年」。

集夫役，勿額外科斂錢糧，詞訟重者速審結，小者勿濫準滋累，衙蠹土豪，勿令魚肉良善。奉旨允行。時察哈爾蒙古布爾尼叛，公奉命為副將軍同撫遠大將軍、信郡王鄂札率師往討。察哈爾平，敘功晉一等男。」《聖祖紀》中詳述其平布爾尼之亂事蹟。

「十五年二月，上以貝勒洞鄂攻叛將王輔臣於平涼未克，命公為撫遠大將軍，總轄陝西全省，貝勒以下咸聽節制。三月，至平涼，明賞罰，申約束，軍威大振。賊眾聞之懼，諸將請乘勢攻城。公曰：『仁義之師，先招懷而後征伐。吾奉天威討凶豎，無慮不克，顧念城中數十萬生靈，皆朝廷赤子，遭賊劫掠至此。覆巢之下，殺戮必多。俟其向化歸誠，乃可体聖主好生之德。』城中軍民聞者皆感泣，咸思自拔以出，賊勢由是日蹙。」〔註 336〕

「五月，奪虎山墩。虎山墩者，在平涼城北，高數十仞，賊守以精兵，通西北餉道者也。公曰：『此平涼咽喉，得此則餉道絕，城不攻自下矣。』即率兵仰攻。賊萬餘列火器以死拒戰。公令番体迭進，自己〔註 337〕至午，戰益厲，斬偽總兵二人，賊被殺及墜崖死者無算，遂奪其墩據之。俯視城中，如在掌握，因發巨礮擊之。城中恟懼，輔臣乃乞降。疏聞，詔赦輔臣罪，撫慰之。」〔註 338〕

「六月，公劄授七品官周昌為參議道，賫詔入城。翼日，輔臣遣黨獻軍民冊，又遣其子繼正等繳所受偽敕印，然猶疑懼觀望。公復令周呂〔註 339〕同其兄子侍衛保定往諭，輔臣乃薙髮降。公令副都統吳丹入城撫定，秋毫無所犯。平涼被圍日久，城中食盡，死亡過半，因令地方官賑窮乏，掩胔骼，其老弱之轉徙不能歸者，遣將士分送安插，遠近帖然。初，周昌往招輔臣時，言昌母孫氏殉節死，願以身報國，為母請旌，因請往。至是，奏旌其母，又奏蠲秦省被兵及轉餉各州縣賦，皆從之。」周昌，字培公，後來官至盛京提督。侍衛保定是圖海兄子，並非周昌兄子。

「是月，遣振武將軍佛尼勒敗賊將吳之茂於牡丹園，又敗之於西和縣北山。將軍穆占進攻樂門，敗賊於紅崖，復禮縣，於是偽巡撫陳彭、偽總兵周養民等共率偽官九百餘人、兵四萬八千相繼降，關隴悉平。八月，上諭閣臣曰：『圖海器識老成，才猷練達，以文武之長才，兼忠愛之至性，勞績懋著，朕甚

〔註 336〕殷夢霞、李強選編《外國人著清史八種》，第三冊，第 222～223 頁。
〔註 337〕應為「巳」。
〔註 338〕殷夢霞、李強選編《外國人著清史八種》，第三冊，第 223～224 頁。
〔註 339〕應為「昌」。

嘉焉。其晉封三等公，世襲罔替。』」〔註 340〕

「時漢中、興安猶為賊據，平涼、慶陽初定，人心尚動搖，公奏請分兵防守諸隘，緩攻漢、興，別遣一旅赴湖廣會勦吳逆。有旨命公親率精銳行。公以陝西反側未安慮有變疏陳其狀，聖祖因授都統穆占為征南將軍，率師赴楚，留公鎮陝西，議取漢中、興安。奏調綠旗兵，檄提督孫思克等赴秦州，趙良棟赴鳳翔，以將軍張勇、王進寶各引兵助之，期以明年正月二十日如約至。下張勇等會議以聞，勇等謂宜視夏秋收穫豐歉再圖進取。公以漢、興山路險峻，夏秋多霪潦，賊守益堅，應如前議奏。」〔註 341〕

「十六年正月，議上，上慮克復漢、興後宜設重兵，轉餉不易，若俟夏秋，則頓兵糜餉，亦非計，諭令嚴守要隘，而分兵赴荊州會勦吳逆。議遂寢。十二月，疏請輕騎赴京面奏事宜，許之。十八年二月，還陝。」圖海於十八年二月進京，同月還陝。

「五月，賊犯棧道、益門鎮各口，奏請提督趙良棟進臨武寨，相機而行，俟擊破賊壘，分道進征。時湖廣、廣西平，上諭亟殲寶雞之賊，恢復漢、興，以平蜀地。七月，破益門鎮，賊毀偏橋，兵不能進，有詔嚴督。九月，進取漢中、興安，分兵四路，公親率將軍佛尼勒等由興安進，命總兵官程福亮為後援，駐守舊縣關諸路；將軍畢力克圖、提督孫思克等由略陽進，總兵官朱衣客為後援，駐守西河諸路；將軍王進寶、總兵官費雅達等由棧道進，總兵官高孟為後援，駐守寶雞；提督趙良棟由徽縣進，剋日並發。」〔註 342〕

「十月，公師次鎮安，分兵為二隊，進攻偽總兵王遇隆，敗之，渡乾王河，奪梁河關，偽將軍韓晉卿遁入四川。是月，進寶復漢中，良棟復徽縣、略陽，畢力克圖復成縣，又復階州。十一月，復興安，降偽官三百八十二人，兵萬四千三百有奇，紫陽、漢陰及湖廣竹山等縣皆下之。是月，畢力克圖遣參將康調元復文縣。先是，進寶、良棟捷音先至，聖祖以公及畢力克圖等遲緩，切責之，至是，捷聞，得旨嘉獎，下部敘功。奉諭駐漢中防守秦蜀，以疾還京。」〔註 343〕「奉諭」前漏書「二十年」。

「十二月，薨。累官至太子太傅、中和殿大學士兼吏部尚書，世襲三等公。謚文襄，贈少保，仍兼太子太傅。御製碑文。雍正二年，加贈一等忠達公，配

〔註 340〕殷夢霞、李強選編《外國人著清史八種》，第三冊，第 224～225 頁。
〔註 341〕殷夢霞、李強選編《外國人著清史八種》，第三冊，第 225～226 頁。
〔註 342〕殷夢霞、李強選編《外國人著清史八種》，第三冊，第 226～227 頁。
〔註 343〕殷夢霞、李強選編《外國人著清史八種》，第三冊，第 227～228 頁。

饗太廟，復命建專祠，御製文刻石以旌之。公器識沈毅，好讀書，羽檄旁午時披覽不輟。將略由天授，不居故常。察哈爾之役，驅烏合，得其死力，以立奇功。其隨機應變，多類此。」〔註 344〕圖海追贈一等公在康熙六十一年胤禛即位後，加爵號忠達在雍正九年。傳末的綜論中又提及其平布爾尼之亂的高光時刻。

16. 趙廷臣

「趙廷臣，字君鄰。順治十年，授湖南兵備道。嘗秉燭治官書至丙夜，曉起百凾並發，左右不得行其私。尤嚴絕苞苴，歲時饋獻，不敢至其門。」〔註 345〕趙廷臣為鑲黃旗漢軍，祖籍奉天。其分巡下湖南道在順治十一年。

「康熙元年，調浙江總督，時海寇鄭成功死，公招其黨，偽將軍阮美、都督鄭殿、侍郎蔡昌登等相繼降，獨明魯王之兵部張煌言率眾盤踞浙東多年，最稱狡脫。公赴定海，與提督哈爾庫、張杰定議，檄水師出洋搜剿，降其副將陳棟，知煌言披緇竄伏海島，乃遣騎將徐元等詐為僧人服，率健丁潛伏普陀山、朱家尖、蘆花嶴三路以伺，遇間諜船急擊之，獲其故校，誘使言煌言竄處，即駕所獲船以夜半至懸嶴。出山之背攀藤上，潛入其帳，擒煌言，獲其敕印。疏聞，得旨嘉獎。煌言死之。」〔註 346〕張煌言被擒及遇難在康熙三年。

「煌言者，明鄞縣舉人也。大軍下江南時，浙東拒命，煌言迎監國魯王於天台，累官兵部尚書。嘗航海至翁州〔註 347〕，扈魯王再入閩，與故將張名振合軍入長江，趨丹陽，登金山望石頭城，遙祭孝陵。踰歲與鄭成功陷鎮江，下撫湖、徽、寧等，為我兵梁化鳳等所敗，遁入臺灣。成功尋沒於臺，魯王亦殂，煌言遂散軍，居南田之懸嶴，在海中，荒瘠無人，惟山南有汊港，通舟楫，北則峭壁。乃結茅其間，蓄雙猿伺動靜。敵舟在十里外，則猿鳴樹杪，得準備。至是，軍以夜至，始為公所擒。」〔註 348〕翁洲是舟山島的古稱。「我兵」之「我」不妥。傳文中張煌言亦為主人公之一，此段專述其事。

「初，煌言之航海也，公係累其家屬以入告。世祖命無庸籍沒，即令其父以書諭煌言。煌言復書曰：『願大人有兒如李通，勿為徐庶。兒他日不憚作趙苞以自贖。』其父亦潛寄語曰：『勿以我為慮也。』公與江督郎廷佐、提督張杰累書招煌言，皆不屈。公仍厚待其家。及煌言被執，公命寄獄中，而供帳甚

〔註 344〕殷夢霞、李強選編《外國人著清史八種》，第三冊，第 228 頁。

〔註 345〕殷夢霞、李強選編《外國人著清史八種》，第三冊，第 341 頁。

〔註 346〕殷夢霞、李強選編《外國人著清史八種》，第三冊，第 341～342 頁。

〔註 347〕應為「洲」。

〔註 348〕殷夢霞、李強選編《外國人著清史八種》，第三冊，第 342～343 頁。

盛，許其舊部曲得來慰問，官吏願見者弗禁。杭人爭賂守者求入見，或求書，煌言亦應之。既就義，遺民萬斯大等請葬煌言於南屏山，在岳忠武、于忠肅二墓之間，公亦許之。嗚呼！煌言之忠，固不愧文信國，而公之賢，實遠出張洪〔註 349〕範上，而仁〔註 350〕祖如天之大度益可想見矣！」〔註 351〕張煌言的回信中提到三位東漢歷史人物李通、徐庶和趙苞，均涉及如何處理家國關係的典故。岳忠武指南宋名將岳飛，謚忠武。于忠肅指明朝名臣于謙，謚忠肅。文信國指南宋名臣文天祥，封信國公。該傳的兩個眉批「蓄猿伺敵」「葬岳忠武、于忠肅二墓之間」均以張煌言為主。

「八年，薨於位，謚清獻。公涖浙八年，多惠政。時浙東初平，叛獄屢起，公平情讞鞫，全活者多。遇忠義之士，各為其主者，誡有司不得駢坐其家屬。人以為尤難。論者謂公一生清節，足與宋趙清獻公先後媲懺云。」〔註 352〕北宋名臣趙抃，謚清獻。趙廷臣亦獲此謚，可謂佳話。

17. 王熙

附傳目錄為「王文靖」:「王文靖公，諱熙，字子雍，順天人。」王熙為順治朝禮部尚書王崇簡之子，其時父子同朝，曾同官學士，復同官尚書，傳中並未提及。

「順治四年進士。康熙五年除左都御史。當是時，平西王吳三桂駐雲南，平南王尚可喜駐廣東，靖南王耿精忠駐福建，擁兵踰制。三桂尤驕縱，公疏言:『一歲賦入，大半耗於兵餉，就雲貴言，歲需餉銀三百餘萬両，急宜減汰綠旗額兵。其藩下餘丁，亦宜遣散屯種。庶勢分而餉亦裕。』詔下所司議，省額餉百餘萬。」

「十二年，三桂反，上疏言:『大兵已抵荊南，元惡且夕授首，逆子應熊素憑勢位，黨羽眾多。大寇在外，大憝在內，請速正法，傳首湖南、四川，以寒老賊之膽，以絕群姦之望，以激勵三軍之心。』疏入，應熊旋伏法。方滇黔之初告變也，都城內外，一夕火四起，尋有偽朱三太子之獄，捕繫數百人。掠治不得主名，皆應熊及其黨為之。三桂自恃角距已成，又以其子方尚主，朝廷必不殺，以為之招。及應熊誅，三桂驚悸發病，竟以死。人皆韙公之能聲大義云。」王熙上疏及吳應熊被殺在康熙十三年，吳三桂則病卒於十七年。

〔註 349〕應用「弘」。

〔註 350〕應為「世」。

〔註 351〕殷夢霞、李強選編《外國人著清史八種》，第三冊，第 343～344 頁。

〔註 352〕殷夢霞、李強選編《外國人著清史八種》，第三冊，第 344 頁。

「三十一年，以疾請告，報曰：『先帝舊臣，俱已凋謝，惟卿獨在班列，雖精力就衰，而老成常侍左右，殊有裨益。其勉自調攝，不必求罷。』四十八年〔註353〕，允致仕。明年四月，遣侍衛齎手敕曰：『卿耆年舊德，自去歲告病在家，無日不注念老臣也。故特書遍〔註354〕一、聯一賜卿。卿其勉強餐食，輔以醫藥，慰朕不忘舊臣之至意。』四十二年，薨。命直郡王允禔、大學士馬齊往奠，且傳諭曰：『大學士王熙，係世祖章皇帝舊臣，宜行拜奠之禮，舉哀酹酒。』」此段同時刻畫了玄燁的形象。

「公立朝五十餘年，盡力抒忠，完全名節，以恩禮始終。平定三藩後撰方略，聖祖忽諭閣臣曰：『當三桂反時，漢官有言不必發兵，七旬有苗格者。又其時漢官多移妻子回家，何也？』顧學士韓菼曰：『爾為朕載之。』菼退而皇恐。公昌言閣中曰：『有苗格乃會議時魏蔚州語，告者截去首尾，遂失其本意。然如其言，豈非誤國？移家，偶然耳。日久何從分別？其移者，豈非背主？漢官負此兩大罪，何顏立朝？』翼日，公執奏懇懇如閣中語，上微笑曰：『固知此二事不可載也。』事遂寢。後詔入賢良祠。」〔註355〕魏象樞，山西蔚州（今河北蔚縣）人。王熙入賢良祠在雍正八年。

18. 李之芳

附傳目錄為「李文襄公」：「李文襄公，諱之芳，字鄴田，山東武定人。順治四年進士。」此前，李之芳和魏裔介、魏象樞一樣，均在崇禎十五年中舉。

「康熙十二年，總督浙江軍務，涖事甫兩月，吳三桂反，悍卒數萬窺衢州。公偕平南將軍賴塔率滿兵千、綠旗兵二千、卿〔註356〕勇五百以五月自杭趨衢。眾謂會城根本地，不當移鎮。公曰：『今日事勢所爭在衢，上游失則全浙動搖，江淮以南皆不能安枕矣。』遂行。」李之芳赴衢州堵御的是耿精忠，並非吳三桂。

「七月，閩賊大舉攻衢，礮聲震地，流丸如雨。左右請少退，公不可，曰：『今日之事，以兵勝敗，為吾生死，可稍怯耶？』守備程龍怯戰，斬以徇，於是將士殊死戰，一可當百，遂敗賊於杭西。」此七月及上文五月均在十三年。

〔註353〕應為「四十年」。

〔註354〕應為「扁」。

〔註355〕殷夢霞、李強選編《外國人著清史八種》，第三冊，第344～347頁。

〔註356〕應為「鄉」。

「十五年，公遂建議直搗仙霞關，為摧堅制勝之策。十九年，上言恤民以固邦本，裕民以資國用，両者並重，然必使有可生之民而後有可征之賦。貧民陷賊中來歸者，公悉給衣廩，又設淖糜於通衢，賑往來飢民百二十萬奇，流徙盡復故土。方事之殷，羽檄日數至，人情恟惧。東南數千里，惟視公一人為安危，孤軍扼險，搘拄三載，卒使浙水以西無匹馬犄輪擾及境上，則皆公守三衢力也。公以文臣躬擐甲冑，冒矢石，大小百四十餘戰，所向克捷，雖宿將皆謝不如，而部議敘功，僅及十之一二。前後招降文武偽官六千二百有奇，賊兵十六萬五千五百有奇。雍正中，入賢良祠。」〔註 357〕李之芳卒於康熙三十三年，傳中未述。

19. **費揚古**

傳中述康熙帝及噶爾丹事亦頗詳，人物刻畫較為突出。

「費揚古，姓棟鄂氏。滿洲人，以地為氏。年十四，襲伯爵。」費揚古是福臨孝獻皇后之弟，順治十五年襲三等伯。

「康熙十九年，以御前侍衛為火器局總管，兼議政大臣。」其時費揚古並任領侍衛內大臣。

「二十九年，厄魯特噶爾丹不靖，聖祖命隨裕親王征之，破賊於烏蘭地方。先是，厄魯特部落與喀爾喀連界，厄魯特之子縱獵喀爾喀地方，爭獸被殺。厄魯特酋長噶爾丹謀報讎，陰令番僧千人詭遊牧在其界內，一年而喀爾喀不知也。突於除夕率眾鼓譟直入，所伏千僧從中接引，喀爾喀度歲轟飲醉臥矣。變起倉卒，父子不相顧，向南狂犇。噶爾丹追逐，所殺士卒無算。喀爾喀犇至中國，款門求救，面目如鬼，自言饑餓垂死，乞大皇帝活命。聖祖憐而納之，仍與位號，賜牛馬，撥有水草處俾居，遣人諭噶爾丹曰：『汝両小國脣齒相依，當各守甌脫，何必互相吞噬？朕仰體天地好生之心，不喜人爭鬭。汝可休兵回國，毋違朕命。』噶爾丹奏云：『喀爾喀殺我子，理當報復。太〔註 358〕皇帝要我罷兵，可將我讎人車臣汗、哲卜尊二人交出，我便回去。』聖祖詔荅云：『人窮促來歸，朕心哀之，豈肯以讎人畀？汝他日窮促來歸，朕亦如待車臣者待汝，不歧視也。』」〔註 359〕裕親王指福全。此段略述烏蘭布通之戰，詳述噶爾丹事。

〔註 357〕殷夢霞、李強選編《外國人著清史八種》，第三冊，第 347～348 頁。
〔註 358〕應為「大」。
〔註 359〕殷夢霞、李強選編《外國人著清史八種》，第三冊，第 349～350 頁。

「噶爾丹恃強不服，聖祖怒，下詔親征，分三路出塞，命公出西路，御駕出中路，將軍馬斯哈〔註 360〕出東路，先遣諜者誘其來。噶爾丹疑聖祖必不親臨，果以兵至克爾倫地方，離中路營四十里，其前哨探知御駕所在，精兵悍將萃焉，西路費將軍兵已糧盡，噶爾丹遂避中路而直犯西軍。」〔註 361〕時為康熙三十五年。克爾倫位於今呼倫貝爾市。

「公下令曰：『我兵深入不毛，噶爾丹探知糧盡，故直來犯我。我當先示弱以驕之，而一鼓作氣以禽之。我軍今日視我鳴角，然後發矢砲，我角不鳴，先發矢砲者斬！』令畢，噶爾丹兵數千至矣。各列隊兩山間。公先遣疲卒四百人挑戰，噶爾丹張兩翼圍之，四百人盡沒於陣。前鋒統領碩岱等且戰且卻，誘賊至昭莫多。昭莫多者，蒙古語大樹林也，平曠，為自古漠北戰場。時敵軍至者近萬，皆百戰之賊，我軍飢疲，馬僵其半。公以馬力不能馳擊，非反客為主、以佚待勞不可，距敵三十里即止營。噶爾丹大喜，直薄我師，矢石如雨。公端坐胡牀，手執大角而不吹。將軍孫思克跪請曰：『事急矣！我軍張弓引矢張目待，將軍若再不戰，勢恐不支！』公怒叱之退。又稍稍近前，賊騎相離二十步，公鳴角三，左右俱鳴角，沿河伏騎盡起，一橫貫其陣，一襲其後隊輜重，矢礮齊發，瞬息間煙塵蔽天，賊始崩潰，乘夜追北三十餘里，詰旦收軍，斬級數千，降二千，獲馬駝廬帳器械無算，并殪其可敦阿奴。可敦者，準部稱其汗之妃也。噶爾丹僅以數十騎遁。」〔註 362〕此述昭莫多之戰。阿奴亦作阿努。

「捷奏至御營，詔班師，留公駐守科圖。後上再幸塞外，公入對，諭獎昭莫多戰功。公奏曰：『軍中機務，皆遵上密諭，以底成功。臣不能生擒噶爾丹以獻，臣之罪也。』上曰：『噶爾丹窮蹙實甚，朕不忍悉誅，欲招降其眾，撫而治之。』公頓首曰：『聖意非臣等愚昧所能測，真天地好生之仁也。』以軍功進爵一等，仍管撫遠大將軍事。」〔註 363〕授費揚古為撫遠大將軍在康熙三十四年。

「公退而告人曰：『我兵枵腹，不能耐久，故鼓其英氣，忘命一戰，竟能勝之。如彼持重不鬬，環圍一日，則我敗矣。』或有頌其功者，謝曰：『我有罪無功。我恃勇深入，至於絕糧，一罪也；約會後期，致勞聖慮，二罪也。尚敢言功乎？』其謙退如此。」

〔註 360〕應為「喀」。

〔註 361〕殷夢霞、李強選編《外國人著清史八種》，第三冊，第 350～351 頁。

〔註 362〕殷夢霞、李強選編《外國人著清史八種》，第三冊，第 351～352 頁。

〔註 363〕殷夢霞、李強選編《外國人著清史八種》，第三冊，第 352～353 頁。

「公在軍中，與士卒同甘苦。坐帳下，事無大小，皆親決之。有求見者，不須傳宣，登時召入。好讀《左氏春秋》，手不釋卷。一日，立營未久，民捉一兵至，訴其闖入渠家調其婦。公問：『姦乎？』曰：『未也。』公拔一刀與之曰：『今立營之初，斬之不祥，嗣後此兵敢再來汝家，即將此刀斬之。』民與兵俱叩頭去，後作先鋒衝虜陣者，即此兵也。」〔註 364〕

「朔漠既平，上復勒銘狼居胥山而還。御撰碑銘，告成太學。六月，公駐師察罕諾爾，有疾，詔還京。以昭武將軍馬斯喀代領其眾。晉封一等公，領侍衛內大臣如故。公以噶爾丹未經生擒疏辭封爵，優旨令勿辭。諭閣臣曰：『塞外情形不可臆度，必身歷其境，乃有確見。朕親征噶爾丹，眾皆不欲，惟費揚古密抒謀略，與朕意合，卒能大敗積寇。累年以來，統兵諸將，未有能過之者也。』」時為康熙三十六年。

「四十年六月，上幸索約勒濟，公扈從，中途疾作，聖祖停蹕一日，親往視疾，賜白金五十〔註 365〕兩及御帳、蟒緞、鞍馬等物。遣內大臣、侍衛等護送還家。尋薨，賜祭葬，賜謚襄壯。子辰泰，襲一等侯，兼一雲騎尉。雍正十年，詔入祀賢良祠。」〔註 366〕索約勒濟位於今黑龍江省。

「公性樸直而貌雄奇，待人以和，無疾言遽色，好在上前自言己短，人多笑之。聖祖嘗御箭亭，命諸大臣校射。公奏：『臣臂痛，不可以弓。』許之。出語人曰：『我曾為大將軍，儻一矢不中，有損國威，且為外藩所笑，故不與諸將軍角伎也。』人服其雅量。」此段首句原在傳首重複，眉批刪前而留後。

「三十六年正月，阿南達奏報哈密回人擒獻噶爾丹之子塞卜騰巴珠等。上以其疏錄示公，賜胙肉、鹿尾等物。諭曰：『時當上元令節，眾蒙古及投誠厄魯特齊集暢春園，適阿南達疏至，眾皆喜躍。卿獨居邊塞，不得在朕左右，殊深軫念。故以疏示知，並賜物，問卿無恙，即如與卿相見也。』」〔註 367〕此事主要刻畫玄燁形象。

20. 郝浴

「郝公諱浴，字冰滌，直隸人。順治八年，遷御史。」未述郝浴為順治六年進士。

「九年，吳三桂復成都，駐師綿州。公在保寧監臨鄉試，流賊張獻忠餘黨

〔註 364〕殷夢霞、李強選編《外國人著清史八種》，第三冊，第 353～354 頁。

〔註 365〕應為「千」。

〔註 366〕殷夢霞、李強選編《外國人著清史八種》，第三冊，第 354～355 頁。

〔註 367〕殷夢霞、李強選編《外國人著清史八種》，第三冊，第 355 頁。

孫可望等合眾數萬薄城。公遣使告急綿州，逾月，三桂乃發援兵，危城得全。公因陳善後策。方保寧之奏捷也，詔頒賞將士，三桂因以冠服與公，公不受，疏言：『剪平賊寇，平西王責耳，臣司風憲，不預軍事，而以臣預賞，非黨臣，則忌臣也。』因疏劾三桂擁兵觀望狀。上命三桂以賞物別賞有功將士。大學士成克鞏、呂宮等疏奏公固守保寧，轉敗為功，宜擢用。三桂因摘公保寧奏捷疏中有『親冒矢石』語，劾公欺罔冒功，吏議革職論死，命免死流徙奉天之尚陽堡。當是時，三桂開邸滇黔，海內財富輦輸者數百萬計，授令得自辟署，珍貝、犀象、明珠、南金之寶，悉歸私室。群失職之士及亡賴多歸之，疆吏攖其鋒者，禍立至。公以一御史，首發其奸，直聲震天下。」吳三桂彈劾及郝浴流徙在順治十一年。

「康熙十年，駕幸奉天，公迎謁道左，上親垂問焉。十二年，三桂反，尚書王公熙等交章薦公。十四年，召用，復原官。」〔註 368〕未述郝浴升任左僉都御史、左副都御史、廣西巡撫，於二十二年卒於任等事。

21. 楊素蘊

附傳目錄為「楊筠湄」。楊素蘊，字筠湄，傳中未提其名。

「楊公筠湄，一字退菴。陝西人。順治九年進士。十六年，為四川道御史。時三桂以分巡湖南道胡允等十人題補雲南各道，并及奉差部員無復顧忌，公疏劾之。疏入，閣臣咋舌，持其章不敢下。詔下部知之。會世祖晏駕，輔臣出公為川北道，以前疏也。」「三桂」指吳三桂。楊素蘊任四川道監察御史在順治十七年。

「二十八年，薨。先是，湖北州縣疾苦最甚者，凡六事，而受害者十七州縣，蓋積數十年矣。公廉得其實，條為兩疏，未及上，會病甚，遂於遺疏中切陳之，就枕上作叩首狀，曰：『此疏行，臣目瞑矣。』論者曰：孳孳為國，知無不為，公殆無媿，宜與郝公並磊磊天地。」〔註 369〕傳中未述楊素蘊於康熙初年罷職歸里，吳三桂反後，詔以原官品級發湖廣軍前，累遷至湖北巡撫等事。「二十八年」前當書康熙年號。

22. 湯斌

「湯文正公，諱斌，字孔伯。」湯斌是河南人，傳中漏書。

「順治九年進士。應詔陳言，請搜遺書，修明史，且言我朝順治元二年間，

〔註 368〕殷夢霞、李強選編《外國人著清史八種》，第三冊，第 356～357 頁。
〔註 369〕殷夢霞、李強選編《外國人著清史八種》，第三冊，第 357～358 頁。

前明諸臣亦有抗節不屈、臨危致命者，宜令纂修諸臣勿事瞻顧。大學士馮銓、金之俊謂公誇獎抗逆人，擬旨嚴飭。世祖特詔公至南苑，溫諭移時。」湯斌陳言在順治十一年。

「公監司潼關道，常出勘荒，遇雨止樹下，民朱欄其樹，時以比甘棠云。後乞病歸里。」湯斌授潼關道在順治十三年，歸里在十七年，時任江西嶺北道參政。

「康熙十七年，召授侍講，與修明史。復疏請順治元二年以前，抗拒本朝、臨危致命諸臣，皆據事直書，毋瞻顧。聖祖嘉與，頒之史館為成命。由是明季諸義烈皆得表章。二十二年，擢內閣學士。」湯斌授侍講在康熙十八年，升內閣學士在二十三年。

「雍正十年，詔入賢良祠。乾隆元年，賜謚文正。道光三年，詔從祀孔子廟庭。公與陸清獻公俱號醇儒。」〔註 370〕未述湯斌升任巡撫、尚書，卒於康熙二十六年等事。陸隴其，字稼書，謚清獻，該書後有傳。

23. 靳輔

「靳公諱輔，字紫垣，遼陽人。順治九年授編修。康熙二年改內閣學士。十年，巡撫安徽。嘗謂省費莫先省事。」靳輔順治六年為筆帖式，九年由官學生考授內翰林國史院編修。康熙八年升內國史院學士，次年改武英殿學士兼禮部侍郎。

「十六年，授河道總督。時黃水四潰，不復歸海，喟然曰：『河之壞極矣！是末〔註 371〕可以尺寸治之也。審全局於胸中，徹首尾而治之，庶有瘳乎？』遂條上河工事宜，分列八疏，大指以因勢利導為主，又云：『疏下流，塞決口，今不為一勞永逸之計，屢築屢圮〔註 372〕，勢將何底止？』聖祖排群議，特如所請。二十二年，工成，河歸故道。上嘉悅。二十三年，南巡閱河，天顏甚喜。」〔註 373〕傳中未述靳輔後來被革職事，此間朝中的治河辦法之爭載於《聖祖紀》中，前文已述。

「三十一年，諭閣臣曰：『朕聽政以來，以三藩及河務、漕運為三大事，夙夜廑念，曾書之宮中柱上，至今猶存。河務倘不得人，漕運亦必貽誤，關係匪輕，其令靳輔仍為河道總督。』公先是家居，薨，謚文襄。所著有《治河書》

〔註 370〕殷夢霞、李強選編《外國人著清史八種》，第三冊，第 358～359 頁。

〔註 371〕應為「未」。

〔註 372〕應為「圮」。

〔註 373〕殷夢霞、李強選編《外國人著清史八種》，第三冊，第 359～360 頁。

十二卷，大略云：蓋水流甚廣，而地勢有高下，使非約之以隄，水經由能不漫潰乎？專主築堤束水，績用告成，尤國家百世之利也。」靳輔即卒於康熙三十一年。

「初，公過邯鄲，見題壁詩，異之，蹤跡其人，則布衣陳潢也。優學識，公禮之入幕，深資贊助。上閱工時問曰：『爾必有通今博古之人為之佐。』公遂以潢對，後上疏言：『此議若行，非陳潢協力區畫不可。』疏下廷議，如所請，賜陳潢僉事道銜。」靳輔過邯鄲事在康熙十六年。玄燁閱工為其第一次南巡，事在二十三年。授陳潢僉事道在二十六年，次年即與靳輔同被革職。

「四十六年，上三巡江南還，諭獎公功績，且云：『靳輔經理之法，雖後任河臣互有損益，而規模措置不能易也。朕每溢河于徧加諮訪，沿河居民皆感稱治績不衰，其加贈太子太保，用彰朝廷追念勳臣之典，為矢忠宣力者勸。』」〔註 374〕是年為玄燁第六次南巡，除了加贈靳輔太子太保，還有一拜他喇布勒哈番（騎都尉）世職。

24. 熊賜履

「熊文端公賜履，字清岳。順治十五年進士。」熊賜履是湖北人，傳中漏書。

「康熙六年夏，詔臣工極言得失，時內大臣鼇拜輔政自專，公應詔上書。疏入，鼇拜惡其侵己，曰：『是劾我也。』遂請治公妄言罪，且請申禁言官不得上書陳奏。聖祖不許，曰：『彼自陳國家事，何預汝事？』」熊賜履時任內弘文院侍讀。

「八年，鼇拜敗。方鼇拜枋用時，時黜陟生殺，惟其意。或在上前忿爭，或呵叱部臣，張威福卻眾。大臣稍異同其間，立致死。惟公以一詞臣，論事侃侃無所避，用此直聲浩氣震天下。公又以上即位後尚未舉經筵大典，疏請慎選儒臣資啟沃，並設起居注。會上欲巡幸邊外，公疏言水旱頻仍，聖駕不宜輕出，詔罷前命，並嘉其直俾：『繼今以後事有未當，其悉陳所見，朕不憚改焉。』」〔註 375〕熊賜履時任內秘書院侍讀學士。

「九年十月，改內三院為內閣，設翰林院，以公為掌院學士，會復設日講起居注官，以公充之，遂以明年二月肇經筵大典於保和殿，以公為講官。頃之，聖祖以春秋兩講為期濶疏，遂命公日進講宏德殿。聖學浩大，實自公發之。四

〔註 374〕殷夢霞、李強選編《外國人著清史八種》，第三冊，第 360～361 頁。
〔註 375〕殷夢霞、李強選編《外國人著清史八種》，第三冊，第 361～362 頁。

十八年，薨於家，贈太子太保，謚文端。五十一年，諭錄用其子，示不忘耆舊之意。後侍郎方苞請入賢良祠。」〔註376〕傳中未述康熙十四年熊賜履授大學士，次年因隱瞞失誤被革職，寄居江寧著述多年後起復，三十八年再授大學士等事。

25. 張英、廷璐

附傳目錄為「張英」，傳中亦載其三子張廷璐事蹟，二子廷玉自有傳。

「張文端公，諱英，字敦復。」漏書其籍貫江南桐城。

「累遷侍讀學士。康熙十六年，諭閣臣曰：『朕不時觀書習字，欲得文學之臣，朝夕置左右，講究文義，給內廬居之，不令與外事。』遂設南書房，命公入直，賜第西安門內。詞臣賜居內城，自公始。當是時，逆藩播亂，三方征討，凡出師運餉，發謀制勝，無一不斷自聖心，而上益孜孜於經史之學。公首供奉南書房，故事，經筵有常期，而上日御乾清門聽政，後即適懋勤殿召公入講，辰而進，終酉而退，暫退輒復宣召，或當食，吐哺趨宮門，漏下十許刻乃歸。公小心慎密，久之上益器重。每幸南苑及巡行四方，未嘗不以公從。公立朝數十年，未嘗一日去上左右。一時典誥之文，多出其手。」張英為康熙六年進士，傳中漏書。

「三十八年，拜文華殿大學士兼禮部尚書。聖祖嘗語執政：『張英老成敬慎，始終不渝，有古大臣風。』」傳中未記此前張英撰寫起居注失誤，未能詳審佟國綱祭文等事。

「四十年，致仕。瀕行，賜宴暢春園。諭部令沿途馳驛，毋限常額。自言生平無他嗜好，惟酷好看山及種樹。四十四年，聖祖南巡，駕至江寧，上將返蹕，以在籍臣庶攀籲，命留一日。公復奏請，得旨：『老臣懇求諄切，許再留一日啟行。』」未提及之康熙四十二年南巡及所述四十四年南巡，玄燁均對張英厚加賞賜。

「四十七年，薨。謚曰文端。世宗御極，有甘盤舊學之思，贈太子太傅。賜額曰：師模如在。又曰：忠純貽範。雍正中，入賢良祠。」弘曆繼位後，張英晉贈太傅。

「子廷玉，自有傳。廷璐，乾隆中累官內閣學士，性誠篤，細微必慎。每當入朝，自書職名，讀之曰某官張某，又屈指計之曰幾字，視紙上三四，而後

〔註376〕殷夢霞、李強選編《外國人著清史八種》，第三冊，第362～363頁。

敢出。」〔註377〕張廷璐為康熙五十七年進士，雍正乾隆朝曾任學政、侍郎。

26. 于成龍

「于清端公成龍，字北溟，山西永寧人。」傳主俗稱老于成龍，並非前文所述、《聖祖紀》中提及的漢軍小于成龍。

「順治十三年，以副貢知羅城縣，年四十有五矣。羅城烟瘴地，官廨在叢箐間，插棘為門，虎白晝行庭中。公累土為几案，旁置炊釜一、盂一，召吏民從容問疾苦，皆感公至誠，益樂就爭輸田賦，以卓異遷知合州。羅人遮道呼號，追送數百里。一眇者獨留不去，公問故，曰：『民習星卜，度公橐中裝不能及千里，民技猶可資以行也。』公竟賴其力達合州。」于成龍知羅城在順治十八年。

「巡撫張朝珍舉卓異，吳三桂反，檄攝武昌事。會東山寇作，大冶賊黃金龍陰受吳三桂偽劄，屯兵據險。其軍師劉君孚者，為訟事受公恩者也。公知眾寡不敵，乃騎一騾，從一鄉約，直入劉家，行呼：『太守來救爾山中人！』劉逃山後不出，而張強弩待公。公罵且笑曰：『君孚老奴受我恩，避我，自愧做賊耶？渠不過為人逼誘耳。我老人鬚髮如此，寧不曉也？』語未竟，君孚從廚後躍出，投弓跪曰：『君孚祖宗有靈，使公至此，降矣！尚何言？』即日降其眾數千，掩其不備，擒金龍。捷聞，張巡撫持露布語僚屬曰：『人謂我不當用醉漢，今定，何如？』公常襄事秋闈，大吏觴公，抵掌論時事，飲數十巨觥，吏人竊言公酒狂，故張公及之也。」〔註378〕事在康熙十三年。

「調黃州，甫抵任，湖北大亂，何士榮反永寧，陳鼎業反陽邏，周鋨爪、鮑世庸反白水畈，劉啟業反石陂，各擁眾數千，號十萬，逼趨黃州。時援軍皆赴湖南，黃州吏民才數百，或議退保麻城。公不可，曰：『黃州湖北咽喉也，棄之則荊岳七郡皆瓦解矣。』徵鄉兵，自草檄，先攻鼎業，擒之，再攻士榮於黃土坳。賊勢甚盛，紅旗殷山，礮雨下墜，隊長吳之蘭焚死，火燎公鬚，或勸少避，公叱之曰：『今吾死日也，敢言退者斬！』遂鞭馬直前，回顧〔註379〕茂昇曰：『我死可歸報張公。』茂昇恐失公，急發矢殪其大旗，軍隨進，陰令三百人自右山擊賊後，士榮就擒。公得賊名籍，立焚之，乘勝至呂王城，眾欲少憩，公曰：『破竹之勢不可失也。』方炊，覆釜以進。公據鞍草檄，馳諭：『有

〔註377〕殷夢霞、李強選編《外國人著清史八種》，第三冊，第363～365頁。
〔註378〕殷夢霞、李強選編《外國人著清史八種》，第三冊，第365～366頁。
〔註379〕漏「李」字。

能擒賊獻者重賞！投誠者待以不死！脅從歸者但閉門坐家！無軍器即從賊概不追問！藏兵杖者即良民亦誅死！』於是賊各解散，班師。是役也，為先鋒者，把總某；協謀者，門下士某；引路者，鄉民某；督陣者，公也。不費公家一錢，二十四日而黃州平。」〔註380〕事同在康熙十三年，此二段敘事較《清史攬要》更細緻，但漏書「茂昇」之姓李。

「遷福建按察使，贖還奴婢數萬，舉清官第一。遷布政使，未幾，調兩廣總督。官吏望風改操，知公好微行，遇白髯偉貌者，群相指震慴，士民有懽笑，無管絃游惰，不空手，櫃坊無鎖。」于成龍升按察使、布政使均在康熙十七年，十九年擢直隸巡撫，二十一年任兩江總督，而非兩廣。

「年六十八巡海歸，薨。加贈太子太保，謚清端。軍民巷哭，繪像以祀。」于成龍卒於康熙二十三年。

「公清介絕俗，重門洞開，白事官吏直入寢室。左薑豉，右簿書，狀如鄉里學博，而用兵如神，尤善治盜。知黃州時有張某者，盜魁也，役捕多取食焉。慮少遼緩，姦不得發，乃半途微服傭其家，詭名楊二，司洒掃謹。張愛之，使為群盜先，居無何，盡悉盜之伴侶胠篋機密約號，乃遁去。鳴鉦到官，一日集健步，約曰：『從吾禽盜。』具儀仗兵械，稱捉前行，至張所，排衙于庭，大呼『盜出』。張錯愕迎拜，猶抵攔，公曰：『勿承，可仰面視，我楊二也。』張驚，伏地請死，公取袖中大案數十，擲與之，曰：『為辨此，足以贖矣。』張唯唯，願一切受署。合門妻子環跪，泣曰：『第赦盜死，盜不能者，某等悉如公命。』公留健役助之，不數日，群盜盡獲，其殺人者，活埋之，眾慴股栗。」

「江寧盜號魚殼者，拳捷，倚駐防都統為解，有司莫能禽。公抵任時，官吏憚迎，公日旰不至，方驚疑刺探，而邏者報公早單車入府矣。群吏飾廚傳不受，饋餼牽不受，一郡不知所為。按察使某，公年家子也，從容言：『公過清嚴，則上下之情不通，某意欲具一餐為雅壽。』公笑曰：『以他物壽我，不如以魚殼壽我。』按察使喻意出，以千金為募。雷翠亭者，名捕也，出而受金。司、府、縣握手囑曰：『我等顏面寄汝矣，勉之！』翠亭質妻子于獄，偵知魚方會群盜張飲秦淮，乃偽乞者，回席西，呢呢求食。魚望見疑之，刃肉衝其口，魚〔註381〕仰而吞之，神色不動。魚咋曰：『子胡然？子非匄也。子為于青天來

〔註380〕殷夢霞、李強選編《外國人著清史八種》，第三冊，第366～368頁。

〔註381〕應為「雷」。

禽我耳。行矣，健兒，肯如累乎？』翠亭再拜，群役入，跪而加鎖，擁之赴獄。是夕，公秉燭坐，梁上砉〔註382〕然有聲，一男子持匕首下，公叱『何人？』曰：『魚売也。』公解冠几上，指其頭曰：『取。』魚長跪笑曰：『取公首不待公命也，方下梁時，如有物擊我，手不得動，方知公神人，某惡貫滿矣。』自反接，銜匕首獻。公曰：『國法有市曹在。』呼左右，飲之酒，縛至射棚下，許免妻子。遲明獄吏報失盜，人情洶洶，司、府、縣相賀者轉而相尤，趨轅將跪而謝告實，而公已命中軍將魚売斬決西市。」

「論者曰：公筮仕羅城年已四十五，不二十年督兩廣，名震天下，其初心豈及此哉？自言治兵武昌，因草豆不足，頭搶柱欲死者數矣。孟子動心忍性之言，不其然乎？魏尚書環極以公與陸稼書同薦，海內榮之。公晚年出張中丞手書，輒嗚咽流涕，蓋魏公猶識之于名成後，而張公先識之于名未成時。子皮、鮑叔之功，尤為難也。」〔註383〕此三段史源或為袁枚《于清端公傳》。春秋鄭國大夫罕虎，字子皮，曾舉薦能臣子產；齊國大夫鮑叔牙，曾舉薦能臣管仲。孔子認為子皮、鮑叔可謂賢臣。魏尚書環極指魏象樞，張中丞指湖北巡撫張朝珍，二人均舉薦過老于成龍。

27. 傅弘烈

「傅忠毅公，諱宏烈，江西人。」「宏」為後世避弘曆諱改。傅弘烈字仲謀，號竹君。

「公少負大略，王師定兩廣，應募。康熙二年，遷慶陽知府。七年，疏陳吳三桂陰謀不軌狀，請早為之所。部議公離間王大臣，逮繫論斬，聖祖特旨減辟戍梧州。」遷知府之前，傅弘烈於順治十四年任廣東韶州府同知。戍梧州在康熙九年。

「十二年，吳三桂反，廣西將軍孫延齡、提督馬雄叛應之，捕公甚急。公投水求死，出之，送延齡所。公以忠孝說延齡，且言三桂必敗，毋與其難。其妻孔四貞，定南王有德女也，亦與公言，感太皇太后恩，不願從賊，因圖反正。」孫延齡降吳三桂及捕傅弘烈在十三年。

「十六年，率義勇五千復肇慶，給昭義將軍印。公辭巡撫任，請進取貴州、湖南，斷餉道。」是年授傅弘烈廣西巡撫，加撫蠻滅寇將軍。昭義將軍是後來授給馬承蔭的。

〔註382〕原字上半部誤為「圭」。

〔註383〕殷夢霞、李強選編《外國人著清史八種》，第三冊，第368～371頁。

「十九年，公至柳州，馬承蔭降，激變再叛，執公送貴陽。……遂遇害。」所記傅弘烈罵吳世璠之語與《清史攬要》略同。

「及三桂反，黔滇川楚閩粵並為賊有，江浙陝西湖北亦被兵失陷郡縣。察哈爾布爾尼復反於漠北，山西駐防蒙古兵叛應之。其安靖者，京師及山東、河南而已。當是時，天下震動，藩王如尚之信、耿精忠，將軍如孫延齡，總督如鄭蛟麟、金光祖，巡撫如劉秉政、羅森、曹申吉、提督如王輔臣、李本深、馬雄、線國安、嚴自明等並從賊。此外若吳之茂、譚洪、楊來嘉、祖澤清、劉進忠、祖宏勳、阿爾泰、郭義、張星耀、苗之秀、佟國卿等並降於賊。巡撫盧震、華善等，則棄城走。督撫死節者，范公承謨、甘公文焜、馬公雄鎮、朱公國治數人耳，然殉難而未能擊賊也。總督如蔡公毓榮、李公之芳能擊賊矣，又皆與王師並進，禁旅之功為多。獨公以戍卒倡義，以賊攻賊，未費公家斗粟寸刃，復桂林、梧、潯地千餘里，尤為奇偉。亂之初生，闔門死難至百四十餘人；功在垂成，誤被賊紿，大罵不屈以死。公可謂義烈奇男子也。」此段將傅弘烈與當時三十餘位大員作了對比，表彰其功績與品格。

「二十一年，敕建雙忠廟於廣西，以公與馬公雄鎮並祀。雍正中，詔入昭忠祠。」〔註384〕雍正年間，詔傅弘烈入賢良祠，詔入昭忠祠在乾隆中。

28. 徐元夢

「徐文定公元夢，字善長，一字蝶園。滿洲人，姓舒穆祿氏，『舒』與『徐』滿音略同，而字義亦近，故天下稱蝶園徐公。」徐元夢與愛星阿均姓舒穆祿氏，亦為武勳王揚古利後裔。

「公年十九，康熙十二年進士，選庶吉士。明珠、索額圖枋以權利相傾，各樹黨羽，中朝士太〔註385〕夫非陰自託各有主張，宦不得遂。當此時，顯與為敵者惟湯文正、魏敏果柴立中央，而無所依附者韓文懿、李文貞外，可指數也。索額圖生而盛貴，性倨肆，有不附己者，常面折顯斥之。明珠則其黨深相結，異己者陰謀陷之，而務謙和，輕財好施，以招徠新進及海內知名士。公為庶常，李文貞嘗薦公及德恪〔註386〕勒公賢。」傳中述德格勒事頗詳。

「二十二年，會天久不雨，上命德公筮，卦遇夬，問其占，進曰：『澤上於天，將降矣，而卦義五陽決一陰，小人居鼎鉉，故天屯其膏，決去之則雨。』

〔註384〕殷夢霞、李強選編《外國人著清史八種》，第三冊，第372～374頁。

〔註385〕應為「大」。

〔註386〕應為「格」。

上愕然曰：『安有是德？』遂以明珠對。時索氏已挫於珠矣。始聖祖親政方沖齡，索首建謀黜輔臣專橫者，百僚懾伏，而珠善結左右親近為腹心，其黨徧布中外，雖有賢者，慎自守，不求親媚而已，終莫敢齟齬也。惟康熙十七年，京師地連震，上晝夜坐武帳中，魏果敏公直入奏：『天變如此，乃二相植黨之應。』繼之者則德公，用此名震天下，而珠亦駭遽不自安，自是以後蜚語時上聞，謂公父為兩廣僚屬黷貨。」〔註387〕所述京師地震當在康熙十八年。

「公與德公比議朝政，適有上書言時事，多所指斥，下內閣九卿議，大學士勒德洪公、尚書達哈塔公及湯公，謂書中崇節儉，豫教太子，宜施行，而眾陰撓之，駁議至再三，以湯公尤珠所深嫉也。由是眾口喧稱湯公不欲上親教太子，覬為師傅，公與德〔註388〕亦然。先是，上嘗詢公所學視德格勒熟〔註389〕優？公自陳遠不逮也。至是，復舉廷臣某與公相衡，而德公奏公遠過之，請上面試。忌者遂言公與德公互相標榜，湯公實陰主焉。越日召試尚書陳公廷敬以下文臣十二人於乾清宮，公與德公方屬草，有旨責讓，德公遂於試文後申辨，公試亦未成。上命同試諸臣校勘，眾相視無言，而湯公獨以公文為是。又命廷臣公閱，湯公執前言，且謂德公品學素優，不宜以文字黜。是日，翰林院奏劾德公鐫五級留任。時湯公為東宮講官，上遂命為師，而公亦為皇子師。珠復使所親謂公：『此非福也，惟歸誠於執政，或少安。』公不答。是秋，上御瀛臺，教諸皇子射，公不能挽強，上怒，以蜚語詰責。公奏辨，上震怒，命扑責，被重傷。命籍其家，父母皆發黑龍江安置。然上意終憐公，其夜命醫二人治其創。翼日復召詣皇子書堂，時大雨，裹創至宮門，跪泥中，見御前侍衛即號泣求轉奏：『臣奉職無狀，罪應死，臣父廉謹，當官數十年，籍產不及五百金，望聖主察之。且臣父母皆老病，臣年正壯，乞代父謫戍，尚能勝甲兵效命。』眾皆掩耳去之，有關保者最後至，斥公而入，盡以公言奏。上立赦公父母，則檻車就道矣。及諸道，觀者夾路，皆感泣，遂復公官，仍侍皇子。時二十六年四月也。」此述康熙二十六年五月至同年秋事，並非四月。關於此事之眉批：「聖祖亦有此等事！」前文已述。

「冬杪，翰林院掌院學士庫呼納劾奏德公私抹起居注，有旨問公知否？會孝昭文皇后升遐，各以尉二人、甲士二十人監守於私室。次年二月，下獄，始

〔註387〕殷夢霞、李強選編《外國人著清史八種》，第三冊，第374～376頁。
〔註388〕漏「公」字。
〔註389〕應為「孰」。

至即以三木訊公，搒掠數十，脛大如股。禁親族家僕毋通，席地臥，求水漿不得，獄卒刻時以至，提木索搖之，毒痛自知必死。適侍衛某入視族姻，公辨其聲，大呼曰：『上問我，非欲殺我也！』其人就視，出謂典獄者曰：『此人死，我必入告。』由是家人得入進食飲，而湯公亦以議董漢臣事得咎矣。起居注，故事數易稿然後登籍，德公所刪易，乃未登籍之稿。公晨夕侍皇子，守官分局，無由與知。而獄辭上，當德公斬立決，公監候，秋後絞，特旨改德公監候，公免死，鞭一百，荷校三月，妻子入辛者庫。逾年，公主出降科爾沁，公一子一女，主旗務者，遂以公女媵。時德公遇赦出獄歸本旗，遂使盡室以從。公素不善騎，公主疾，或請於上，遣公往視，相去千餘里，刻日返命，從者二人，一人道斃。公入返命，出昏踣，兼旬不能起。蓋自郭公琇劾奏後，珠雖落職家居，而所引用已盡列要津，每承進觀色，以求饜其忿好。又善事貴勢，與相應，如影響也。珠既老，騎黨漸散，安溪李公日見親信，上亦久而察公之忠誠。」安溪李公指康熙朝大學士李光地，泉州安溪人。

「三十二年，命入上書房，課皇子讀書。五十二年，遷內閣學士，特旨出辛者庫，歸原籍。五十六年，為左都御史，兼翰林院事。先是，左都御史缺，上諭廷臣推學問好，不畏人，如徐元夢者，隨有是命。五十七年，晉工部尚書，仍兼掌院學士。李公南遷，公繼之，恩遇幾與比並。六十年冬，駕幸南苑，公未及從。上曰：『徐元夢乃同學舊翰林，康熙十六年前進士止此人矣。』御製詩一章并序，稱為同學老友，副以食品，遣使於夜分呼正陽門入，即家賜之。時太夫人尚康強，屢朝皇太后於慈寧宮，恩禮備至，而德公已老徼外矣。公每言及，未嘗不慘悽而顏變也。世祖〔註390〕即位，以舊學故特重公。雍正元年，署內閣學士。尋坐翻譯訛誤落職。十三年，高宗御極，授內閣學士。明年，老病乞休。薨。特諭公事三朝，小心謹慎，數十年如一日，可謂完人。謚文定。贈太傅，入賢良祠。」〔註391〕「世祖即位」，當為世宗。

29. 韓菼

「韓文懿公，諱菼，字元少，長洲人。康熙十一年，徐尚書乾學典鄉試，得公文於遺卷中，擊節歎賞，尋取上第。其文橫被六合，世以比於昌黎。鄉試、會試、殿試皆第一，授修撰。」昌黎指唐代文學家韓愈，祖籍昌黎郡。傳中未述韓菼中狀元後兩次告假里居數載，歷任翰林院掌院學士、禮部尚書等事。

〔註390〕誤字。
〔註391〕殷夢霞、李強選編《外國人著清史八種》，第三冊，376～381頁。

「晚年病肺，飲酒不輟，方望溪勸公少止。」行文至此，全用對話刻畫形象：

「公曰：『子知我者，吾少不能自晦，崎嶇官途，碌碌無所建豎，負聖主之知。今老矣，嘗恐未得死所，以至再辱，壽考非吾福也。且子終謂我何如人？』」

「望溪曰：『公為人，天下士盡知之，況某邪？』」

「公曰：『世人多好吾文，吾文不足言，或目為曠達，亦似矣，而非也。吾立身尚能粗見古人之繩墨耳。吾為亞卿，未嘗一至官正之門也；吾為學士，未嘗至執政之門也。自趨朝外，輿馬未嘗入內城。吾好明游，嘗與酣嬉淋漓，然貳冢宰，歲未再終，發吏之姦，為永禁者七百餘事，鍰諸板，是誠沈飲人邪？』」

「公嘗謂門弟子張大受曰：『吾貴為尚書，何如秀水朱錫鬯？以七品官歸田，飯蔬飲水，多讀萬卷書。』」〔註392〕朱彝尊字錫鬯，該書後有傳。

韓菼卒於康熙四十三年，乾隆十七年賜謚文懿。

30. 趙良棟

「趙襄忠公，諱良棟，字西華，陝西寧夏人。」趙良棟，字擎之，號西華。

「年二十四，以武勇受知於大將軍孟喬芳，從英王征陝，授潼關遊擊。再隨經略洪承疇征雲南，遷副將。」順治二年，趙良棟署潼關守備，並非遊擊。孟喬芳為陝西總督，並非大將軍。英親王阿濟格，順治元年為靖遠大將軍，五年為平西大將軍。趙良棟遷副將在順治十三年。

「康熙元年，吳三桂奇公，奏擢廣羅鎮總兵。公知三桂有異志，以疾辭。三桂大怒，欲劾誅之，總兵沈應時惟巽詞以解免，補天津總兵。」康熙四年，趙良棟回籍守制，八年補大同總兵，十一年調天津總兵。

「十三年，三藩反，陝西大震，寧羌、惠安兵變，殺經略、提督，聖祖命公征之，議者疑公陝人不可信，公請留家口於都，而己率勁兵馳往，上許之。時官兵敗散，屯堡荒廢，公沿路曉示，招官歸厚汎〔註393〕，兵歸原伍，劾貪冒，募健兒，軍威大振，斬首逆能〔註394〕虎等四人，寧夏平。」寧夏平定在康熙十五年。

〔註392〕殷夢霞、李強選編《外國人著清史八種》，第三冊，第381～382頁。

〔註393〕應為「原汎」。

〔註394〕應為「熊」。

「上疏奏蜀為滇黔門戶，若不先恢復，則滇黔路不通，請乘勝進兵，上許之。公率兵抵密樹關，遇賊，敗之，禽其將徐成龍，遂取徽縣，過高山深箐數十重，晝夜兼行，抵白水壩，時康熙十八年除夕也。壩為川江上流，與昭化脣齒，俗號『鐵門坎』，賊防守尤力，沿江立營，為石囤木柞，張砲。公下令曰：『元旦渡江大吉，視吾馬策所指，後者斬！』黎明，公騎驛馬，率麾下五千人橫刀渡，江為萬馬騰簸，波濤盡立，呼聲震天。賊連發砲，傷數十人，無敢回顧者。賊大驚曰：『此老將軍令如山，不可抗也。』方格鬪，天忽風，吹馬如吹舟，頃刻抵岸，斬賊將郭景儀等，獲器械、旗幟、馬匹無算，餘賊奔竄，追之再勝於石峽溝，十日而克成都。公入城，秋毫無犯，收金銀印二百六十，偽劄千，奏繳之。上大喜，手詔褒美，加勇略將軍、兵部尚書，總督雲貴。」白水壩之戰在康熙十九年除夕，趙良棟加勇略將軍在十八年底，此戰之前。

「至是，王進寶亦復保寧，東、西川以次復。公密奏滇黔恃蜀為捍蔽，今蜀已得而吳三桂又新死，宜乘機速進。上許之。當是時，王師征滇，貝子章泰自貴州進兵滇池，將軍賴塔〔註 395〕自廣西進兵黃草壩，滿漢兵十萬餘圍城，九月未下，米斗四金，月需米六萬石。公至軍，即向貝子陳三策：其一，稱欲取內城，先破外護，使賊匹馬不能出，方可招降；其一，稱我兵匝圍大〔註 396〕遠，自歸化寺至碧雞關，東西七十四餘里，調呼不靈，宜堀裏壕相攻逼；其一，降者宜分別收養，不宜盡發滿洲為奴。貝子不悅，以滿洲語相駁詰，而公又漢人，不解滿語，張目抵捂。幸公已奏聞，詔下，悉如公策。貝子不得已與兵二千，攻得勝橋。公望見橋頭砲臺甚密，白晝攻所傷必多，乃伏馬兵於南壩兩岸，分步兵為三隊，營壕牆外，牆上架交槍、子母砲，身披馬綿，持大刀督陣。夜二鼓，攻橋，賊盡出死戰，其帥郭壯圖親搏戰，三進壕牆，而伏兵三起應之，列炬如星，鎗砲雨下，賊敗走。公奪橋追至三市街，再敗之，天猶未明也。平且〔註 397〕入東南二門，郭壯圖舉火自焚，三桂子〔註 398〕世璠自殺，餘賊盡降，雲南平。賊踞滇久，私歛充牣，諸將爭取子女玉帛，惟公飭所部不以丁騎入城。三桂寵姬一歸將軍穆占，一歸總督蔡毓榮，皆上聞，惟公皭然不滓，其遠識確守，上謂有古大臣風烈，加一等精奇呢哈番，召入都，

〔註 395〕原字右半部誤為「答」。
〔註 396〕應為「太」。
〔註 397〕應為「旦」。
〔註 398〕誤字。

以將軍管鑾儀衛事。」吳世璠實為吳三桂之孫，並非其子。

「公破城所得降將、偽官俱不殺，并代奏乞恩，以故樂為盡力，每戰有功。然本秦人，性戇，氣陵其上。首創取蜀之計，將軍吳丹、王進寶等咸嫉忌。吳，故大學士明珠從子，怙寵而貪，公尤輕之，每論事，輒不合。初，吳三桂聞公取蜀，大恚，遣將胡國柱陷永寧、建昌，兵部責公不救，議削爵，聖祖不許。公引兵克復兩都〔註399〕，追賊至大渡河，聖祖命公乘勝進滇，而大將軍、貝子屢檄公先追獲胡國柱再往，公不從。攻得勝橋與兵甚少，公爭之，許以在南壩相救，及鏖戰，救不至，得橋又改命蔡毓榮守之。公積不平，入朝屢忿爭於大學士明珠前，明珠雖怵以好語，然以吳丹故，心終不善也。公乞骸骨歸，許之。」趙良棟此次歸里在康熙二十二年，三年後復職。

「康熙三十五年，上征噶爾丹，以公老將復召，公年已七十五，遂上表明心迹，一疏分十四條，洋洋數千言，貶諸軍不值一錢，而取滇蜀功公為第一。自序戰功最苦，為部臣所抑。語氣傲悍，御史襲〔註400〕翔麟劾以大不敬，宜斬，上以趙良棟、王進寶功績並茂，所有互訐之疏，均發還不問，優容之，命赴行在問方略，寵賜優渥。憫其老，放歸。數年，薨，謚襄忠。」趙良棟此次上疏在康熙三十四年，兩年後卒。

「公雖武人，好觀《通鑑》，家居聞知縣呼騶過門，便拱立，喚家人子弟齊起，曰：『父母官過，敢不敬乎？』其撲〔註401〕誠如此。子四人，位皆至制府中丞。公薨，聖祖諭祭云：『事久而乃績彌彰，人往而朕心長眷。』嗚呼！使死者而無知則可，死者而有知，其如何讀而感、感而悲也！」〔註402〕此傳史源或為袁枚《勇略將軍趙襄忠公傳》，不過刪去了傳末「論曰」。

31. 張伯行

目錄誤為「趙伯行」，或隨趙良棟而誤。

「張清恪公伯行，字孝先。」張伯行是河南人，傳中漏書。

「康熙二十四年進士。歸築精舍南郊，縱覽諸子百家，及讀《小學》《近思錄》，乃恍然曰：『入聖門庭在是矣！』讀書七年，補內閣中書。以父憂歸，啜粥三年，不入內室。」張伯行丁父憂在康熙三十三年。

〔註399〕應為「郡」。

〔註400〕應為「龔」。

〔註401〕應為「樸」。

〔註402〕殷夢霞、李強選編《外國人著清史八種》，第三冊，第381～388頁。

「三十八年夏，大水，公率居民築堤保境。河督張公鵬翮異之，疏請檄公贊理，三辭不許，以原銜赴河工。四十二年，授山東濟寧道。值歲荒，頃家財運穀以賑，載錢及綿衣數艘，分給凍餒者。四十四年，聖祖南巡閱河，御書『布澤安流』四字以賜，并詩二章、詩扇二。明年，上遣近臣封閘催漕，諭曰：『濟寧張伯行諳曉河務，可與商榷。』事竣著書紀其事，即世所行《居濟一得》是也。夏，遷江寧按察使。吏白故事，送督撫贄約金四千。公曰：『我誓不取民一錢，焉辨此？』公治尚嚴明，其《禁止饋送檄》有云：一鉢一黍，民脂民膏，寬一分，民受一分之賜；受一文，身受一文之汙〔註 403〕。時傳誦之。」未述康熙四十六年張伯行升福建巡撫事。

「聖祖將令移撫江南，大學士李光地請留閩，張玉書奏：『江南比歲災，民不聊生，非此人往不可。』上笑曰：『汝兩人不必爭，朕當慎簡一人以畀汝閩。』遂移撫江蘇，以陳公瓊代之。士民攀號，如失怙恃。」事在康熙四十八年。

「五十一年，總督許〔註 404〕公，部議奪職，上以公為天下清官第一，責諸臣變亂是非，且曰：『朕自幼讀書，研窮性理，如此清官，不為保全，則讀書數十年何益？而凡為清官者何所賴以自安？』遂命復公任。方公之解職也，百姓罷市，哭聲殷揚城，且議相率叩閽。公慰諭再三，環泣不肯退。蘇州等郡相繼報罷市，士民扶老攜幼，具菓蔬來獻。公辭，皆泣曰：『公在任，止飲吳江一杯水，今將去，子民一片心，不可卻也。』乃取腐一塊、菜一束，眾仍委地去。獄具回蘇，揚人慮途中不測，將集江于〔註 405〕護行，眾數萬。公聞之，五鼓登舟，比曉，已渡江抵蘇，寓楓橋。士民獻菓蔬如在揚時。七月，復赴聽勘，回蘇時，比戶焚香遮道不可行。及復任，士民歡忭〔註 406〕拜龍亭呼萬歲者至數十萬人。復相率指〔註 407〕闕跪香進疏，願各減年壽一歲，祝添聖壽萬年。上聞大喜，而全閩士民始奔號呼籲，既而頌恩祝壽亦與江蘇不約同。自是公直聲浩氣震天下。」總督指噶禮，此述噶禮、張伯行互參案，後來張伯行免罪調京任職。

「世宗即位，眷公以舊臣逾常格，命與議政，遷禮部尚書。雍正二年，命

〔註 403〕應為「汙」。
〔註 404〕應為「訐」。
〔註 405〕應為「干」。
〔註 406〕原字左半部誤為「牛」。
〔註 407〕應為「詣」

赴闕里致祭，追王先聖五代，建議以明朝羅欽順、本朝陸隴其從祀兩廡。三年，薨於位，年七十有五。遺疏請崇正學，勵直臣，為千古第一首出之君，綿萬世無疆之祥。賜謚清恪。」未述光緒四年張伯行從祀文廟事。

傳末補敘數事：「公歷官二十餘年，未嘗携眷屬，治民以養為先，以教為本。吳人建春風亭於公祠，祠與子〔註408〕清端、湯文正兩祠並峙。及撫江蘇，首劾噶禮。方望溪適以《南山集》牽連赴詔獄，噶禮遂劾公久閉方苞於官舍，不知所著何書？人皆為公危，而聖祖之宥苞實自此始矣。」〔註409〕其中劾噶禮事當與前文合併，放在傳末不妥。

32. 施琅、世綸、世驃

「施襄壯公琅，字尊侯，福建人。順治三年，大軍定福建，公隨〔註410〕芝龍投誠。」「芝龍」指鄭芝龍，漏書其姓。此為施琅首次降清，傳中未述其後歸投鄭成功，復於順治九年再次降清事。

「康熙三年，加靖海將軍。七年，密疏臺灣計日可平，部議寢奏。」未述此間施琅兩次出師均遇颶風而返事。

「二十年，學士李光地疏言鄭錦已死，子克塽幼，部下爭權，征之必勝，因薦公素習海上情形，可專任，而總督姚啟聖亦奏公能，遂授福建水師提督。先是，李光地與公語及順治十六年海寇犯江寧事。李公曰：『賊苟不頓兵城下，驅而徑前者，是誠可危。』公笑曰：『宜何向？』李曰：『循山而東，奈何？』公曰：『南北步馬不相若久矣，眾寡勞逸又懸，雖所在響應作聲勢，實觀望不能為之助也。纔涉北地，與官軍交，立盡耳。』徐又曰：『向彼舍短用長者，委堅城，泝江而上，所過不留，直趨荊襄，召滇粵三逆藩與之連結，搖動江以南，以撓官軍，則禍甚於今日矣。棄舟楫之便而敝攻圍，故知賊無能為也。』李公以是知公能。公至軍練水師，又遣間諜通舊部曲使內應。」「海寇」指鄭成功，其子鄭經一名鄭錦。

「二十一年，彗星見，給事中孫蕙疏言征臺灣宜緩，有詔暫停進剿。九月，公疏言：『臣已簡水師精兵二萬，戰船三百艘，足滅海寇。請飭督撫餽餉，而獨任臣以討賊，無拘時日，但遇風利即進兵。』詔如所請行，公復請調陸路官兵隨行，許之。時克塽請如琉球、高麗例，上不許，趨公進師。」

〔註408〕應為「于」。

〔註409〕殷夢霞、李強選編《外國人著清史八種》，第三冊，第388～392頁。

〔註410〕漏「鄭」字。

「二十二年，李光地請告家居，邂逅逆旅中。李曰：『眾皆言南風不利，公出師故犯之，何也？』公曰：『賈豎之言也。夫北風日夜猛，夜則更甚，自此至澎湖，縱能魚貫行，幸而不散，然島嶼悉賊踞，未能一鼓奪之，舟無泊處，坐與行殊，風濤震撼，軍不能合也，將何以戰？夏至前後二十餘日，風微夜靜，水平如練，可以拋碇泊洋而觀釁，不過七日，舉之必矣。用北風者，徒幸萬一，南風則十全之算也。然旬日間恐有颶風，亦間歲不起，此則天意，非人慮所及耳。』又曰：『賊將劉國軒為彼魁傑，設以他將守澎湖，雖敗未即服也，必用再戰。如守澎湖者為國軒，或死或敗，則勢窮膽裂矣，臺灣可不戰下。』李喜曰：『寇平矣。』公笑曰：『何信之深也？』李曰：『為將者必識天時地理，且將之智力公兼之矣。能無平乎？』」此段全用對話刻畫形象。

「六月，公乘南風進泊八罩。國軒踞澎湖，築短牆，列火器，環二十餘堅壘。公遣遊擊藍理以鳥船進攻，賊船乘潮四合，公乘樓船突陣，流矢傷目，督戰益力，斬賊將及賊兵三千有奇，克虎井、桶盤二嶼，旋以百船分東西路，遣總兵東指雞籠嶼、四角山，西指牛心灣，以分賊勢。公自督五十六船，分八隊，以八十船繼後。賊悉眾來拒，我軍聯牆〔註 411〕而進，總兵林賢、朱天貴突入賊陣，八隊踴躍奮呼，東西兩路夾攻，波濤騰〔註 412〕沸，自辰至申，焚賊船百餘，斃賊萬有二千，遂取澎湖。是役也，公以十四日發銅山，二十二日決勝，果在七日中。戰之日，東南角微雲起，國軒方調遣拒敵，望見喜甚，既聞雷聲殷殷，國軒推案起，歎曰：『天命矣！』蓋海行占風，以雲起為風兆，聞雷則止也。國軒敗後乘小舟歸臺灣，克塽等震慴，乃乞降。臺灣平，封靖海侯，世襲罔替。時議善後，有議遷其人棄其地者，公疏有言：此地原為紅毛所有，棄之乘隙復踞，守則永固邊隅，請設總兵等，並設縣三、府一、巡道一。得旨允行。三十五年，薨，年七十有六。」其謚號襄壯僅在傳首提及。所述「東西路」未出現《清史攬要》中的史實錯誤。

「世子世綸，字文賢。二十八年，擢守揚州，會歲饑，請修范公堤，以工代賑，全活者多。上南巡，召對，曰：『此天下第一清官也。』調江寧令，以父憂去官，乞留者萬人。不得請，乃人投一文錢建雙亭於府署前，名一文亭。」施琅長子世澤出繼，故此稱二子世綸為世子，襲靖海侯者則為八子世範。世綸

〔註 411〕應為「檣」。

〔註 412〕原字誤為三點水旁。

調江寧知府在康熙三十二年。傳中未述其之後的仕宦經歷，施世綸官至漕運總督，卒於康熙六十一年。

「第六子世驃，舊行伍起家，積戰功，康熙五十一年，調福建水師提督。六十年，朱一貴倡亂臺灣，公擊平之。九月，薨於臺灣軍營。」〔註 413〕傳中未述世驃死因，紀中寫道：「八月，臺灣怪風暴雨，流火燭天，陸地大震，船壞宅毀，溺死者數千。施世驃驚悸疾作，卒于軍。」〔註 414〕其描述未提及施世驃為穩定軍心，終夜露立風雨之事。

33. 藍理、珠

目錄僅書藍理，傳中提及其仲弟瑤、四弟瑗、族子法，並附記其五弟藍珠事蹟。

「藍公諱理，字義甫，號義山，福建漳浦人。生而魁偉，虎頭燕頷，口可容拳，力舉八百斤，足追奔馬能曳其尾倒行。少貧，無以為生，或勸為染人，尋發憤，棄去，持斧擊靛缸，碎之。」藍理是畬族人，時年十六歲。

「會海寇盧質擁眾岱嵩井尾間，時出劫掠，公集族中雄傑者，得十五人，謀曰：『大丈夫當立功報國，今盧質為害鄉里，我與若往殺之，官以我為能，必聞於朝，且用我矣。』皆曰善，遂行，得壯士五十人，至岱嵩屯焉。公大笑曰：『吾始聞若勇，今乃知若怯，若所恃者，三百人耳，使隻身與吾鬭，吾擒若矣。』質喜曰：『有是哉！』遂各持盾携短刀躍出，鬭百合，莫能相勝負。質故有名劇賊，身長七尺餘，白皙長髯，揮刀盾如閃電，當者辟易。見公少年，心易之，至是知為勍敵，殫其技，終弗能勝。公度質氣且餒，忽虎吼曰：『著矣！』質愕然，趾出盾外。公截其趾，顛，斬之。令其眾曰：『降者免死！』眾皆降，其副王都聞之亦降。公將詣郡獻功，都請緩數日，實潛出劫掠，後以傷死。公始自詣郡，郡守聞公作賊，方戒嚴。公指天誓，且言屠賊狀，弗信，逮下獄，雜群賊中鞫〔註 415〕治之。將斬，計五十有三人，議留一人縱其死，命掣籤。公曰：『死則死耳，何掣為？』群賊以次掣，遺一籤於地。公曰：『地上者予我。』官揭視之，『生』字也。由是五十二人皆斬，而公獨留。亡幾，同繫者謀越獄，事洩坐斬，將及公，迅雷忽作，晝昏黑，主者知其寃，乃止，然終不獲出獄。公亦晏然無出意，日捆屨以為食。」所述極有傳奇色彩。

〔註 413〕殷夢霞、李強選編《外國人著清史八種》，第三冊，第 392～397 頁。
〔註 414〕殷夢霞、李強選編《外國人著清史八種》，第三冊，第 336 頁。
〔註 415〕通「鞠」。

「康熙十三年，耿精忠反，悉縱繫者使受偽職，公不從，間道走，出仙霞關，聞康親王方統大軍討賊，公迎謁，具陳平閩策。王嘉其忠，命隨征，為卿〔註416〕導。十五年，以功授建寧遊擊，遷灌口參將。灌口當孔道，軍興旁午，供億繁甚。閩督姚啟聖方駐漳浦，每使過，有所誅求，公不應，且執而鞭之，由是過客皆譖公。姚公分兵守高浦，辭不赴，遂以虛兵冒餉，劾公削籍，擬杖徒。公有卒，以鬭殺人，當死，公憐其母寡，無昆弟，自詣官曰：『殺人者我也，卒無罪。』遂免卒而置公於理，在獄又經年，請勦海寇自贖，上允之，發臺灣效力。」藍理升參將在康熙十八年。

「當是時，朝廷以鄭氏父子竊踞澎、臺，數侵擾漳、泉為邊患，議大興師。命靖海將軍施琅征之。施名將，雅知人，聞公忠勇，署右營遊擊，部議持之，特旨報可。遂領前隊先鋒。公喜得遂報國志，日在廈門練水師。有二卒，出市薪蔬，遇將軍戈什哈觀劇，使酒擒而撻之，且痛詆公。卒歸愬公，公笑曰：『鬬毆常事也，且問汝勝耶？負耶？』卒曰：『受撻耳，何勝負之足云。』公怒曰：『汝二戈什哈不能勝，何能殺賊？』命斬之。卒呼冤曰：『某等以將軍故讓之，請復與鬬，如不勝，願死。』公縱之再鬬，反命曰：『大勝矣。』公喜命二卒臥板扉上，刺雞血淋之，舁以往見將軍，請發戈仲〔註417〕哈二人者付公治。施公不可，公固請曰：『今用人之始，士卒不能愛軀命，為將軍出死力，將軍宜一體撫恤之。戈什哈倚將軍勢，無故撻士卒，且大言辱詈某，損先鋒威重，搖惑軍心。將軍不發此二人付某治，恐軍士人人解體也。』施公不得已付之公，公回營具牒飛報將軍曰：『今日上吉，先鋒官啟行。』即詣海岸，縛戈什哈二人斬以祭江，轟巨礮揚帆去。施公聞之不懌，既而曰：『虎將也，必成功。』遂親統諸軍繼之。」

「帥師先抵澎湖，鄭氏將劉國軒、曾遂等以數萬眾迎敵，戰艦蔽江。公鏖戰自辰至巳，手殺八十餘人，身被十餘創。正酣鬬間，忽賊礮斜飛過公腹，公偃。曾遂呼曰：『藍理死矣！』公仲弟瑤從背後扶公起，公奮舉虎吼曰：『藍理在！曾遂死矣！』喚草茵持刀來，連呼殺賊者三聲如震雷。舟中軍士皆氣壯，無一不當百。草茵，族子法小字也。持刀授公，見公腹已破，腸出於外，血淋漓，為掬而納諸腹中。公四弟瑗傅〔註418〕以衣，五弟珠持匹練連腹背交裹之。

〔註416〕應為「鄉」。
〔註417〕應為「什」。
〔註418〕通「縛」。

公大呼殺賊，不暇顧也。時賊船競進，以鐵鉤鉤公舟，我軍亦鉤賊舟，火箭火彈互擲，煙焰障天。賊中有飛未〔註419〕鼠者，抱巨桅猱升而上，銜刀負篷立將躍入公舟，公弟瑤距躍斬之。賊奪氣，我軍賈勇先登，公命以火藥盡頃賊舟，焚弊〔註420〕賊無數，沈其巨艦二。賊大敗，逐北數十里，棄械浮尸盈海面。捷聞，施公大喜，疏上公首功，命紅毛醫治公創。醫言須七日弗動氣，乃可平復。未幾，施公進戰，戒左右勿使公知。會官軍小卻，施公以大眾犂之過猛，舟閣淺沙不能動，群賊環焉。施公故善戰，神氣間〔註421〕定，然終不得突圍出。公聞左右耳語，詰得之，大驚，立往救。時諸將所乘舟皆書官銜姓氏於旗上，獨公舟上書「藍理」二字，字方廣各二丈。賊遙望見，相謂曰：『藍某來矣。』皆披靡。公飛盾躍過偽中軍舟，連斬巨魁十餘人，復躍而還，賊奪氣。奮擊，大敗之，奪賊舟，請施公更舟。施執手慰勞，且曰：『醫言七日勿動氣，今方三日，何遽來？』公笑曰：『主帥有急，即創裂以死，不顧也。』遂與施公乘勝鏖擊窮追，賊首尾不相顧。鄭克塽大惧，遂納土降，臺灣平。」描寫極為生動。

「施上公首功，加左都督，以參將先用。尋丁憂。二十六年，服闋，入都抵趙北口，遇聖駕出水圍，將避道，所乘馬凝立弗肯行，鞭之數十不動，乃舍騎步入梁園中。駕至，遣侍衛問誰騎？公乃出曰：『臣藍理從福建來者。』上問：『是征澎湖時拖腸血戰之藍理邪？』公奏曰是。上曰：『來何遲也？』召至前問血戰狀，解衣視之，為撫摩傷處，嗟歎良久。復召至行宮慰勞之，特旨授神木副將，賜帑金三百兩。未行，擢宣化鎮總兵，掛鎮朔將軍印。二十九年，調浙江定海鎮。聖祖嘗語諸王大臣以公拖腸血戰狀，又引見皇太后曰：『此破肚總兵也。』視公若家人父子。公每奏對，皆侃侃直陳，或手舞足蹈不自已。上嘉其直率，御書『所向無敵』額賜之。」藍理調定海總兵在康熙二十八年底，獲賜「所向無敵」匾額在四十二年，時任天津總兵。

「四十五年，擢福建提督。公至閩日，召故鄉父老飲，道及微時顛沛狀，欷歔大〔註422〕息，慨然有廣廈萬間庇士之意。倡建江東大石橋二，捐金巨萬，不足，則以郡人之不孝不弟及為富不仁者出罰鍰附益之。常曰：『以地方不義

〔註419〕應為「來」。
〔註420〕同「斃」。
〔註421〕應為「閒」。
〔註422〕應為「太」。

之財為地方之利，可以勸孝弟，抑豪強，轉移風化。』或曰：『此有司事也，非所宜聞。』公怒曰：『天下官管天下百姓，腐儒何足以知之？』富人重足立，左右親暱，因緣為姦利，利歸群小，而惡名盡萃公矣。妬公者因刻匿名帖，繪一虎以比公，多列罪狀。五十年，坐盜案落職，巡撫滿保據虎帖劾公。上命侍郎往按，左右不旨受。公曰：「吾大臣，何必辨？」舉筆署曰：『皆實。』議斬立決，追贓八萬，籍其產。特旨從寬免死，調赴京師，入旗籍。」

「五十四年，大軍進勦策妄阿喇布坦，公請赴軍前效力，上以其驍勇練軍機，賜總兵北路軍務。五十七年，以病回。明年卒，上追念公功，特旨免所追銀，賜公家屬出旗護喪歸葬。公好書擘窠大字，有求無不應者。」藍理實卒於康熙五十九年。

「季子〔註 423〕珠，嗜學，能背誦《通鑑綱目》，不遺一字。」〔註 424〕前文提及藍珠為藍理五弟，實亦為季弟，絕非季子。

34. 姚啟聖、儀

目錄僅書姚啟聖，傳中實附記其長子姚儀事蹟。

「姚啟聖，字熙之〔註 425〕，一字憂菴，浙江人。生而倜儻，以豪聞。遊松山，遇健兒掠二女子行，其父隨之哭。公怒奪佩刀殺二健兒去，亡命隸漢軍鑲紅旗。」姚啟聖實字熙止，其「殺二健兒」事在蕭山，時為順治二年，投充漢軍在十六年。

「聖祖登極，公以布衣上疏，請八旗開科，遂舉康熙二年鄉試第一。知香山縣事，歲比不登，前令坐負課繫獄者七人。公嘆曰：『明年增吾為八矣。』乃張樂置酒出七人於獄，痛〔註 426〕飲之，為治裝遣歸，而通牒大府曰：『七令名下應追金十七萬已於某月日收庫訖。』大吏疑公巨富代償矜行善，不知公故寒士，實未辨作何償也。時澳門賊霍侶成猖獗，督撫不能制，公以計擒之，論功當上賞。督撫忌之，反誣公通海，將置之死。公夜見平南王尚可喜訴之，可喜疏陳其枉。督撫皆以是自殺，而公亦削官，時年五十矣。」姚啟聖罷官在康熙八年，所涉督撫為盧興祖、王來任。

「居亡何，吳三桂反，鄭錦進取汀州，勢大振。天子命康親王傑書南征，

〔註 423〕誤字。
〔註 424〕殷夢霞、李強選編《外國人著清史八種》，第三冊，第 397～406 頁。
〔註 425〕誤字。
〔註 426〕原字誤為廣字頭。

公以家財募兵，率長子儀赴軍前效力，先命其友吳興祚說王。王與語，大悅，命攻諸暨，進擊紫狼〔註 427〕山賊，破之，又敗賊於楓橋。遂以公權知諸暨縣。耿精忠以重兵踞石塘，阻我入閩之隘。公偕諸將攻拔之，奪楊梅岡，乘勝取雲和縣。又擒賊將曾養性於溫州。會大兵已奪仙霞關，公為前鋒，乃遣使說精忠降。精忠猶豫，公單騎入其營說之。精忠饗公，公劇飲健啖，指畫伉爽。精忠曰：『此李抱真之流亞也，必不欺我。』遂降。」姚啟聖知諸暨縣在十三年。李抱真為中唐名將，曾以數騎入營策反叛軍。

「論功擢福建布政使。三桂驍將韓大任號小淮陰，自吉安突圍出，由漳入汀，將與鄭錦合。公復單騎說之降，簡其兵，得死士三千人，養為親卒。汀州平。」耿精忠降及姚啟聖擢布政使在十五年。

「十六年，公復使大任說潮州守將劉進忠，進忠亦降，賊棄惠州走，於是邵武、興化、漳、泉皆復。」

「十七年，劉國軒乘勝圍海澄，於是天子震怒，將逮督臣郎廷柏〔註 428〕，諭康親王求可代者。王及將軍以下合辭薦公，遂總督福建，且命節制諸軍急援海澄。會海澄以食盡陷，國軒取漳平及諸縣，圍泉州，號稱十萬。公分兵救泉，密疏陳方略。上降璽書褒勞，且諭曰：『閩督得人，賊且平矣。』公使平南將軍賴塔抄其饟道，復漳平。國軒乃解泉州圍，併力攻漳州，大會二十八鎮兵為十九寨，請與大軍決戰於龍虎、蜈蚣二山間。時漳城兵止八千，公五檄泉州，兵不至，諸將欲棄城走，精忠悔其降，大慟。公曰：『賊恃勝而驕，謂我不能軍也。請不戰以懈之，而出奇以破之。平海在此役矣！』命閉城門，韜弓臥鼓。天大霧，公吹篳篥者三，壯士鍾寶、張黑子等突出，持長矛先登。前軍接戰不利，公自率精兵繼之，賴塔以後軍夾擊。國軒敗，前軍還攻之，自辰至酉，連破十六營，斬其部將鄭英、劉正璽、吳潛等，生擒千二百有奇，斬首數萬，溺死者萬計。國軒泅〔註 429〕水奔海澄。公復長泰、同安，進攻海澄。海澄者，濱海地也，峻而險，賊築塹高數丈，排列艨艟，與廈門、金門、海壇相首尾，堅不可猝拔。乃請復設水師提督，開修來館於漳州，凡言自鄭氏來者皆盛供帳，金帛恣所求，即亡去，不問。諜至不殺，且厚款之，諜反以情告戰有日矣。或慎館舍飭供具，大書某鎮某官公館，聲言某月日某將當來降。賊以此互猜甚，

〔註 427〕應為「琅」。
〔註 428〕應為「佐」。
〔註 429〕原字誤為兩點水旁。

且疑而相殺。」復長泰後，姚啟聖敘功進為正一品階。

「十八年，三桂死，錦五鎮大將黃靖、廖琠、賴祖、金福、廖興各以所部降，鄭奇烈、林翰等繼之，鄭氏勢益孤。公簡降卒為水師，驟增二萬人，乃令巡撫吳興祖〔註430〕、水師提督萬正色進攻二島。」

「明年正月，賊朱天貴以戈船降，遂復海壇。公待天貴厚，竟用其兵盡破十九寨。國軒棄海澄入廈門，復棄金、廈歸臺灣。閩疆既定，吏、兵部列上公功，應加者四百餘級。聖祖晉公太子少保、兵部尚書，公子儀授總兵。」姚啟聖晉為太子太保，並非太子少保。

「先是，濱海居民輸賦外，又私餉成功，以免劫掠，當事遂定沿海之界，而內遷其民，越者死，民多蕩析離居。滿兵復奴其老稚，箠楚不忍聞。公任總督，力與驕兵悍將相待，屢奏禁兵不服水土，宜撤歸。又奏康王體尊，不宜久暴露，宜先頒師。疏三上，天子許可，兵歸者猶驅子女北行。公涕泣啟王，令軍中敢携良民者死，而私傾家財贖之。凡捐金二十萬兩，贖難民二萬餘人。又請開海界復民業，聽降卒墾荒，兼收魚鹽蜃蛤利，而分屯列戍以衛之。詔遣侍郎某來勘，不敢主議，公力任之，乃報可。閩人皆肖像祀焉。」此述姚啟聖在閩德政。

「方施琅之內附也，聖祖用為水師提督。成功死，施頗以平臺自任，既而不克，或疑其貳，召入京不復用。公為布政使嘗疏薦之，不報。至是，請改萬正色陸路，仍以水師任施，且曰：『臣願以百口保琅。』又奏鄭錦死，子少國內亂，時不可失。聖祖乃遣琅與公同進兵。琅至，密疏請以公駐廈門而獨任進師。時公已出海，見疏不懌，自陳請行，詔公還廈門。」

「二十一年夏，施公請乘南風攻澎湖，公欲待北風直搗臺灣，彼此見不合，師不果出。明年六月，施公竟以師行，會颶風與潮俱發，前鋒為急流飄散，國軒以精兵二萬出牛心灣，別將出雞籠嶼夾攻，矢集施公目，幾失利，天忽雨，颶風止，公所約賊將呂韜等間使適至，施復進澎湖。翼日大戰，朱天貴先進，水驟長一丈，舟並行，如鳥張翼而上。國軒掀案起，哭曰：『天也，夫何言？』遂自吼門遁臺灣。初，鄭克塽有降意，而偽行人傅霖反復為奸，公為計去之。又遣漳浦黃性震招國軒，曾密報書，未遽降也。至是，性震故洩之，主臣互相猜，眾莫為用，大兵遂自鹿耳門入。八月癸亥，克塽以臺灣降。自康熙十三年用兵，至二十二年福建平。時北風正利，施由海道奏捷，七日抵京師。公由驛

〔註430〕應為「祚」。

馳報，後施二日。聖祖得施疏大喜，策勳在平滇諸將上，封施公靖海侯，將以次及公。公自陳無功，乃召掌中樞。」此二段述姚啟聖與施琅的關係及在統一臺灣中的貢獻。

「是年十有一月，疽發背，薨，年六十。論者謂戰功雖首施公，然實所疏薦，至平日運籌設間攻賊心，公之力尤獨多。公身長七尺，廣顙修髯，目閃閃如巖下電。手勒奔馬，用弓至二十石。麾下所養奇才劍客，皆能得其死力。臨陣應變如神，而性慈不妄殺戮。平生慷慨，仗義揮金如泥沙。尤恤文人，各屬皆置學田，培寒畯。喪歸，軍民哭送者數萬。公平廈門之歲即病疽，召鼓山異僧治之，曰：『天生公以靖閩疆也，今事尚有待，疾不足憂。』果應手愈。臺灣既定，疽復發，曰：『全閩底定，公疾不可為矣。』」此段總述進一步刻畫形象。

「夫人何氏絕有力，不第能舉臼，公奇之，娶焉。是生長子儀，雄偉與公埒。挽強弓，百步之外，可洞四札。每戰，閩人望見前鋒曰：『此姚公子旗也。』以功授知縣，終總兵官。」〔註431〕姚儀卒於康熙三十五年，前一年授鑲紅旗漢軍副都統。

35. 陳鵬年

「陳鵬年，字滄洲〔註432〕，長沙人。康熙辛未進士。」陳鵬年字北溟，又字滄州，傳中字誤。此辛未是康熙三十年。

「四十三年，擢江寧知府。常州守某文致諸生吳廷立等十餘人於死，公與會勘雪其寃。吳獲更生，易名曰復，字念滄。會聖祖將復南巡，總督阿山召屬官議增賦，眾無言而注目公，公力爭，且曰：『官可罷，賦不可加也。』議遂止，自是大吏滋不悅公。」此前四十二年南巡，玄燁曾召見時任海州知州的陳鵬年。

「四十四年，聖祖巡江南，使公主辨〔註433〕龍潭行宮。故事，自左右侍衛及閹寺牧圉皆有餽，公一切不問。或竊置蚯蚓糞於簟席間，上召公詰問。先是，上駐蹕織造府，一日，織造幼子趨而過庭，上以其無知也，曰：『兒知江寧有好官乎？』曰知有陳鵬年。會致仕大學士張文端公英入覲，聖祖問江南廉吏，文端首以公對。至是復問公為人，文端言吏畏其威而不怨，民懷其德而不

〔註431〕殷夢霞、李強選編《外國人著清史八種》，第三冊，第406～415頁。

〔註432〕應為「州」。

〔註433〕通「辦」，下同。

玩，士式其教而不欺，廉其末也。而織造使曹公寅亦免冠叩頭為公請，血被額，同官某恐觸上怒，陰曳其衣，曹請益力。上遂釋然，駕幸金山觀水師。先期一日，大吏檄公疊石為步者三，欲以困公。屬吏皆惶急，公曰：『吾自辨之。』乃率諸子弟躬運土石，士民從者爭撤屋材濟工，然江湍急，下石則捲浪去。有估人子坐筏上知其故，請絙筏疊石，層絙層疊，筏出水面有基，即甃石如平地。鼓四下工竣，如有神助。聖祖臨視，益奇之。御舟發，命公督挽舟者。舟入淮山陽，民趨之曰：『此陳父母也。』壺飧載路。上微窺之，既渡河，溫旨令公還。」

「其年六月，阿山劾公下江寧獄。江寧人痛哭罷市，士民揭帛鳴鉦，環制府問太守見劾之由。門者重閉，叫呼不退，司械繫數人。制府欲釋之，使謂曰：『爾偶行過此被繫耶？』皆曰非也，願入獄與太守同命。諸生俞養直等繼至，大呼：『請保清廉太守！』呵禁之，不止，則懼之，曰：『即擒治矣。』養直即挺身就擒。吳復入獄弔養直曰：『此我當為者，君莫先我為之邪！』訛傳養直斃獄，時學使者方按句容，八邑生童譁曰：『讀書應試何為也？』皆火其卷去，且白使者請申救養直，養直遂得出。及會鞫，百姓夾左右道，人火一束薪，燭公去來，夜明如晝。讞者以三木訊商人，商人曰：『歲餽自督撫及州縣皆有之，惟太守不受一錢耳。』既拮摭無所得，則以公嘗逐群娼，建亭南市樓，月朔宣講聖諭為大不敬。獄成，論斬。聖祖問大學士李光地阿山在官何若，光地曰：『當官勤敏無害，其犯清議，獨劾陳鵬年一事耳。』上頷之，詔從寬免罪。」雖免罪，但革職，命入京修書。

「四十七年，特授蘇州知府。時大饑且疫，公所在疫斷，書公名鎮於門。於是議賑貸，勸損〔註434〕輸，濬城河，修學宮，葺義塾，禁婦女遊觀。」

「四十八年，命署布政使。總督噶禮忌公，劾公，又奏公所作虎邱詩為怨望，字箋句比，以周內之，錮公於鎮江。民奔走呼籲，如在江寧時。初，公謁總督白事不跪，噶禮怒呵曰：『知府生死我手，何敢爾？』公曰：『果有罪，雖幸賜寬假，寸心具有鈇鉞。如其不然，君主之，百姓安之，生死不在公也。』徐步出，噶禮遂欲死公。部議削籍戍黑龍江，仍得旨來京修書。百姓遮留公，閉十二門，凡九日不得行。公泣諭就道。」

「五十一年，聖祖諭閣臣曰：『陳鵬年頗有聲譽，學問亦優，張伯行聽信其言，是以噶禮欲害之。（噶禮與伯行有隙。）曾奏虎邱詩中有悖謬語，宵人

〔註434〕應為「捐」。

伎倆，大率如此。朕豈為若輩欺耶？』遂出其詩共閱。世宗即位，授河道總督。」康熙六十年，陳鵬年受命隨同勘河，旋署河督，次年由剛即位的胤禛實授。

「雍正元年正月五日，端坐逝。年六十有一。有詔悼閔，且曰：『此真鞠躬盡瘁死而後已之臣也，可賜白金二千兩治喪，其家有八旬老母，可給封典，子予一品蔭生。』入賢良祠。」陳鵬年詔入河南賢良祠在雍正十二年，詔入江寧賢良祠在乾隆六年。

「公在官廉幹，得民心，於上官左右親近視之蔑如也。由此毀言日至。每褫職按問，民相聚巷哭，持醪糒相遺，禁之則攘臂而詬，或門鍵則毀垣。滿洲駐防兵亦率男婦踵門求一見陳青天狀貌。好事者繪為圖，又有繪為《九學哭廟圖》，有披圖泣下者。後會勘於山陽，集者數萬，官拒之。忽一人突出，大呼：『請保留陳青天！』則江寧武生朱寄客也。從而入者十數人，山陽令大驚，以數人攫一人閉諸室，既入獄，百姓張黃旗城上，書曰『如喪考妣』。忌者因誣以大逆。聖祖怡然曰：『民愛如此，甚好。』赦詔下，士民數萬焚香北向號呼，其聲如雷。」

「其繫江寧獄，或絕其食，獄卒憐之，為主者李丞偵知，奴〔註435〕杖卒四十，曰：『通一勺水入獄者如之！』公自分命絕矣，忽聞外有貴人騶唱聲甚高，曰：『獄官來！我浙江巡撫趙由〔註436〕喬也。入覲時皇上命我語江南督撫：還我活陳鵬年，不知汝等可知否？』言畢去，不與公交一語。未十年，公總督南河，李為邳睢同知，大懼來謁公，公無言，李心稍安，疑公忘之矣。居亡何，黃河南岸崩，芻茭翔貴，治者竹楗石菑，需萬金。公張飲，召河官十餘人入，酒行，嘆曰：『鵬年餓江寧獄幾死，不意有今日！』自賀一觥，且飲且目李，目閃閃如電，鬚髯翕張。李色變，客亦瞠視，不知所以。公笑曰：『諸君不賀我乎？盍盡一觥？』合席諾聲如雷，不能者強畢之。俄而奴捧饕餮罇出，磁而鎦金者也，狀獰惡。公起手斟之，徧示客曰：『滿乎？』曰：『滿矣。』持行至李所曰：『某年月日為一餅故杖獄卒，非他人，即足下也。今河岸崩，百萬生靈所關，不比老陳性命不值一錢也。罰汝飲，即往辨治，放一勺水入民田者，請敕書斬汝。亦使群公知鵬年非報私仇者。』李長跪，色如死灰。持罇，罇墜地碎，兩手自搏，叩頭數百。滿席客咄嗟回首，無一人忍睇其面者。李出，頃家治河，河平，來驗工官纓帽小車，所杖江寧獄卒也。既李竟慚愧死。」

〔註435〕應為「怒」。
〔註436〕應為「申」。

「其被逮入京也，除夕市米潞河，主人問客何來，曰陳太守。曰：『是湘潭陳公耶？』曰然。主人曰：『是廉吏，安用錢？』為反其直，問任某所。次日，戶外車聲檻檻，米十石，書一函，稱：『天子必再用公，公宜以一節終始，毋失天下望。』紙尾不著名姓。問擔夫曰其人姓魏，訪之則閉戶他出，竟不知何許人也。」〔註437〕傳末三段所述事風格一如前文，均較為生動，進一步刻畫傳主形象。

36. 鄂爾泰

書中該傳影印未全，缺少開頭：「撫久無成，公奏：欲百年無事，非改土歸流不可，欲改土歸流，非大用兵不可，宜悉令獻土納貢，違者勦。疏上，盈庭失色，世宗大悅曰：『此奇臣天賜我也。』命公進呈生年月日，與怡賢親王赴養心殿，手鑄三省總督印付公。遂實授總督，分三路進剿。尋奏狆苗及川賊窩黨悉就擒，上嘉其妥速。十二月，攻破雲南猓賊窩泥種，地方六千餘里，劃界建城，設員弁，有詔優敘。」「奇臣天賜」的敘述與《清史攬要》略同，但鄂爾泰實授雲貴總督在雍正四年，特授雲貴廣西總督在六年，傳中「實授總督」不妥。「狆」「猓」用反犬旁反映了當時的民族歧視問題。

「公知人善任，賞罰明肅，一時麾下文武如張廣泗、張兄〔註438〕隨、哈元生、元展成、韓勳、董芳等，各以平苗立功，致身通顯。然土官自漢唐世襲二千餘年，雄富敵國，一且〔註439〕入版圖，受官吏約束，心終不甘，漢奸又陰唆嗾之，改流後反者歲數起。公慙怒次骨，奏請褫職討賊贖罪，世宗以為多一次變動，加一次平定，優詔不許。」此處眉批：「亦有是理。」〔註440〕批註者對胤禛的看法表示同意。

「公感上恩，益奮，親督軍鏖戰，繳上苗寨軍械無萬〔註441〕數。甞親巡三省窮邊六千餘里，諸頭目焫香跪伏，迎道左。南詔諸國上表獻方物，皆離中原萬里者也。新開古州丹江，禾長八尺，穗両岐〔註442〕，世宗批劄云：『朕實感謝矣，不知如何待卿而後心安。』經略歸，上命戶部尚書海望為治第，凡仕物楸禁槃匜之屬必具。已報齊矣，命舁堂上几視之，以為窳敗，大怒，召海切

〔註437〕殷夢霞、李強選編《外國人著清史八種》，第三冊，第415～423頁。

〔註438〕應為「允」。

〔註439〕應為「旦」。

〔註440〕殷夢霞、李強選編《外國人著清史八種》，第三冊，第460頁。

〔註441〕衍字。

〔註442〕通「歧」。

責，海叩頭請易乃已。及公入朝奏事畢，上曰：『卿勿還舊居，可即赴新居。』手書『公忠弼亮』四字賜之，侍衛十人捧而隨公入。聞府中無園囿，命以藩邸小紅橋園賜公，而中分其半為軍機直廬。公弟鄂爾奇，以兵部尚書兼步軍統領，公力爭不可，上曰：『卿慮乃弟反耶？』公叩首曰：『兵權太重，非制也。』」鄂爾奇兼步軍統領在雍正五年。鄂爾泰獲賜「公忠弼亮」在十年。

「十三年夏，臺拱逆苗叛，公自以從前籌畫未周，具疏請罪，且斥削伯爵。優詔如所請，命仍留三等男。世宗晚年召公宿禁中，逾月不出，人皆不測上意。八月二十三日夜，世宗升遐，召受顧命者，惟公一人。公慟哭捧遺詔，從圓明園入禁城。深夜無馬，騎媒羸而奔，擁高宗登極，宿禁中七晝夜始出。人驚公左袴〔註443〕紅濕，就視之，髀血涔涔下，方知倉卒時為羸所傷，虹潰未已，公竟不知也。詔同莊親王允祿、果親王允禮及大學士張廷玉總理事務，晉爵一等子。」「三等男」時稱三等阿斯哈尼哈番，「一等子」時稱一等精奇尼哈番。

「乾隆元年，命為軍機大臣，晉三等伯，賜號曰襄勤。公嘗言楊名時猶古器，不可瓦缶用，至是，奏公處置苗疆非善後策，公初不以為仵，及楊公捐館，公經紀其後事，哭之哀。三年，兼議政大臣。七年，副都御史仲永檀以密奏留中事洩於公子鄂容安，公坐降二秩留任。八年，兼掌翰林院。」鄂爾泰晉三等伯，賜號襄勤在乾隆二年。

「十年正月，以疾乞解任，上慰留。三月，加太保。四月，薨。得旨：『大學士、伯鄂爾泰公忠體國，直諒持躬，才裕經綸，學有根柢，不愧國家之柱石，文武之儀型。不意一病不起，朕心深為震悼，其輟朝二日，親臨祭奠。昔皇考有配饗太廟遺詔，著所司遵行，並入祀賢良祠，加祭二次。』尋賜祭葬，諡文端。」鄂爾泰加太保在乾隆四年，十年三月所加為太傅。

「公方頤廣顙，鬚髯如神，色溫而語莊，面兼春秋二氣，性明決威重，勇於任事，好勵名節，惡偷合取容以媚世者，自命過高，常卑視古人，氣出其上。然于近今人才，一善一技不肯忘。以為坐政事堂批敕尾非宰相事也，宰相之事在進賢退不肖而已。賢不肖不可卒知，則姑就其文章之表著者考之。故每一鄉會試，必採訪如飢渴，士有學行者，多以禮進之。雷君鋐、莊君亨陽、任君啟運，公皆知其名，欲一見，屬朱高安、方望溪道意，皆謝不敢往，公禮先焉。及公病，雷君往視，坐榻前。公問人才，雷舉所知以對，公曰：『是皆常往來於吾心者也。』烏虖！即此可以見公之為人矣。所著有《西林遺稿》。」此段

〔註443〕原字誤為示字旁。

補敘加外貌描寫以進一步刻畫形象。

「二十年，甘撫鄂昌與詩詞悖逆之胡中藻唱和，削籍治罪。中藻，公門生；鄂昌，公姪也。命撤出賢良祠。四十四年，御製懷舊詩，列公五閣臣中。」〔註444〕胡中藻文字獄由弘曆打擊鄂爾泰朋黨而起。

37. 張廷玉、若靄、若渟

目錄寫為「張廷玉（若渟）」，傳中尚述張廷玉長子若靄事蹟。

「張文和公，諱廷玉。」下文書其字衡臣，而未述其號硯齋。同其父張英傳文一樣，亦漏書其籍貫桐城。

「乾隆二十年三月二十日，考終。諭曰：『致仕大學士張廷玉歷事三朝，宣力年久，勤勞夙著，受恩最深，前以其年屆八旬，特加體恤，許令退休。朕實優念老臣本懷，至於配饗大〔註445〕廟，係奉皇考遺命遵行，非為臣子者可以要請。及朕賜詩為券，又不親赴宮門謝恩，自不得不示薄譴，用申大義。今遽聞溘逝，皇考之命朕何忍違，且張廷玉在皇考時勤慎贊襄，原屬舊臣，宜加優恤，應仍謹遵遺詔，配饗太廟，以彰我國家酬獎勤勞之盛典。』謚文和。」此用倒敘手法。

「公字衡臣，文端公仲子也。康熙三十九年進士。聖祖洊加優擢。六十年，調吏部左侍郎。」於此述其為張英之子。

「明年，世宗御極，即命公協同翰林院掌院學士。初政殷繁，諭旨日數十下，公承命應奉，精敏詳贍，悉稱旨。雍正四年，拜文淵閣大學士。方是時，西北兩路用兵，上以內閣在太和門外，儤直者多虞洩漏，始設軍機處於隆宗門內，為承旨出政之總匯。公與鄂爾泰同為軍機大臣，諸格式皆公所奏定也。軍機職掌在恭擬諭旨，凡百內外臣工所奏，皆面取進止，明發上諭。其有旨敕議者，審可否以聞。凡明發諭旨，皆下內閣，以次及於部科。若指授兵略、詰誡臣下及查核刑政之失當者，為寄諭上諭，密封交兵部馳遞。自立軍機處，內閣之任遂輕，〔註446〕而部院寺監暨九門提督、內務府，外而各直省督撫、學政、督撫〔註447〕、提督、總兵官、鹽政、榷使、各將軍、參贊、辨事大臣，迄四裔諸屬國，有事無不綜彙，又無日不召對，上所巡幸無不從，而四方章奏亦皆以摺代本逕達軍機處。其內閣本章，率依例題達而已，甚或內閣翰林院撰擬有

〔註444〕殷夢霞、李強選編《外國人著清史八種》，第三冊，第459～464頁。
〔註445〕應為「太」。
〔註446〕漏「內」字。
〔註447〕兩字衍。

弗當，亦下軍機處審定，故本朝軍機大臣之任最為繁重焉。」此段詳述軍機處制度。

「十一年，詔以文端公從祀賢良祠，賜帑金萬両為祠宇祭祀費，頒內府書籍五十二種於其家。先期一日，上賜玉如意曰：『願爾往來事事如意也。』一門之內，朝紳命服，輝映閭里，海內榮之。十〔註448〕年八月，世宗龍馭上賓，遺命莊親王、果龍〔註449〕王、大學士鄂爾泰、公總理事務，且詔他日以公配享太廟。」胤禛卒於雍正十三年，並非「十年」。

「高宗即位，倚任有加。乾隆四年，加太保。八年，上念公篤老，特命不必嚮早入朝，予炎蒸風雪，亦不必勉強內直。九年冬，重葺翰林院落成，車駕臨幸，賦詩宴賚，謂公、鄂公曰：『二卿真不愧古之房、杜。』」「房、杜」指唐太宗貞觀朝名相房玄齡、杜如晦。

「十三年，以老乞休，溫旨慰留，且諭曰：『卿受両朝厚恩，且奉皇考遺命，將來配享太廟。豈有從祀元臣歸田終老之理？』公奏言宋明配享之臣，曾有乞休得請者，因數人為證，且稱七十懸車，古今通義，又引老子知足不辱、知止不殆為解。諭以為不然：『昔人久處要地，恐滋讒謗，將至迫於殆辱，故易云見幾而作，要豈所論於與國咸休、視君臣為一體者哉？夫同堂聚處之人，一旦〔註450〕遠離，雖朋友尚不忍，何況在君臣？《書》曰：天壽平格。又曰：耆壽俊在厥服，秦穆霸主，猷詢茲黃髮。使七十必懸車，何以尚有八十杖朝之典？卿精力不減少壯，若必以泉石高蹈為適，獨不聞武侯鞠躬盡瘁之訓耶？』公奏言武侯遭時難，受任軍旅，與生逢熙洽、優遊太平者不同。諭復以為不然，謂：『皋夔稷契，無龍逄比干之心，必不能致謨明弼諧之盛；龍逄比干，無皋夔稷契之心，亦必不能致致命遂志之忠。遭遇雖殊，誠藎則一。夫既以一身任天下之重，則不以艱鉅自諉，亦豈得以承平自逸？為君則乾乾不息，為臣則蹇蹇匪躬，所謂一息尚存，此志不容少懈。朕為卿思之，不獨受両朝至優至渥之恩，不可言去，即以朕十餘年眷待之隆，亦不當言去。朕嘗謂致仕之說，必古人遭逢不偶，不能已之苦衷，為人臣者，斷不可先存此心。何則？朝廷建官命職，不惟逸豫，惟以治民，而人生自少至老，為日幾何？且筮仕之年，非能自必設預，以求去為心，將膜視一切，泛泛如秦越人之相視，年至則奉身以退耳。

〔註448〕漏「三」字。
〔註449〕應為「親」。
〔註450〕應為「旦」。

誰復為國家出力者？此所繫國體官方人心世道者甚大，故不可以不辨。』尋舉所諭宣示朝列，并命公不必兼管吏部，俾從容內直，以綏眉壽。又命解監修總裁之任，以大學士傅公代之。」傅公指傅恆。

「十四年，又諭曰：『大學士、勤宣伯張廷玉自皇考時簡任綸扉，朕御極以來，弼亮寅工，久近一致，允為國家祥瑞。但恭奉遺詔配享大〔註 451〕廟，予告歸田誼所不可，昔宋臣文彥博十日一至都堂，議事節勞優老，古有成謨。大學士紹休世緒，生長京邸，今子孫繞膝，良足娛情，原不必以林泉為樂也。可四五日一入內廷備顧問，城內郊外，皆有賜第，可隨意安居，從容几杖，頤養天和，副朕眷待耆俊至意，且令中外諸臣共知國家優崇元老，恩禮兼隆，而臣子無可巳〔註 452〕之日，自應鞠躬盡瘁，益加勸勉盡職。』賜御製詩一章，有『勖茲百爾應知勸，莫羨東門祖道輪』之句。是年十一月，上見公老態益增，優詔原官致仕，俟來春冰泮，舟行旋里。且諭：『南巡時即可相見。至朕五十正壽，大學士亦將九十，輕舟北來，扶鳩入覲，豈非堂廉盛事？』御製詩三章賜之，有句云：『擬問蘭陵二疏傅〔註 453〕，可曾廿四考中書？』又云：『指日翠華臨幸處，歡顏前席問農田。』命內廷諸臣和韻，以寵其行。」「二疏」指西漢宣帝時太子太傅疏廣、太子少傅疏受叔姪。

「公至是登朝垂五十年，長詞林二十七年，主揆席二十四年。凡軍國大政，承旨商度，恪勤匪懈，造膝對揚，率移晷漏。其所籌畫，非可以一事名，非可以形跡數。觀雍正以來數十年間吏治肅清，人民樂業，沐三聖涵濡之澤，而公雍容坐論，盛〔註 454〕極人世遭逢之盛，則其慎密周詳，所以翊贊聖謨者，可想見其概矣。方公之致仕也，召見時，奏及配享事，謂上年奉旨有從祀元臣，不宜歸田終老之諭，恐身後難邀異數，外間亦有此論。免冠叩首，請上一言以為券。上間〔註 455〕外問〔註 456〕議論為誰，公對史貽直即有此論。上知公素與史公不洽，遂允特頒諭旨並賜詩以安其心。翼日公當入謝，適大風畏寒，恃恩眷有素，令仲子若澄齎摺奏謝，未親詣官〔註 457〕門。上不懌，將傳旨詰問。

〔註 451〕應為「太」。
〔註 452〕應為「已」。
〔註 453〕應為「傅」。
〔註 454〕眉批：「盛字衍。」
〔註 455〕應為「問」。
〔註 456〕應為「間」。
〔註 457〕應為「宮」。

次日公早至，上疑軍機處有洩漏者，屢降旨切責，下廷臣議奏，且曰：『張廷玉之罪，固在於不親至謝恩，尤在於面請配享。其面請之故，則由於信朕不及。廷玉事朕十有四年，朕待群臣，事事推心置腹，而伊轉不能信，忍為要挾之求乎？』廷議以公太〔註458〕不敬，請奪爵職，留京待罪。公具疏引罪，有旨削伯爵，以大學士原銜休致。瀕行，賜御製詩手書二卷、御用冠服、數珠、如意等物，派內臣往送。家居六年，薨。壽八十有四。既薨，仍得與侑享之典。聖主優老成，全國體，可謂有恩禮始終矣。」此三段詳述配饗之爭，同時刻畫了弘曆的形象。

「公性孝友，子姓戚黨列仕籍者數十人，皆約以禮法。生平無聲色玩好之嗜，退食泊然無所營，時手一編安坐室中，闃若無人。僚友共事者，閱數十年平心接之，多所容納，人不見其疾言遽色。康熙丙戍〔註459〕，分校禮部試，同事以微詞相探，因做《闈中對月》詩有云：『簾前月色明如晝，莫作人間暮夜看。』其人覽之，慙而退。其不惡而嚴多類此。」前半段在《清史攬要》中提及。康熙丙戌為康熙四十五年。

「四十四年，御製懷舊詩，列公五閣臣中。五十年，御題公《三老五更議》，嘉公持議甚當。（大概云：天子袒而割牲，度臣下誰敢受者？疑係漢儒附會，此舉應停止。）命與御製《三老五更說》並勒辟雍碑，以不沒其善。」弘曆《三老五更說》碑文寫於乾隆四十三年。

「子四，長若靄。雍正十一年進士，廷試卷進呈，世宗命內侍傳諭公曰：『爾子張若靄取中探花矣。』公請面對，免冠叩首曰：『臣家世受皇恩，無所不極其至。臣子若又占科名最高之選，臣實夢寐難安，願與天下寒士。』上乃宣諭曰：『殿試進呈卷，朕閱卷至第五本，語極懇摯，有古大臣風，因拔置一甲三名。及拆號，乃大學士張廷玉子張若靄。朕深嘉悅，蓋大臣子弟能知忠君愛國，異日必為國家宣力。大學士張英立朝數十年，清忠和厚，始終不偷〔註460〕。張廷玉朝夕在朕左右，時時以堯舜期朕，朕亦以皋夔期之。張若靄稟受家教，兼之世德所鍾，故能如此，非獨家瑞，亦國之慶也。因遣人往諭廷玉。乃廷玉再三懇辭，情詞懇至，朕不得不勉從其請，將若靄改二甲一名，以表大臣謙謹之誠，並昭國家制科盛事。』五月，授編修。」此段同時刻畫胤禛形象。

〔註458〕應為「大」。
〔註459〕應為「戌」。
〔註460〕應為「渝」。

「少子若淳，五十一年授內閣學士。疏請下陸中丞燿所著《甘薯錄》於江浙諸路，令其學種以備荒。」〔註 461〕湖南巡撫陸燿卒於乾隆五十年，仕宦山東時著是書。

38. 勵杜訥、廷儀、宗萬

目錄寫為勵文恪公，傳中尚有勵杜訥子廷儀、孫宗萬事蹟。

「勵文恪，諱杜訥，字近公，直隸人。初以杜姓為生員，學問淵通。」未詳述傳主早年為杜家收養事。

「康熙二年纂世祖實錄，詔選善書之士，公試第一，議敘授福寧州同知，命留京南書房行走。舉博學鴻詞科，未中選。會殿門易額，敕翰林官書禁扁，皆不稱旨，惟公書報可。十九年，授編修。二十一年，復勵姓。二十四年，上命日侍點閱《通鑑》。二十五年，與學士張公英同侍點閱《綱目全編》。十二月，以《御批通鑑綱目》竣，疏言：『皇上點閱載籍，無問寒暑，即巡幸駐蹕，命臣等捧簡進閱，一如禁廷。每評論古帝王政治得失，文武張弛及人才進退，邪正消長，與夫諸儒舊說之聚訟紛紜者，親加剖決，悉歸至當。請頒發聖諭，宣示史館，以發涑水所未詳，補紫陽之弗逮。』得旨下禮部翰林會議，如所請。三十九年，遷左副都御史。四十二年，擢刑部右侍郎。薨，年七十有六。」

「後二年，上駐蹕靜海，諭曰：『原任侍郎勵杜訥，向在南書房效力二十餘年，勒〔註 462〕勞無過，應予謚。』御書『文恪』二字賜其家。雍正元年，追贈禮部尚書。八年，入賢良祠。」勵杜訥即為直隸靜海人，前文僅書直隸，影響文義理解。

「子廷儀，康熙三十九年進士。雍正元年，擢刑部尚書。十年，以病乞休。上慰留。閏五月，薨。得旨：『勵廷儀侍直內庭，蒙聖祖知遇之恩，教養有素。伊父尚書勵杜訥，老成端謹，學問優長。朕幼年在宮中讀書時，資其講論，至今念之不忘。朕御極之初，擢勵廷儀為司寇，晉秩冢宰，數年以來，勒〔註 463〕慎小心，今聞溘逝，深為傷悼，已命大學士往奠茶酒。其更議卹典。』尋賜祭喪如禮。謚文恭。子宗萬，累官刑部尚書。」〔註 464〕司寇指刑部尚書，冢宰指吏部尚書，勵廷儀任吏部尚書在雍正九年。

〔註 461〕殷夢霞、李強選編《外國人著清史八種》，第三冊，第 464～475 頁。
〔註 462〕應為「勤」。
〔註 463〕應為「勤」。
〔註 464〕殷夢霞、李強選編《外國人著清史八種》，第三冊，第 475～477 頁。

39. 岳鍾琪

「岳鍾琪，字東美，先世湯陰人，宋岳忠武王飛二十一世孫。生而駢脅，目光炯炯四射，魁奇沈雄，寡言笑。」未述岳鍾琪祖籍甘肅臨洮，賜籍四川成都。

「康熙五十八年，西藏達哇藍占巴叛，上命皇子允禵為大將軍，噶爾弼為副將軍率公征之。明年四月，領兵四千，先至察木多，探知有準噶爾使者在其地誘各番酋守三巴橋遏我軍。公念三巴橋者進藏第一險也，賊若斷橋守之，勢難飛越。而其時兩軍隔數千里，無由秉令。乃選能番語者三十人，衣番服飛馳至落籠宗，禽其使者五人，殺六人。諸番驚以為神兵自天而降，相與匍伏降，無梗道者。已而副將軍來會，賊中有黑喇嗎者，號萬人敵，公以計手禽之，遂下喇哩，將鼓行入藏。大將軍以調蒙古兵未至，檄諸將屯兵待，毋輕動。公請副將軍曰：『我兵齎兩月糧，自察爾多來此已四十餘日，若再待大將軍，糧且盡。聞西藏部落有公布者，為其右臂，最強，能檄令前驅，無俟蒙古兵也。』副將軍然之。公即招撫公布，未浹旬其頭目以兵二千至，公請乘機疾進，十日可抵西藏。將軍猶豫未決，欲集眾議。公昌言曰：『事在必行，何議為？某願噴此一腔血仰報朝廷，請以旦日行矣。』將軍壯其言，遂進師。公首先渡江抵藏，大破賊巢，生擒準噶爾內應剌麻四百餘人，降番兵七千餘人。自四月十三日用兵至八月十九日，西藏平。」所述與《清史攬要》略同。允禵時名胤禎。

「六十一年，大將軍奉旨命公統馬步兵萬七千直搗青海，期以四月草生時。公曰：『青海賊無慮十萬，以萬七千當之，宜乘其不備，且塞外無駐牧定所，賊若散而誘我，反四面受敵，非計也。願假精兵五千，馬倍之。二月初即發。』大將軍以公言奏，世宗壯之。」事在雍正二年，大將軍指年羹堯，已非上文的允禵。

「二年正月，加奮威將軍出塞，以兵五千冒險深入，往返未兩月，降台吉三，擒台吉十有五，斬賊八萬，俘男女數萬，世宗告廟受賀，以青海平大赦天下，錫公三等公。初，四川雜谷、金川、沃日等土司爭界，年堯羹〔註465〕以舊屬金川之美回〔註466〕諸寨致仇殺不已。至是，公奉命詳勘，仍以美回諸寨歸金川，而別撥地歸沃日，各土司脫服。十年，張廣馳〔註467〕劾公落職，拘

〔註465〕兩字錯置。

〔註466〕應為「同」。

〔註467〕誤字。

禁論死，高宗登極之二年赦歸田里，搆小園於百花潭北，時手《通鑑》一編，吟嘯自適。暇則與諸父老課農桑，徜徉山水間，見者忘其為大將軍也。」「張廣馳」應為張廣泗。

「乾隆十三年，金川酋長莎羅奔等叛，經略張廣泗、訥親等征之無功，起公四川提督，總統四路官兵駐黨壩。其地逼臨賊隘，上有康八達為勒烏圍門戶，其下曰跟雜。公募健勇數千聲言攻康八達，以銳卒趨跟雜，出賊不意克碉卡四十有七，斬殺無算，遂進扼勒烏圍隘口，偽為運糧狀誘賊，伏火器待之，賊果出劫糧，鎗箇〔註 468〕齊發，殲其眾。先是，金川聞天子用公，皆不信，曰：『岳公死久矣。』至是大挫，始知公來。」「箇」字《清史攬要》作「筒」，當指噴火筒。

「十四年正月，大學士傅恒至軍，誅姦人阿扣、王秋等。賊懼欲降，恐降而見誅，負固未決。而公初督川陝時勘金川爭界事甚公，且奏給莎羅奔印信，甚德之。至是公請於經略，願輕騎入賊巢諭順逆。問〔註 469〕人，傳呼直入。羣苗衷甲持弓矢迎道左，公目酋長，故綏〔註 470〕其轡掀髯笑曰：『爾等猶認我否耶？』皆驚曰：『果岳公也。』遂伏地羅拜，爭先導入帳。酋長手茶湯進公，飲盡再索，因宣天子威德，待以不死之意。羣苗感泣歡呼，頂仏經立誓，椎牛行炙，留公宿帳中，大鼾。次日莎羅奔等隨公坐皮船出洞詣大軍降。事聞，高宗大悅，加太子太保、兵部尚書，復公爵。十四年入覲，賞紫禁城騎馬，賜御書額曰『壯猷茂績』，並御製七言詩以賜，命西洋近侍寫公像於南書房，賜公號曰威信。十九年薨，年六十有九，謚襄勤。四十四年，御製懷舊詩，列入五功臣中。」

「公受主知尤篤，能以功名終。性嚴毅，每登壇，將弁骨栗，部伍整肅，無敢譁。遇敵謀定後戰，士卒疾苦，必躬拊循，以故人爭致〔註 471〕命。督川陝時，成都人訛言公將謀反，公疏聞世宗。諭曰：『數年來讒岳鍾琪者甚多，不但謗書一筐而已，甚有謂鍾琪係岳飛之後，意欲修宋金之報復者，荒謬至此極。此次造言之人必非無因，著巡撫嚴察。』尋獲奸民盧宗誅之。妖人曾靜者，靖州諸生也，遣其徒張熙上書勸公反，立擒以聞。上遣大臣雜治，得靜與呂留

〔註 468〕應為「筒」。

〔註 469〕此處有脫文，或為「帶若干人，鍾琪曰：『多則彼疑，非所以示信也。』乃袍而騎，從者十三」。據增田貢《清史攬要》，第 90 頁。

〔註 470〕《清史攬要》為「緩」，皆通。

〔註 471〕《清史攬要》為「效」，皆通。

良之徒嚴鴻逵往來謀逆，並呂留良日記悖逆狀，皆伏誅，褒公忠赤。」其實胤禛未殺曾靜、張熙，二人在弘曆即位後方被處死。

「傅爾丹與公同為大將軍，公過其帳，見壁上刀塑〔註472〕森然，傅曰：『此皆吾所素習者，故懸以勵眾。』公笑頷之，出語人曰：『為大將者不恃謀而恃勇，亡無日矣。』已而傅果敗矣。」《清史攬要》亦記此事，「塑」字同誤。

「好吟詩，所著曰《薑園集》。」岳鍾琪另著有《蛩吟集》。

「京師前門外有公遺第一區，按奇門法布置，居者每更動，則災害立至。猶想見偉人規畫云。（世相傳番僧號活仏者，倨受王公拜不動，見公則先膜手曰：『此變身韋馱也。』僧言雖誕，然亦可想見公之狀貌云。）」〔註473〕傳末附此兩則傳聞，以美化甚至神化傳主，反映了作者史觀的局限性。

40. 方苞

目錄寫為方望溪。「方望溪，諱苞，字靈皋，江南桐城人。」方苞晚號望溪。順治末康熙初江南分省，亦可稱安徽桐城。

「康熙三十八年，鄉試解額。辛卯冬，《南山集》禍作。初，宗人方孝標，故翰林，失職怨望，著《滇遊紀聞》，語多悖逆，同邑編修戴名世著《南山集》，多採其言，姓而不名，人遂以為公也。集序亦列公名。會都御史趙申喬疏劾《南山集》《孑遺錄》有大逆語，部議名世極刑，公牽連被逮，下刑部獄。及訊，知語出孝標，吏議以孝標已死，乃取其五服宗人，將行房誅之刑，長繫公以待命。公在獄著《禮記析疑》及《喪禮或問》。金壇王編修澍間入獄視公，至則解衣般礴，諮經諏史，旁若無人，同繫者或諷曰：『君縱忘此地為圜土，身負死刑，奈傍觀姍笑何？』爰書上，同繫者皆恂懼，公閱《禮經》自若。或厭之，投其書於地，曰：『命在須臾矣。』公曰：『朝聞夕死可也。』獄詞五上，聖祖矜疑，李文貞亦力救之，遂賜恩宥。」辛卯為康熙五十年。

「癸巳，出獄，隸漢軍。聖祖硃諭武英殿總管曰：『戴名世案內方苞，學問天下莫不聞，可召入南書房。』遂命撰湖南洞苗歸化文及賦一。每奏御，聖祖輒嘉賞曰：『此即翰林中先輩，兼旬就之，不能過也。』命以白衣入南書房，尋移蒙養齋，編校樂律曆算書。公與徐文定公承修樂書，上命與諸皇子遊，自誠親王以下皆呼之曰先生。時誠親王為監修官，性嚴，承事者多被譙呵，公遇事持正，王敬之，延為王子師。公南面坐，移王子坐東向，始就講。壬寅，充

〔註472〕應為「槊」。

〔註473〕殷夢霞、李強選編《外國人著清史八種》，第三冊，第477～483頁。

武英殿總裁。」方苞出獄在康熙五十二年，充武英殿總裁在六十一年。誠親王即玄燁三子胤祉。

「癸卯，世宗以覃恩首免公旗籍，詔曰：『朕以方苞故，宥其全宗，苞功德不細矣。』甲辰，以葬母假歸。乙巳，還朝，召見，弱足不任行，命二內侍扶掖至養心殿，顧視嗟嘆久之，有『先帝持法，朕原情，汝老學，當知此義』之諭，賜芽茶二器，命仍充武英殿總裁。癸丑，擢內閣學士，以足疾辭，詔許免趨直，仍專司書局，有大議即家上之。乙卯九月，高宗嗣位，欲行三年之喪，議上，有大臣不便者，遂格不行。」事均在雍正年間，分別為元、二、三、十一、十三年。

「丁巳，遷禮部左侍郎，仍以足疾辭，詔免隨班趨走，許數日一赴部平決大事，而時奉獨對，一切大除授大政事，往往諮公，多所密陳，在廷頗側目公矣。」事在乾隆元年丙辰，並非二年丁巳。

「後為忌者所劾，落職，命仍在三禮館修書，而編修吳紱者，公所卵翼以入書局也，至是盡竄改公之所述，力加排抵，聞者駭之，然上終思公，吏部推祭酒，上沈吟曰：『是官應使方苞為之，方稱職。』旁無應者。年七十有五，以衰病求解書局，賜侍講銜歸里，杜門謝客。」方苞落職在乾隆四年，歸里在七年。

「巳巳〔註474〕秋，《儀禮析疑》成，公以此經苦難讀，註疏多膚淺，七十以後每晨起必端坐誦經文，積日夜思之，凡十易稿乃就。八月十八日，卒。壽八十有二。時乾隆十四年也。」乾隆十四年己巳，「巳巳」刻誤。

「李文貞以直撫入相，公問自入國朝以科目躋茲位者凡幾。文貞屈指得五十餘人。公曰：『甫六十年而已得五十餘人，其不足重明矣。願公更求其可重者。』時魏公廷珍在坐，退而曰：『斯人吾未前見，無怪人多不樂聞其言也。』」李光地謚文貞，其人在諸傳中多次出現，其事紀中亦有涉及，而終未獲入傳。

「素不喜班史及柳文，條舉所短而詆之，人或以為過，而公守其說彌篤，嘗謂：『自南宋以來古文義法不講久矣，吳越間遺老尤放恣，無一雅潔者。古文不可入語錄中語、魏晉六朝人藻麗俳語、漢賦中板重字法、詩歌中雋語、南北史佻巧語。』世以為知言。」〔註475〕以方苞的文學成就，歸入儒林文苑傳亦可。

〔註474〕應為「己巳」。

〔註475〕殷夢霞、李強選編《外國人著清史八種》，第三冊，第484～488頁。

41. 余甸

目錄寫為余田生。「余田生，名向〔註476〕，福建人。」余甸，字田生，其名形近而誤。

「康熙丙戍〔註477〕進士。陳公滄州嘗嘆並世無豪傑及趨死不顧利害之人，望溪以公告，曰：『斯人其次矣，其慷直大類吾子。』及滄州督河，首薦公為兗寧道。清介勤事，士民聞公至，訟獄者爭赴焉，幾奪廉使之枋。」康熙丙戌為四十五年。陳鵬年字滄州。未述增田貢在《滿清史略》中增補的余甸任江津知縣時抵制年羹堯額外徵發事。

「滄洲〔註478〕卒，齊蘇勒繼之，以工事劾公，士民相隨聽勘者數千人。齊公巡工至君所部，父老結綵手炷香稽首於舫前，請登岸受萬民瞻拜，擁肩輿至廣原升高座，聚者萬餘人，四面環拜，投香於地，高丈許，齊呼：『還我余公！吾民當萬世尸祝！』河督大驚，慰諭之，眾皆涕泣曰：『吾民愚，非得實據，不敢退。』河督許拜疏，出矢言。眾乃散。世宗聞之，召公入見，退語執政曰：『朕又得一直臣矣。』擢山東按察使，攜二僕買驢之官，人競傳曰：『此三閭大夫也。』公以地近聖人居，宜崇禮教，輕刑罰。」陳鵬年卒於雍正元年，余甸擢山東按察使在二年。

「逾年，入為順天府丞。為忌者所中，公歸築葭湄草堂，著書其中。有觀風省俗使某，摘其集唐詩為怨望，賴上矜全，獄白而公卒。年七十有二。」時所設官為觀風整俗使，非「省俗」。余甸卒於雍正四年。

「公剛方清簡，精於吏治，仕官三十年，屢起屢躓，直聲震天下。其文章書法，亦冠一時。歿後，所曆官地父老聞君訃，皆羣聚哭奠焉。」〔註479〕

42. 李紱

「李紱，字巨來，臨川人。生有異稟，少時讀書，日可二十本，過目不忘。以康熙四十八年進士入翰林，自編修超五階為庶子，擢內閣學士，兼副都御史。充辛丑會試副考官，榜發，下第舉子擁邸舍喧鬧，為臺臣所劾，免官發永定河效力。」辛丑為康熙六十年。

「世宗在潛邸，雅知公。雍正元年，召復職，署吏部侍郎，屢奉獨對，豫

〔註476〕應為「甸」。
〔註477〕應為「戌」。
〔註478〕應為「州」。
〔註479〕殷夢霞、李強選編《外國人著清史八種》，第三冊，第488～489頁。

大議。時有密勿重臣，禮絕百寮，親王亦折節致敬，而公平揖之。重臣言公性剛愎難共事，尋以兵部侍郎截漕天津，稱旨。明年，授廣西巡撫，疏陳練兵事宜，……得旨嘉勉。」疏陳之陣法同《清史攬要》，而不如其詳。

「命往廣西清理捐穀，諭嘉公公正，而重臣心忌之，作《四巡撫論》，皆痛詆以為亂政之魁。四巡撫者，滇撫楊文定名時，東撫陳文勤世倌，川撫蔡尚書珽，其一則公也。署吏部時，因議敘年羹堯子富時捐照營房事不肯從優，為羹堯所嫉，及奉命天津截漕，估變米價盈餘銀五千両，交付守道桑成鼎貯庫。公赴廣西，成鼎解原銀至，公因具疏送直隸巡撫李維鈞會送，維鈞匿不以聞，會羹堯入覲，遂奏公巧取此項。三年二月，公據實陳明，上洞悉羹堯、維鈞等誣揑傾陷狀，諭曰：『伊等蓄意如此，爾若根基不牢，則已墮其術中矣。』」

「初，田文鏡劾黃振國，公由廣西入京陛見，奏振國無罪，文鏡所劾之汪誠、邵言綸均寃抑。文鏡密劾公祖〔註 480〕護，公疏辨，有旨訓飭。當是時，世宗方痛懲廟堂明〔註 481〕黨之習，會蔡尚書得罪，公曾面奏：『蔡珽為人麤莽則有之，若貪婪不法事，臣可保其必無。』忌公者因譖之為死黨，而御史謝濟世疏劾文鏡，亦及振國等。上以濟世所言振國、言綸、誠等事，與從前李紱所奏一一脗合，明係結黨傾陷，宜嚴懲，乃發濟世軍前效力，召公為工部右侍郎。忌者遂交章劾公矣。」

「五年，署廣西巡撫韓良輔奏天河縣囚莫東旺係公批飭責追之犯，遷延未發落，致峒蠻糾眾劫去。詔公獨身往捕，不許攜粵中一吏卒，人皆危之。及公至，罪苗束身自歸，曰：『吾不可負李公也。』後直隸總督等劾曾逢聖、王遊、李光枝，上以逢聖、遊皆公所保薦，光枝曾經公題陞知州，必有私受請托之處，諭責公營私欺罔，遂奪職，命來京質問。議政大臣等會議公罪凡二十一款，律應斬決，妻子財產入官。時內外諸臣等方以全力羅織公，必欲置之死，而世宗知公深，特惡其崛強，欲痛有所摧折，仍湔洗而復用之。両次決囚，命縛公與蔡尚書同至西市，両人反接，刀置頸，問：『此時知田文鏡好否？』公對曰：『臣愚，雖死不知田文鏡好處。』乃宣旨赦還，仍置請室。爰書上，奉特旨：『李紱學問尚好，著免死，在八旗志書館行走，免妻子財產入官。』」

「七年冬，謝濟世在阿爾泰軍前供出昔年參田文鏡，由李紱、蔡珽授意。世宗大集廷臣，命公隨入跪階下，親詰責之，天顏甚厲，聲震殿角，近臣皆股

〔註 480〕應為「袒」。
〔註 481〕應為「朋」。

栗。公奉對如常，無乞憐語。尋廷臣遵旨訊公，請交刑部治罪，得旨寬免。」

「十三年八月，高宗御極，召見，曰：『先帝固欲用爾也。』即授戶部侍郎，管理三庫事。乾隆元年，奏請增派翰詹科道磨勘試卷。公揚休山立，鬚眉偉然，於古今事宜，朝常國故，日滔滔如決堤，千人皆廢，又絕少溫顏曼辭，舉朝皆畏憚之。然愛才如命，以識一賢拔一士為生平大欲之所存，形跡嫌疑，坦然不計。辛丑會試，用唐人通榜法，名宿網羅殆盡，至以此奪職，公終不以為非。會詔舉鴻博，公已薦六人矣，束於例，乃取夾袋中姓名，廣托九卿。有吳江王澡者，尚無舉主，浼門下士孫副憲國璽薦之。孫有難色，公大怒，責其蔽賢，孫跪謝允薦，乃已。語聞，坐妄舉鐫二級，補詹事。」辛丑會試在康熙六十年，前段已述。傳中未述李紱於乾隆二年丁母憂事。

「六年，補光祿卿，典試江南。遷內閣學士。得疾，告歸。陛辭，上問有所欲陳否，公以慎終如始對。賜詩寵行，有『尤喜臨辭闕，嘉謀實啟予』之句。家居十年，卒年七十有八。」李紱告歸在乾隆八年，家居七年，卒年七十有五。

「公憂國如家，勇於任事，不以攙越為嫌。生平學道宗旨，在先立乎其大者，陸子之教也。有中州巨公自附程朱，語公曰：『陸氏之學，誠高明，然返之吾心多未安。』公曰：『君督倉場時，邀寵進羨餘，不知於心安否？』其人失色去。」

「公在九列時，同朝者，曰大將軍年羹堯，曰太保隆科多，曰桐城、常熟二相國，及督直隸，泣營田之役，為怡賢親王，公皆無所附麗，而卒困於田督，幾死在獄中。日讀書，飽啖熟眠，故甘撫胡君期恆亦在繫，嘆為鐵漢。刑部郎楊某欲試公，於押赴市曹時故問經史疑義，公應答如流。楊退語人曰：『李公真鐵胎人也。』」「桐城、常熟二相國」指張英和蔣廷錫。

「公嘗言：『內省不疚〔註482〕，生死不足動其心，何況禍福？』又言得力在二語：『處境則居易以俟命，處事則行法以俟命。』平生博聞強識，下筆千言。釋褐〔註483〕時李光地許其與歐蘇代興，王士禛稱其萬夫之稟。論者謂公能盡集江西諸先正之長，學術則文達、文安，經術則盱〔註484〕江，博物則道原父，好賢下士則兗公，文章高處逼南豐，次亦不失為道園，於命世之志取荊

〔註482〕應為「疚」。
〔註483〕原字誤為示字旁。
〔註484〕應為「盱」。

公，剛腸勁氣大類楊文節，殆不出其鄉而奄有千古云。所著《春秋一是》《陽明學錄》等皆行世。」〔註 485〕傳末補敘數事，對李紱評價極高。南宋學者陸九齡，謚文達。其弟陸九淵，謚文安。北宋思想家李覯，世稱盱江先生。北宋史學家劉恕，號道原。北宋政治家、文學家歐陽修，追封兗國公。南豊指北宋散文家曾鞏，他是南豐人。元代學者虞集，號道園。北宋政治家、文學家王安石，曾被封為荊國公。南宋詩人楊萬里，謚文節。

43. 甘汝來

「甘莊恪公，諱汝來，字耕道，江西人。」甘汝來另有一字遜齋。

「康熙五十八年冬，知淶水縣。以拘縶待〔註 486〕衛畢里克逮治，部議褫公職，奪畢里克俸。聖祖特詔畢里克革職，公復原官，於是海內皆頌天子聖明，而淶水令亦以此名聞天下。公由縣令起家，歇歷中外，累官太子少保、吏部尚書，為時名臣。乾隆四年，薨於位。上聞震悼，遣官經紀其喪，賜謚曰莊恪，朝野咸嘆息焉。」

「畢里克者，侍衛之調鷹差遣者也，率拜唐阿及家人數十輩，至淶擅据民舍，民萬延荷等被毆幾斃，百姓赴愬於公。畢里克等亦相率入縣堂責公，勢洶湧，公勃然怒曰：『令為天子撫百姓，肯令君輩魚肉小民？』遂揮令看管，置其家丁於獄，牒大府以聞，而其黨已以擅拘職官入告。及吏、兵、刑三部會讞，公詞氣不屈，而眾以強項令目之，然非聖祖如天之仁，公禍必無振矣。公自京還治所，父老子弟爭奉羊酒迎，都人士作詩歌紀其事。公名由是大起，凡三任邑令，百姓爭欲得公，去則尸祝之。世宗御極，擢吏部主事。」〔註 487〕其傳以此結尾，形似未完，不若將上段結尾兩句放於傳末。

44. 顧琮

「顧公琮，字用方，姓覺羅氏，滿洲正白旗人。」顧琮實為伊爾根覺羅氏。康熙朝禮部尚書顧八代之孫，其父為副都統顧儼。

「公天性岐嶷，習兵農書算，不屑章句之學。聖祖開算學館，公得與焉，議敘得吏部員外郎。」顧琮任員外郎在康熙六十一年。

「世宗登極，稽核財賦，開會攷館，以公領職。有書吏行賄某官，某官首之於總理局務怡親王。王命公審理，吏狡抵，公笞之，同官忌公者誣公欲殺吏

〔註 485〕殷夢霞、李強選編《外國人著清史八種》，第三冊，第 490～497 頁。
〔註 486〕應為「侍」。
〔註 487〕殷夢霞、李強選編《外國人著清史八種》，第三冊，第 497～498 頁。

以減〔註488〕口，王疑公亦受賄，遂奏劾公，交刑部一并嚴訊。吏證公無絲毫染，公得無罪。而怡邸終不慊，不為請開復。未幾，奉世宗特旨，起授戶部銀庫郎中，出為河南觀風正〔註489〕俗使。當是時，有奏豫省歲荒者，世宗命山東運米十萬石為賑濟，總督田文鏡諱災，以為歲熟，民無需米，仍令運官帶回。公爭曰：『此時民未必不需米，就使不需，然既已運來，留存州縣倉中，亦有備無患之義。若仍令運回，則運腳船費，例不准銷，地方官賠累無力，仍取諸民，民何以堪？且王者有分土，無分民，豫省官民即山東官民，為臣子者當同心共濟，不必自分區域，粉飾太平，以希恩寵。』田滋不悅，密奏公倨傲，氣凌其上，意滅其下。世宗問公，公曰：『觀察為欽差官，與督撫平行，無所為上也；司道府州，隸於督撫，非觀察屬吏，無所為下也。既無上下，臣何凌滅之有？』世宗笑曰：『奏卿者，田文鏡也。毋乃為爭米事忮汝乎？』」顧琮授戶部郎中在雍正三年。

「公上書言務，培本根，持大體，不屑順承風旨。甞奏開捐非善政，永宣〔註490〕停止。洋洋千言。又甞入朝，天旱風多，上憂勒〔註491〕有旨，公徐曰：『《洪範》云蒙時風若，今風色過厲，慮朝臣有蒙蔽君父者。』上為之動容。」

「公於友明，風義尤敦篤。任山東總河時，前任完顏偉奉召來京，未行而病篤，意欲出署調養，公力止之，曰：『君之母妻兒女俱先回京，病中左右無人，吾與君同事，君即兄弟也。弟尚在，兄何憂？』凡一切湯藥便旋事，皆公親自料理，完公氣息纔屬，猶戀戀呼公，公應聲而至，不頃刻離。完公歿後事宜，公一力周旋，護送還其里第。後巡漕御史伊靈阿在寓亦病，臨死嘆曰：『有顧大人在茲，吾死何憂？』公亦典質衣物，為治其喪，如送完公時。」顧琮任河東河道總督在乾隆十三年。

「公雖剛正孤介，百折不回，有顧鐵牛之稱，而性躭花竹，左右侍立校尉、千總皆清俊少年。浙江總督李衛氣出人上，而最敬公，見侍者而尤之，問：『此輩可使戰乎？』公笑曰：『蘭陵王貌美，戰則戴銅面具入陣矣。公不信，可遣公帳下健兒與角力。』及交手，皆應聲而倒。又多製髹漆盤，盛佳硯良墨，聞屬吏能詩文者，輒手贈之。其風趣如此。公官至七省總漕，內權吏部尚書。年七十而薨。」顧琮卒於乾隆十九年。

〔註488〕應為「滅」。
〔註489〕應為「整」。
〔註490〕應為「宜」。
〔註491〕應為「勤」。

「袁枚曰:『乾隆七年，余改翰林官，出宰江南，拜辭，首相鄂文端公問及當代諸名臣，如尹望山、楊江陰諸公，公意俱不滿，但云汝到江南有一真君子，不為利動，不為威懾，守其道，生死不移者，可交也。問何人，曰：顧某，我此時不必通書，汝見時，但道是我門下士，渠必異目相視。及到淮，見公於總河署中，果如舊相識，臨別求公教誨，公曰：君聰明，任君行去，但要大處錯不得，可繫記老夫語真儒者之言。然公信古太過，有限田一疏，要均民間貧富，與廷臣力爭，意非不善，卒亦不能行云。』」〔註 492〕尹繼善，號望山。楊名時，江陰人。

45. 閻若璩

目錄寫為閻百詩，其分類錯誤，當歸儒林文苑傳。

「閻百詩，幼口吃，性頗鈍，讀書千百過，不能熟。年十五，冬夜讀書，寒甚，漏四下，堅坐沈思，心忽開，自是穎悟絕人。」閻若璩，字百詩，山西太原人。

「年二十，讀《尚書》，至古文二十五篇，即疑其偽，沈潛三十四年，作《尚書古文疏證》八卷，蓋謂晚出之書，不古不今，非伏非孔，而欲別為一家之學者也。汪編修琬延為上客，每詩文成，必屬裁定，曰:『書不過閻先生目，訛謬百出。』合肥李天馥亦言:『詩文不經百詩勘定，未可輕示人。』」「伏」指伏生，「孔」指孔子。汪琬下文有傳。

「於地理精密，撰《四書釋地》，又嘗舉朱子《論語》《孟子》集注之誤，如季文子始專魯政，不待武子；子糾兄而非弟；曾西子而非孫；武丁至紂凡九世，非七世；昭陽敗魏，取八邑〔註 493〕；『不衣冠而處』見《說苑》非《家語》；農家者流，見《漢書》非史遷；去魯司寇則適衛，而非適齊；滅夏后相則寒促〔註 494〕而非羿；敬叔，弟也，非懿子之兄；顓臾，近也，非遠人之謂；魯有少施氏，則孟施當亦其氏，不當以『施』為語聲。聞者皆服其精確。」朱熹著有《論語集注》《孟子集注》。顓臾，古國名。

「世宗在潛邸聞其名，手書延至京師，賜坐呼先生，日索觀所著書。每進一篇，未嘗不稱善。康熙四十三年六月，卒，六十有九。世宗遣官經紀其喪，親製挽詩四章，有『三千里路為予來』之句。復為文祭之，有云『讀書等身，

〔註 492〕殷夢霞、李強選編《外國人著清史八種》，第三冊，第 498～502 頁。

〔註 493〕眉批：「邑」下脫「非七邑」三字。

〔註 494〕應為「浞」。

一字無假，孔思周情，旨深言大』，僉謂非先生不能當也。生平長於考證，遇有疑義，反覆窮究，必得其解乃已。」〔註 495〕世宗指康熙三十七年受封貝勒的胤禛。

46. 兆惠

「兆惠字和甫，姓烏雅氏，滿洲人。雍正九年，由筆帖式入直軍機處。乾隆七年，授副都統。」兆惠為胤禛生母孝恭仁皇后族孫。授副都統在乾隆九年。

「二十一年，命充參贊大臣。三月，大軍再定伊犁，命公駐其地。五月授定邊右副將軍。是年冬，定西將軍達爾黨阿自哈薩克撤兵還，厄魯特宰桑之從征者謀煽亂未發，噶爾藏多爾〔註 496〕詭以叛賊巴雅爾劫掠告，公遣將軍和起調諸厄魯特兵協勦，而噶爾藏多爾濟之姪札那噶爾布等陰通巴雅爾，中途肆逆，和起被害。公以孤軍遠駐伊犁，聞變自率千五百人東旋擊賊，自齊爾哈朗轉戰而南。」噶爾藏多爾濟為綽羅斯汗，巴雅爾為輝特汗。

「二十二年正月，至烏魯木〔註 497〕，諸賊畢會，連日數十百戰，我兵無不一當百，步冰雪淖中，履襪不完，食瘦駝疲馬且盡。二十二日至特訥格〔註 498〕，不復能衝擊，結營自固，遂被圍。時天大風雪，驛傳聲息不相聞，巴理〔註 499〕坤辨事大臣雅爾哈善入告，詔趣遣兵間道馳援，以三十日至軍，圍乃解。公得新兵，復往勦巴雅爾部落，始回巴里坤。諭曰：『忠勇可嘉，封一等伯。』旋授定遠將軍。」

「二十三年，赴回部，自請留軍竣西事。上壯之，嘉奘〔註 500〕。奏率大軍赴葉爾羌。時兵皆未集，惟領步騎四千先行，而小和卓木已堅壁清野，斂民入城，使我兵無可掠，又於近城東北五里堀濠築土臺，欲持久困我。其大和卓木援喀什噶爾相犄角。十月初六日，師至葉爾羌，陣於城東，出精騎數百來嘗我，三戰三北，入城固守不出。公以兵少不能攻，欲伺間出奇，先營城東隔河有水草處結壘自固，所謂黑水營也。公既分兵扼喀什噶爾援路，十三日留兵守黑水營，親率千餘騎自東而南，甫渡四百騎，橋忽斷，城中賊出五千騎來截。我兵方奮突其陣，步賊萬餘繼之，騎賊復張兩翼圍攻我後，我隔河軍不能相救，

〔註 495〕殷夢霞、李強選編《外國人著清史八種》，第三冊，第 502～504 頁。
〔註 496〕漏「濟」字。
〔註 497〕漏「齊」字。
〔註 498〕漏「爾」字。
〔註 499〕應為「里」。
〔註 500〕應為「獎」。

又地沮洳難馳騁，且戰且退，徒涉〔註 501〕歸營。中途為賊隔截數隊，人自為戰，自辰至酉，殺賊千計，而馬多陷淖，亦陣亡將士百餘，負創者數百。公左右衝突，馬中鎗再易，明瑞亦受創，總兵高天貴〔註 502〕等俱戰沒。賊復逾河來攻五晝夜，我軍且戰且築壘，賊亦築長圍困我。十七夜，遣五卒分路赴阿克蘇告急，舒赫德飛章入告。賊決水灌營，我軍於下游溝而洩之。營依樹林，鎗礮如雨，我軍伐樹，反得鉛丸數萬以擊賊。會大和卓木使人議和，公執其使，射書諭以必先縛霍集占方許納款。又堀井得水，堀地得粟二十餘窖，三閱月不困，賊駭為神。先是上念我軍久暴露，命靖逆將軍納木扎爾往代，並諭都統阿里袞等送馬三千於庫車備用，又增調索倫、察哈爾兵赴之。至是，聞公被圍，諭嘉其忠誠勇敢，不避險艱，晉封一等武毅謀勇公，而公不知也。富德在北路聞黑水圍急，即率兵三千餘冒雪赴援。二十四年正月六日，次呼爾璊，遇賊五千，且鬪且前，轉戰四晝夜，九日，渡葉爾羌河，距黑水營尚三百里，賊愈聚，不能進，兩軍皆被圍萬里外。適阿里袞以巴里坤兵六百解馬二千、駝一千，合愛隆阿兵千餘夜至，遙望火光十餘里，知官軍與賊相持處也，即橫張兩翼，大呼馳薄，聲塵合沓，直壓賊壘，與富德兵三路奮蹙，賊黑夜不知我兵若干萬，自相格殺，潰遁，我師遂長驅進。公遙聞槍礮聲，塵大起從東來，知援軍已集，即勒兵潰圍殺千餘級，〔註 503〕大敗入城，兩軍會合，振旅還阿克蘇。正月十四日，與富德合兵而還。」此述黑水營之圍。

「上嘉獎，製《黑水行》長句書其事，公疏辭封爵及章服，弗許。是時，霍集占窺和闐，命速發兵援之。霍集占棄葉爾羌遁，旋被擒，其安集延諸部相率歸順，回疆平，凱旋。上行郊勞禮，命圖形紫光閣。二十九年薨，贈太保，入賢良祠，謚文襄。」〔註 504〕兆惠凱旋在二十五年，傳中未述回京後辦案查勘等事。

47. 孫嘉淦

目錄誤為「孫嘉金」。

「孫文定公諱嘉淦，字錫公，山西人。父天繡義聞鄉里，伯兄楨淦為同縣趙氏子所戕，寅緣脫罪，公父憤欲死。公夜入獄刃其仇，與仲兄鴻淦一晝夜行三百里至會城，門啟而入，遭貨瓿甊者，仆焉，盡毀其器。訟於縣，訟繫待供。

〔註 501〕《清史攬要》為「步」。
〔註 502〕應為「喜」。
〔註 503〕有闕文，或為「賊」。
〔註 504〕殷夢霞、李強選編《外國人著清史八種》，第三冊，第 504～509 頁。

已而興縣人喧傳孫氏兄弟殺人，捕者至，令解之。曰：『安有越一宿而能殺人三百里外者乎？』事竟得釋。時公年十八矣。」此事在昭槤《嘯亭雜錄》中亦有記載。

「家貧，日樵采，夜歸讀書。康熙五十二年成進士。官檢討，遊朱文端、張清恪兩公門，研精理學，以躬行為本。聞母病，乞假於院長，不待報徑歸，尋丁母憂。服闋還官。」孫嘉淦授翰林院檢討在康熙五十四年。

「世宗即位，公上封事三：曰親骨肉；曰停捐納；曰罷西兵。帝召諸大臣示之，責掌院學士曰：『爾翰林乃容此狂士？』學士叩頭謝。朱文端在側徐對曰：『此生誠狂，然臣服其膽。』良久，上大笑曰：『朕亦不能不服其膽。』即召對，授國子監。它日帝手指公示九卿曰：『朕即位已來，孫嘉淦每事直言極諫，朕不惟不怒，且嘉悅焉。爾等當以為法。』」是頁眉批「朕亦不能不服其胆」，所記事與《清史攬要》略同。朱文端即大學士朱軾，「授國子監」當為授國子監司業。「良久」一詞為《攬要》所無，極為傳神。

「雍正四年，提督安徽學政，尋調順天學政。先是，公官司業時，上言學校之教，宜以經術為先，至是，復申言經術必可成，人才必可得，請廣學舍，增諸生餼廩。世宗韙之，命戶部歲給銀六千兩，賜官房三百餘間，別為南學。公嚴立課程，五日一會講，一時人材稱盛，至今猶用其法。」孫嘉淦督學安徽在雍正三年，次年遷國子監祭酒，旋調順天學政，任司業在元年。

「八年，轉刑部侍郎。公累遷官，皆兼祭酒如故，垂十五六年。會引見教習官不稱旨，公持之堅。上怒曰：『爾能保若曹不以貪庸敗乎？』公曰願保，上擲筆令自書狀。公持筆欲下，侍臣呵曰：『汝敢動御筆乎？』公悟，捧筆寘御榻上，免冠頓首曰：『上用筆，臣不敢捉。』上曰：『爾固知有君父耶？』命鎖交刑部議罪。尋議大不敬論斬。上意已解，諭大學士曰：『孫嘉淦太戇，然不愛錢，可銀庫行走。』時果親王方總部務，意公或怨望不事事，又聞蜚語謂公沽名收銀，有縮無贏，乃出不意至庫所，見公方傴僂稱量，與吏卒雜坐，均勞苦。覈所納，無纖毫贏縮。王嘆異，上亦愈重公，命署河東鹽政。」孫嘉淦調刑部侍郎在雍正十年，十二年署河東鹽政。果親王是胤禛十七弟允禮。

「高宗御極，召為吏部右侍郎，遷左都御史。上《三習一弊疏》，大略云：『耳與譽化，匪譽則逆，是謂耳習，於所聞則嘉諛而惡直；目與媚化，匪媚則觸，是謂目習，於所見而〔註 505〕喜柔而惡剛；意之所欲，信以為不蹶，令之

〔註 505〕應為「則」。

所行，概以為無敝，是謂心習，於所是則喜從而惡違。三習既成，乃生一弊。何為一弊？喜小人而厭君子是也。』上嘉納宣示焉。」事在雍正十三年。

「初在翰林，著《春秋義》，行世久之，瞿然曰：「吾學無真得，奈何妄測聖經？」遂毀之。時默坐澄思，以蘄自信。晚歲侍經筵，直上書房，嘗從容言：『諸皇子方研習經義，朱子《詩集傳》過矯呂氏之說，於鄭風悉指為淫奔，微有可議，臣不揣昏眊，欲有所述，請裁聖意，以補前賢之缺憾。』上許令日進講義一篇，先成《詩義折中》若干卷，經御筆刪定者十六七，次命作《易解彖爻》，甫畢，而公病矣。上命皇子臨視，中使御醫，相望於道。十八年十二月六日，薨年七十有一，謚文定。」未述孫嘉淦乾隆初年先後總督直隸及湖廣，對其革職後又回京任職、乞休回鄉等事，下文用「屢躓屢起」概括。

「公久負直聲，屢躓屢起，晚年望愈隆，中朝略有建白，天下人咸曰：『得非孫公耶？』其以副都御史召也，所過鄉民聚觀，至傾村堡上以出，擁遏馬首不得行。明年，盧魯生偽為公奏稾累萬言，指斥乘輿，徧劾大學士鄂爾泰、張廷玉、徐本尚書、公訥親等，傳播遠近，事聞，上震怒，下所在窮治，於公一無所問。公惶恐不自安，語人曰：『先帝及今上嘗戒我好名，今獨假名我，殆生平好名之累未盡，有以致之。以是嘆君之明，而老臣之負釁已久也。』自此食不甘，寢不瞑，益自務斂密，所朝夕獻替者，莫得而聞焉。」孫嘉淦以左副都御史銜從原籍還京在乾隆十四年，所述偽稿案事聞在十六年。

「公屢奉獨對，賞賚在百寮之右。生平以至誠待人，自居鄉至立朝，不作一欺人語。僚屬有過，必先誡諭，不悛乃劾治之。所奏劾必直告無隱，有可原未嘗不昭雪也。既卒，上謂近臣曰：『朝中少一正人矣。』嘆息久之。公居恆以八約自誡，曰事君篤而不顯，曰與人恭而不驕，曰勢避其所爭，曰事止於能去，曰功藏於無名，曰言刪其無用，曰以守獨避人，曰以清費廉取，皆生平得力處也。」〔註 506〕所述「八約」史稱孫嘉淦《居官八約》。

48. 胡煦、季堂

目錄僅書胡煦，傳中實述其次子季堂事蹟頗詳。

「胡文良公，名煦，字滄堯，河南光山人。乾隆三十八年，上下詔求遺書，依古暨今耆碩撰著後先並出。更諭河南撫臣，以故禮部侍郎胡煦究心理學，所著《周易函書》，獨不在列，命續舉以進。五十九年一月，復下詔曰：「禮部侍郎胡煦苦心讀書，為績學之臣，所著《周易函書》，已收入四庫。從前因其官

〔註 506〕殷夢霞、李強選編《外國人著清史八種》，第三冊，第 605～611 頁。

止侍郎，例不予謚，第念曾在上書房行走，今其子季堂，官刑部尚書，煦已得尚書封，可加恩補謚，以示眷念耆舊至意。」尋賜謚曰文良。於是海內之士咸頌天子褒崇古學，發微闡幽，光昭文治於無窮也。」開篇用倒敘手法。

「公，康熙五十一年進士，年五十八矣。居常窮心《周易》，臚傳後引見澹寧居，即自陳所學。聖祖叩以河洛理數，公條對甚悉。選庶吉士，自後屢召見，問卦爻中疑義，命畫圖以講。聖祖曰：『苦心讀書人也。』公所為《周易函書》一百五十八卷，自昔言象數者，未能若是其詳也。」未述胡煦雍正年間仕宦經歷，其卒於乾隆元年。

「子四，其三皆早卒。次季堂，生七歲而孤，撫於長嫂甘氏。其後季堂貴，疏請貤封兄嫂，天下稱美談。嘉慶四年春，晉太保。當是時，仁宗親政，公首劾大學士和珅二十罪，尋伏誅，籍其家，計米麥雜糧得萬一千六百餘石，詔撥給被水村民，從公請也。陳奏川楚軍務事宜，力主緊扼要隘，派兵防守，俾匪眾無路可奔，又令築堡清野，俾無可掠，然後剿撫兼施，不至東馳西突。手敕報曰：『所論極是。朕近日諭旨字字相同，總之能堵方能剿，能剿方能撫，大端不外此矣。』五年十月薨，賜謚曰莊敏。公治官纖悉，皆手定，上至神明，每有所記問，公對答如流。前後政令皆畫一，領外臺如領部務。每晨起理案牘，至目〔註 507〕晡退食，手執卷如諸生。好杜氏《通典》、司馬氏《通鑑》，故遇大事有斷制。」〔註 508〕胡季堂於嘉慶四年春賞加太子太保銜，並非太保。同年因總督直隸辦事不力削去，次年賞還，隨即病卒，晉贈太子太傅。

49. 徐士林

「徐士林，字式儒。雍正八年，詔立京師賢良祠，祀開國已來元勳魁輔，褒德酬庸，典至隆鉅，凡閣部大臣，非有殊績奉特旨，皆不得與。其時以巡撫入祠者，得二人，其一為徐公士林，一為潘公思榘。兩公皆年未六十，未竟其用，而徐公先潘公十一年，首膺祀典，尤異數云。」傳首用倒敘手法，而「字式儒」又在下段重複。

「公字式儒，山東人。父農也，公幼聞鄰塾讀書聲，慕之，跪母前曰：『願送兒入塾中。』如所請，遂舉康熙五十二年進士。性廉儉，撫蘇時，宴僚屬滄浪亭，以五簋為度，吳俗丕變。賀長至節，天寒裘禿，按察使包括以貂裘假公，公披之如忘，涕唾交揮。家僮耳語曰：『此包公衣也。』公惶然。少頃論公事

〔註 507〕應為「日」。

〔註 508〕殷夢霞、李強選編《外國人著清史八種》，第三冊，第 611～613 頁。

快，揮灑如初。聽訟飢，家人供角黍，且判且啖，髭頤盡赤，蓋誤硃為飴，筆箸交下，不復能辨。晚坐白木榻，一燈熒然，手批目覽，雖除夕元辰勿輟。幕下客憐之，治具觴公，公猛噉，不問是何精膳具。平素精神，夢寐知愛民憂國而已，故於服食居處，人以是供，公以是受，泊然無所容心也。文覺禪師來江南，督撫將軍以下，負〔註 509〕矢屈膝，公不為所動。會議楚鹽時，或勸公讓鹽政主稿，公笑曰：『問心公私耳，何嫌之避？』時內外大臣噎媢不前，而公疏先上，乃附紙尾以進。於鄉會試師門惓惓不忘，曰：『此人生遇合之始也。』至要路，則終身未嘗通一刺。六年卒，年五十有八。」〔註 510〕徐士林卒於乾隆六年。

50. 謝濟世

「謝濟世，字石霖，號梅莊，廣西人。康熙戊子，領解額。壬辰進士，授檢討。」謝濟世康熙四十七年中舉，五十一年進士。

「雍正四年，改御史，未浹旬，露章面奏河南巡撫田文鏡不法狀。世宗不懌曰：『彼號能臣，朕方倚任，爾毋惑浮言誣奏。』擲還其疏，公伏地不肯起，爭益力，上震怒。先是，文鏡疏劾屬吏黃振國、邵言綸、汪諴等，直隸總督李公紱過河南，面斥文鏡有心蹂踐讀書人。文鏡密奏紱與振國同年，將結黨為被劾諸員報復。既而李果面奏，退復連疏糾之。上先入文鏡言，將罪李，公劾疏亦及振國、言綸、諴等事，上益疑為朋黨，命九卿科道集刑部訊。公辨甚力，勵尚書杜訥命刑訊，問指使何人，公曰：『孔孟。』問何故，則曰：『讀孔孟書，自當忠諫，見姦弗擊，非忠也。』奏上，議大辟，得旨免死，令往阿爾泰軍前效力。」

「平郡王福彭、公博爾屯、伯欽拜皆待以殊禮，而振武軍營將某希要人指，遣官搜其書，得古本《大學》注，劾公毀謗程、朱。廷議坐諷刺朝政，復下獄。將刑，縛至市曹，諸受學者哭送，且設祭邸舍中。已而將軍王宣旨赦之，公歸舍，炷香未燼，酒尚溫，乃揖祭者曰：『可生受乎？』諸弟子執爵言：『先生真不動心哉！何就縛時無懼容也？』」「將軍王」指振武將軍、順承郡王錫保。

「在戍九年，高宗登極，召復原官。後家居十二年卒，六十有八。撫臣嗛公，密奏其離經叛道，并上所著書。上覽曰：『朕不以語言文字罪人也。』以

〔註 509〕原文此處有一自造衍字「轕」。

〔註 510〕殷夢霞、李強選編《外國人著清史八種》，第三冊，第 613～615 頁。

老病致仕，所著有《匧�十經史評》等。」謝濟世卒於乾隆二十年。

「平郡王嘗遣嗣王從學，會得獵犬二，擬進奉，公曰：『進犬非王事也，孰與進賢？』王敬之。」

「其初至軍前也，與姚中允三辰、陳御史學海偕謁將軍，問儀節。或告曰：『三叩首。』二子悽然。公怡然曰：『此戍卒見將軍，非我見將軍也。』及見，將軍免禮呼先生，賜坐賜茶。出，二子怡然，公夷然曰：『此將軍待廢官，非將軍待我也。』曰：『然則子為誰？』曰：『我自有我在。』」

「乾隆元年，詔開言路，公在戍所為欽公草疏。明年春，王入覲，上首贊欽疏曰：『欽拜有古大臣風。』王以實對，上顧左右曰：『果不出朕所料也。』」〔註511〕傳末補述三事，進一步刻畫人物形象。

51. 錢陳群

「錢文端公諱陳羣，字主敬，浙江人。康熙六十年進士，雍正十三年提督順天學政。乾隆元年，母憂，服闋，仍督順天學政。公母陳太人知書，工繪事，自號南樓老人，微時曾鬻畫供饘粥。承母訓，有《夜紡授經圖》，嘗奏及之。高宗賜題二絕句，有『嘉禾欲續賢媛傳，不愧當年畫荻人』之句。」錢陳群服闋在乾隆三年。

「七年，擢內閣學士，刑部左侍郎。十七年，患噎疾乞休，許之，命其子編修汝誠侍行，且賜詩以寬其意。明年，公進途中所作詩，上用其會錦春園韻作詩賜之。二十五年，上親為《橋梓圖》寄賜公，序云：『重五日錢陳羣和賜其子汝誠詩，画扇以進，蓋欲朕賜画而不敢言。陳羣老矣，不可使其因此鬱鬱於懷，促成是幅，疊舊韻賜之。』」

「二十六年，入都恭祝皇太后七旬萬壽，命預香山九老會宴，〔註512〕刑部尚書銜，諭曰：『今年恭奉皇太后七旬大慶，在籍諸臣來京叩祝，具見悃忱。明年朕恭奉安輿，時巡南服，諸臣甫及旋里，即當出境迎鑾，僕僕道途於林下，高年諸多未便，可諭諸臣曾經赴闕者，明春無庸出境迎接，如沈德潛即於蘇州，錢〔註513〕群即於嘉興，餘均視此為例，副朕體恤至意。』」「刑部尚書銜」有闕文並誤，入都後所加為尚書銜，賞刑部尚書銜在二十七年南巡時。

「三十年，上南巡，復偕沈公迎駕，賜詩（詩見紀中）。是年，公壽八十，

〔註511〕殷夢霞、李強選編《外國人著清史八種》，第三冊，第615～618頁。

〔註512〕有闕文。

〔註513〕漏「陳」字。

命加太子太傅。明年，公進呈母夫人畫冊，每幅有其父綸光題句，上題詩十二章歸之，有『子昂題句仲姬畫，頗有今人似昔人』之句，海內榮之。」三十年所賜詩《高宗紀》中記為：「二仙仍此候河濱，三載相逢意更親。郭泰李膺一煙舫，沈期錢起両詩人。」〔註 514〕郭泰、李膺，均為東漢名士。沈期、錢起，均為唐代詩人，暗合沈德潛、錢陳群之姓。

「三十六年春，上東巡，駐蹕平原，公進所書《登岱祝釐頌》及賡韻詩，賜七律五章，公進謝恩詩，上疊前韻答之。是冬，入京恭祝皇太后八旬萬壽，賜紫禁城騎馬，賜杖入朝，并賜人葠。初，汝誠以戶部侍郎告養歸，至是隨公入朝。上命汝誠侍杖扶接，出入內庭，再預香山九老會，圖形禁中。公和御製香山九老詩，有句云：『鹿馴岩畔當童扶。』上賞其超逸，親為圖賜公。南歸復賜詩，以寵其行。明年，公抵家疏謝，上時駐蹕香山，賜答詩有『香山適接還鄉信，即景猶思扶鹿人』之句。」

「三十九年，薨於家，年八十有九。詔曰：『在籍刑部侍郎、尚書銜錢陳群，老成端謹，學問淵醇，優遊林下二十餘年，為東南搢紳領袖。儒臣老輩中能以詩文結恩遇、備商榷者，沈德潛故後，惟錢陳群一人而已。今聞溘逝，深為悼惜，可贈大〔註 515〕傅。』入賢良祠。予謚文端。」

「四十四年，御製懷舊詩，列公五詞臣中，有云：『少年困場屋，賢母授之經。故學有淵源，於詩尤粹精。』蓋紀實也。高宗尤賞公詩文，嘗樂與考論今古。公天才警敏，深於詩，多不經人道語。每扈從，賡歌未移晷，百韻立就。當是時，沈文慤在吳，公在檇李，天下以為齊名，雖上亦稱之曰二老。」〔註 516〕文慤為沈德潛謚號，他生卒均在錢陳群之前，但傳在其後，且不相連。檇李是錢陳群家鄉嘉興的別稱。傳中對弘曆形象刻畫頗多。

52. 尹會一

「尹會一，字元孚。父公弼早世，母李夫人以節孝旌門。」未書尹會一籍貫直隸，為雍正二年進士。

「公少孤貧，太夫人口授《論語》，即知孔子之言不可違。既長，篤信程、朱，謂治法不本於三代，皆苟道也。故自服官後，日取漢唐以來代不數見之人自律。事母尤篤孝，在官每夕必以所措施詳告太夫人，意或未愜，則跪而請罪，

〔註 514〕殷夢霞、李強選編《外國人著清史八種》，第三冊，第 550～551 頁。
〔註 515〕應為「太」。
〔註 516〕殷夢霞、李強選編《外國人著清史八種》，第三冊，第 618～621 頁。

不命之起不敢起。官中祿賜出入，一稟於母，非請命，妻子不得取尺布錙金。日用外多布之治所，為濟物利人之事，用此仁聲義聞播流海內，上自天子，下至公卿士民，重公者莫不知太夫人之義方焉。知襄陽府有惠政，每遇水旱災，太夫人必跪禱烈日甚雨中，家眾恐致疾，挽掖終不起。常應時而得所求，於是襄陽及樊城、宜城並建賢母祠，不可抑止。」尹會一任襄陽知府在雍正五年。

「遷兩淮鹽運使，太夫人通文史，憫民俗，怙侈縱逸，作《女訓》十二章以劭〔註517〕毖之，陋俗丕變。」尹會一雍正九年調揚州知府，遷兩淮鹽運使在十一年。

「入覲，命巡撫廣東。自陳母老不能遠行，遂調撫河南，政教大行。」時為乾隆二年，前一年授兩淮鹽政。

「乾隆四年，開、歸諸郡大水，公上章自劾，列賑恤之方，皆報可。約法十六條，兼用北宋富文忠、趙清獻救災事宜，而離鄉求食，有司隨在稟給，開以作業，俟開歲東作，資送還鄉，則古法所未備也。太夫人率公規畫，至廢寢食，以是災民無一出河南境者。又以其暇，布《周官》溝樹畜牧比伍保受之法，以劭農而靖民。嘗奏報勸諭鄉農種榆柳棗梨二百萬株。完城濬河，建橋梁，設津渡，修學校，立書院，創蜡祠，表前賢遺蹟，賜高年布帛，寒者衣之，疾者藥之，公皆奉母命，出私財將事。其在鄉，則族人皆授以田，而執其契，立義倉義學，拯危掖困，不可殫數。」北宋名臣富弼謚文忠，趙抃謚清獻，前文已述。是年底尹會一改任副都御史。

「八年冬，高宗特賜太夫人御製五言律詩一章、堂額一、楹聯一。時爭傳謂前古邀此異數者亦罕云。公歸養五年，太夫人考終。服未闋，天子豫虛工部侍郎待之。及赴闕，未踰旬，特命督學江南。」尹會一歸養在乾隆五年，服闋在十一年。

「十二年秋八月，鄉試諸生，既入棘圍，質明，公操几席，杖履徒步造謁方望溪先生於清涼山下，及見，北面再拜，曰：『曩在京師，母命倚門牆，先生固執不宜使眾駭遽，今里居無嫌，蒙授喪禮，或問吾母之終，寢處食飲言語，得無大悖乎？』時先生治《儀禮》，因以粗〔註518〕屬，欲共成一書。作而曰：『某未暇及此也。若不能樹立，徒附經術以垂名，抑微矣！必衰老或以不職罷歸，然後可卒先生之業。』越日，又走謁，從者一人，望溪畀邦人張詫，乃掃

〔註517〕應為「劼」。
〔註518〕應為「相」。

墓入九華山以避之。」此事見於方苞《尹元孚墓志銘》。

「卒年五十有八。公為學務在力行，太夫人以女子而能先天下之憂，每閱邸報，至聖制惇大，必三拜稽首以慶，臣下有讜論訏謨，必再拜稽首。偉哉淵乎！公母子宅心若此，則所見於行事，抑又其淺焉者矣！」〔註 519〕尹會一卒於乾隆十三年。

53. 尹繼善

「尹文端公，諱尹繼善，姓章佳氏，字元長，滿洲人。」傳中未述其為雍正朝大學士尹泰庶子，亦未及胤禛敕封其生母事。

「雍正元年進士，怡賢親王請公為記室，天寒衣羊裘，王憐其貧，因賜青狐一襲，奏署戶部郎中。」怡賢親王為胤禛十三弟胤祥。尹繼善署戶部郎中在雍正五年。

「八年，署兩廣總督，協理〔註 520〕務，釋褐五年即任封疆，年裁三十餘。遇事八面瑩徹，甞一月間兼攝將軍、提督、巡撫、河南〔註 521〕漕、鹽政、上下兩江學政等官，九印彪列，簿書填委，而公判決恢然，無留牘，猶與諸生論文課詩，聞者駭服。」「八年，署兩廣總督，協理務」有闕文並誤，應為「六年，署江蘇巡撫，協理河務」。

「其督南河也，上命開天然壩，公不可，力言宜仍舊，疏凡數千言。適浙督李衛入覲，過清江，傳旨嚴飭，且云衛已奏明黃水小開固無妨。公覆奏李衛不問河身之淺深，而但問河水之大小，非知河者也。方草奏時，幕中客皆為公危，有治裝求去者，公不為動。疏入，世宗喜曰：『卿有定見，朕復何憂？』撤御衣冠賜之。」尹繼善署河道總督在雍正七年。

「其調雲貴入覲也，江南災，河東總督田文鏡欲夸所屬之豊，請漕東粟助賑。按察使唐綏祖密奏東省亦災，粟宜留。上問公，公奏如綏祖言。上曰：『如卿言，山東誠災，但綏祖文鏡所薦，不宜立異同。』公曰：『臣聞公有申公憲以報私恩者，臣為文鏡計，但有感愧，無怨心。』時唐禍幾不測，以公解得免。而公初不識唐也。」入覲在雍正十年，調雲貴總督在十一年。

「上南巡，賜詩有『幕府山邊開幕府，風規得似茂宏無』之句。三十六年薨，入賢良祠。謚文端。」此述乾隆年間事。

〔註 519〕殷夢霞、李強選編《外國人著清史八種》，第三冊，第 621～625 頁。

〔註 520〕有闕文。

〔註 521〕衍字。

「公毅而能擾，機牙四應，上深知之，凡盤錯事，他大臣能了者，不命公，既命公，則皆棋危柁險，萬口噤聲。人方慮公無下手處，而公紆餘料量，如置器平地，靡不貼妥，又如東風吹枯，頃刻變色。凡一督雲貴，三督川陝，四督兩江，而在江猶久，前後三十餘年，民相與父馴子伏，每聞公來，老幼奔呼相賀。公亦視江南如故鄉，渡黃河輒心開。入閣時吏民泣送，公不覺悽愴傷懷，過村橋野寺必流連小憩，慰勞送者。在官有所興除，必集監司以下屬曰：『我意如此，諸君必駁我，我解說之，則再駁之。使萬無可駁，而後行。勿以總督語有所瞻徇也。』以故公所行鮮有敗事。先是，十六年，天子南巡，總督黃公廷桂旰衡厲色，供張〔註 522〕。及公三次迎鑾，熙熙然民不知役，供張亦辨，人以是服公之敏也。」

「世宗嘗諭曰：『汝知督撫中有當學者乎？李衛、鄂爾泰、田文鏡是也。』公曰：『李衛，臣學其勇，不學其粗；田文鏡，臣學其勤，不學其刻；鄂爾泰，大局好，宜學處多，然臣亦不學其愎也。』」此二段用倒敘、插敘手法刻畫形象。

「四十四年，御製懷舊詩，列公五督臣中。」〔註 523〕

54. 劉統勳、墉

「劉文正公統勳，字延清，號爾鈍，山東諸城人。雍正二年進士，六年擢左都御史，劾大學士張廷玉、尚書公訥親盛滿，請加訓示。」劉統勳擢左都御史在乾隆六年。

「乾隆十六年，為軍機大臣。三十八年薨，諭曰：『大學士劉統勳老成達練，品行端方，服官五十餘年，實為國家得力大臣，可晉贈太傅，入祀賢良祠。』特賜諡曰文正。喪歸，命沿途文武官在二十里以內者，均詣柩前弔奠，并遣官護送。明年四月，諭曰：『大學士舒赫德、于敏中，各賞《古今圖書集成》一部，故大學士劉統勳原欲一體賞給，不意先逝，伊子劉墉克世其業，亦著恩賞一部。』四十四年，御製懷舊詩，列五閣臣中，有『遇事既神敏，秉性復剛勁，得古大臣風，終身不失正』之句。」劉統勳入軍機處在乾隆十七年，喪歸在三十九年。

「公強直厲清節，洞燭幾先，事之可否，微發其端，至一二十年後，始服其精識。士賢不肖，亦洞見其將來。初，公論劾重臣，直聲震朝野，其後張文

〔註 522〕漏通假字「辨」。

〔註 523〕殷夢霞、李強選編《外國人著清史八種》，第三冊，第 625～628 頁。

和公果以謝恩失禮被嚴譴，訥公以大學士視師金川，坐僨事伏誅。公言若著龜矣。」張廷玉謚文和，訥公指訥親。

「公少直南書房，每日雞鳴入，上已遣中使捧御製詩文稾至，命公錄於冊上。公對燭書之，多者千餘言，比日射觚稜，已㬌訖恭進，蓋十餘年如一日也。六旬後，入夜秉燭危坐，窓外偶有聲響，悉聞之。及薨，上親臨其喪，見室無長物，寒氣襲人，上大慟，回蹕哭至乾清門，流涕謂樞臣曰：『朕失一股肱矣！』」

「木果木之變，高宗方幸熱河，馳傳召公。比入對，上曰：『金川軍覆矣！溫福已死，綏事當柰何？』公頓首曰：『臣料阿桂必能了此事。』上曰：『朕正欲專任阿桂，特召卿決之。卿意與朕合，事必濟矣！』」事在乾隆三十八年。

「西疆甫定，戶部奏天下州縣府庫多空闕，高宗震怒，欲盡罷州縣之不職者，而以筆帖式等官代之，召公對，諭以此事，且曰：『朕思之三日矣，意云何？』公默不言，上變色詰責，公徐曰：『聖聰思至三日，臣昏耄，誠不敢遽對，容退而熟審之。』翼日入對，頓首言曰：『州縣治百姓者也，當使身為百姓者為之。』語未竟，帝霽顏曰『然』，事遂寢。當公進說時，同列皆灑晰變色，而公進趨凝然若無事。其能斷大事，力回天聽，多類此。」此事所記較《清史攬要》細緻。

「子墉，字崇如，累官體仁閣大學士，天下呼為小諸城，謚文清。父子俱為賢宰相。」〔註 524〕傳中記劉墉事極簡。

55. 汪由敦

「汪文端公由敦，字師茗。」未述汪由敦祖籍安徽休寧，後改商籍浙江錢塘。

「雍正二年進士，乾隆元年擢內閣直〔註 525〕學士，九年調刑部，兼左都御史，充軍機大臣。」汪由敦兼左都御史，充軍機大臣在乾隆十一年。

「世宗初設軍機處，以張文和專任之。乾隆初，文和以公長於文學，特薦入以代其勞。乾隆十二三年間，金川用兵，前後所下廷諭，皆公筆也。初惟大學士訥親一人承旨，既出，令公在直廬撰擬。訥公惟恐不得當，輒令再撰，有屢易而仍用初稾者。一稾甫削，又傳一旨，改易亦如之，公頗以為苦，然不敢較也。時傅文忠在旁頗不平，迨平金川歸，首揆席，則自陳不能多識，恐有遺

〔註 524〕殷夢霞、李強選編《外國人著清史八種》，第三冊，第 628～631 頁。
〔註 525〕衍字。

忘，乞令軍機諸大臣同進見，遂沿為例。然秉筆之任，率推公。其後滿司官欲藉為見才地，文忠稍假借之，令其代擬。公見滿司官如此，而漢文猶必己出，嫌於攬持，乃亦聽司員代擬，日久遂為章京之專職矣。」張廷玉謚文和，傅恆謚文忠。此段敘述涉及軍機處制度的流變。傳中未述張廷玉和汪由敦的師生關係，及張廷玉致仕時汪由敦走漏消息事。

「高宗天才敏捷，日課數詩，皆用丹筆作草，令內監持出付公及劉文正用素楮楷繕之，謂之詩片。繼公者，劉文正也。」劉統勳謚文正。詩片之說，紀中亦述。

「公好獎借後進，陽湖趙翼客公所最久，經進之作，多令趙屬草，筆削處，服公精審，屢被旨嘉獎，廷臣推服之。公曰：『此門下趙某作耳。』其不沒人善若此。上以公老於文學，尋常碑記之作，每命公屬草，公令趙翼草創，而加潤色焉。及進呈，經御筆刪改，往往出意表，聖學尤不可及也。公薨後，上以公書法秀潤，命詞臣排次，摹勒上石，曰《時晴齋法帖》。五十二年，子承霈敬進公《集》，上賜詩以當序言。「〔註 526〕汪由敦卒於乾隆二十三年，加贈太子太師。

56. 彭啟豐

目錄寫為彭芝庭。「彭芝庭，字翰文，江蘇人。」彭啟豐，號芝庭，傳中未提其名。

「雍正五年，廷試卷列第三，世宗親拔第一，授修撰。」未述其祖為康熙十五年狀元彭定求。

「乾隆二十八年，累官兵部尚書，後致仕。」彭啟豐於乾隆二十年歸養奉母，二十六年復出，三十三年致仕。

「先是，公乞養歸，為奉母故，闢園亭蓺花竹，上賜額曰『慈竹春暉』。至是，再歸林壑，益幽邃，花葯益茂。公擁萬卷，日哦其中，每春秋佳日，出遊石湖寒山，士女擁觀塞路，嘗語人曰：『吾為秀才，過徐達夫門，時方及第，立斗標，心艷之，及宦成歸，再過之，徐氏已易主矣。後之視吾，猶吾之視徐也。得不懼哉？』公直內庭時，敕和御製詩百數十首，及告養歸後，發詩百六十餘首命和，畢交巡撫奏進。」〔註 527〕傳中未述彭啟豐卒於乾隆四十九年事。

〔註 526〕殷夢霞、李強選編《外國人著清史八種》，第三冊，第 631～633 頁。
〔註 527〕殷夢霞、李強選編《外國人著清史八種》，第三冊，第 633～634 頁。

57. 傅恒、福靈安、福隆安、福長安、豐紳濟倫

目錄為「傅恒（福靈安、福隆安、福長安、豊伸濟）」，傳中提及傅恆三子福康安，未述其自有傳。福隆安子名豐紳濟倫，傳中亦誤。

「傅文忠公諱傅恒，號春和，姓富察氏，滿洲人。」傅恆為康熙朝戶部尚書米思翰之孫，察哈爾總管李榮保之子，弘曆孝賢純皇后之弟。

「乾隆五年，授侍衛。十三年，授領侍衛內大臣，加太子大〔註528〕保、協辦大學士。時大軍征大金川逆酋莎羅奔，經略訥親、總督張廣泗等久無功。九月，命暫管川陝總督，經略軍務。十月啟行，上親詣堂子行告祭禮，遣皇子及大學士來保等送至良鄉，視公飯。」傅恆啟行在十一月。

「初，小金川土舍良爾吉奪其兄澤旺〔註529〕，即烝嫂阿扣。莎羅奔之侵沃日也，良爾吉實從之。後詐降為賊諜，張廣泗惑於漢奸王秋言，使良爾〔註530〕領蠻兵，我師舉動，賊即知之。是月，公使副將馬良柱誘良〔註531〕吉來，迎至邦噶山，聲其罪斬之。阿扣、王秋並伏誅。事聞，諭曰：『前張廣泗力言良爾吉不可輕動，即軍前諸臣皆明知其罪，而疑畏莫敢先發。今傅恆甫至軍營，即誅兩年逋寇，以快人心而讐番眾。非謀猷明斷，識力兼定，不及此。』」「奪其兄澤旺」不通，所奪者當為其兄澤旺之權或印信。

「尋奏言：『臣抵卡撒軍營，見所云左右山梁，不過兩坡相對，地非甚廣，賊所守各碉，亦不甚大。不知何以用兵二年，不能進取？蓋從前之失，在於專攻碉卡，賊險林立，大兵至益嚴，毋論攻其有備，克取為難，即數日克一碉，亦數年不能峻事。今當奇正兼施，因機制勝，又各路剋期齊進，腹背皆兵，寢食無暇，自必內潰而酋可擒矣。』疏入，諭旨報聞。公攻石碉連克之，上以金川水土惡劣，馳賜公人薓三觔，並及諸將帥有差。」

「十四年正月，命班師，召公還朝，諭曰：『金川用兵，本欲禁遏兇暴，綏輯窮番，并非利其人民土地，而從前訥親王〔註532〕、張廣泗措置乖方，屢經貽誤，是以特命經略、大學士傅恆視師。傅恆自奉命以至抵營，忠誠勞勩，超出等倫，辨事鉅細周詳，鋤奸則番蠻懾服，整頓營伍則紀律嚴明，鼓勵戎行則士氣踴躍，且中宵督戰，不避風雪，大著聲威，誠克仰副委任。朕思蕞爾窮

〔註528〕應為「太」。

〔註529〕有闕文。

〔註530〕漏「吉」字。

〔註531〕漏「爾」字。

〔註532〕衍字。

番，何足當我王師？經略、大學士傅恆乃朝中第一宣力大臣，顧因荒徼小醜久稽於外，即使擒渠掃穴，亦不足以償勞。此旨到日，可即馳驛還朝。』尋詔封一等忠勇公。」命班師在十三年臘月，次年二月啟行，三月抵京。

「公請直攻噶拉依，又言旦夕攻克賊巢，一簣之虧誠可惜，堅請進兵，并懇辭公爵，俱不允。諭有曰：『志期殄寇，執奏再三，朕揆勢度理，以允降班師、休兵息民為經國遠計，彼匈奴未滅，何以家為者，乃驃姚、貳師輩，武人銳往立功之概，大學士輔弼元臣，抒誠贊化，名輝旗常，豈與兜鍪閫帥爭一日之績耶？』示以詩三章，有句云：『功成萬骨枯何益？壯志何須效貳師？』又云：『上將有心期利執，大君無物不包容。』又云：『晉國勤勞予廑念，速歸黃閣贊元功。』是月，逆酋乞降，總統、提督岳鍾琪入賊巢，挈酋目等至經略軍。」「驃姚、貳師」指漢代驃姚校尉霍去病、貳師將軍李廣利。是月即十四年正月。

「二月四日，莎羅奔、郎卡除道，營門外設壇，翼日率眾降，公升帳受之，莎羅奔等焚香作樂，泥首請罪，誓遵六事：無犯鄰，歸土司侵地，獻馬爾邦兇酋，資送內地人，納軍機，供徭役。公傳旨赦其罪，莎羅奔等獻佛像一尊、白金萬兩，公卻不受。奏至，諭曰：『莎羅奔、郎卡俯首就降，獻捷班師，此皆上蒼孚佑，宗社貽休，有以默相朕躬，皇太后懿訓詳明，有以啟迪朕志，荷茲福庇，感慶實深。經略、大學士、忠勇公傅恆，丹忠壯志，勇略宏猷，足以懷柔異類，迅奏膚功。即諸葛之七縱威蠻、汾陽之單騎見虜，何以加茲？實為國家嘉祥上瑞，前已晉爵封公，所賜四團龍補褂著祗受用，將來數十年贊化調元，懋襄郅治，實嘉賴焉。其傳諭諸王、滿漢文武大臣，並宣示中外知之。』公疏辭四團龍服，諭有曰：『朕此番獎賞，實出至公，且具深意，不可不明晰宣示。』又曰：『大學士、忠勇公見朕縈懷西顧，欣然請行，自奉命西征，冒涉風霜，均勞士卒，雪夜督師，攻碉毀卡，必期焚巢掃穴。時未七旬，兵不血刃，而番酋洗心革面，永矢歸誠，從此邊徼敉寧，而中外大臣咸知所取法，股肱一体，休慼相關，緩急足資倚任，實我大清萬年無疆之慶。國家酬庸盛典，原非朕所得私，不必懇辭。』」引用弘曆之語以諸葛亮、郭子儀比傅恆，可見其推崇倍至。

「二十八年，準噶爾平，諭曰：『西路興師之舉，人心忸於久安，在廷諸臣惟大學士傅恆與朕協心贊畫，斷在必行，著加恩再授一等公，以為力矯積習，為國家任事者勸。』公疏辭，上諭略曰：『觀其不自滿暇，信出至誠，俯允所請，用成厥志。』圖功臣百人像於紫光閣，公冠首。」平準後諭再授一等公在乾隆二十年，圖像紫光閣則在二十六年。

「三十三年，命經略雲南軍務。三十四年，啟行。三月抵雲南，四月至騰越。初，上以賊踞老官屯之險，敕造舟并奪賊船，順流直擣。副將軍阿里袞等奏邊外難通舟，且沿江無辨工所，上特遣大臣征勘，所言與阿里袞同。公至軍，詢之撫夷李景朝、土司線官猛等，知蠻暮近地有山曰翁古，多木，旁有地曰野牛壩，野人所居地，涼爽無瘴，野人樂受值，執役甚恭，乃令滿洲、綠營兵并從行，奴僕更番運料至江岸。七月工竣，狀聞，諭略曰：『所辨甚是，他人斷不能似此，可見事無難易，人果能專心致力，未有不成者，無如諸人皆預存畏難之見耳。』上尋賦《造舟行》紀其事。會猛拱大頭目等來降，請備船濟師。十月，公取道猛棋〔註533〕，大兵長驅至新街，夾攻東西岸，破之，獲纛一、船三，公進所獲纛，上賦詩記其事。十一月，進圍老官屯，克毛西寨，酋懵駮遣頭目乞降。公以其地氣惡劣，疏請允降。諭曰：『緬甸僻在炎荒，中朝以化外置之。乃歷任總督，自張允隨廢弛邊備，嗣是愛必達、吳達善等因循，致滋邊釁，而劉藻辨理莽區事，退回普洱，輒畏懼自戕，緬匪遂鴟張無忌，歷來貽誤情形也。至命楊應琚前往，調度乖方，致賊匪入關騷擾。及再命明瑞前往，仍令以總督經理邊情，並未遽欲興師遠涉，而所統八旗勁旅一萬二千，又分其半與額爾登額，由旱塔取道合勦。迨明瑞轉戰至小猛育，為時甚久，屢促額爾登額移兵往援，抗延不赴，明瑞等猶沿途接仗，期殿全師，竟以策應不前捐軀以殉，其事遂至難於中止，然猶冀緬酋悔罪輸誡〔註534〕，必非欲勞師動眾為犁庭掃穴計也。詎待一載，逆酋猶頑梗怙終，我國家當全盛之時，豈可任小丑跳樑，不示懲創？況滇省綠營，恇怯積習，久為賊所輕，是以調遣勁旅水陸夾攻，又因大學士傅恆屢請前往督辨，遂命為經略。此朕不得已用兵之苦心也。』十二月，緬酋遣大頭目獻方物於軍。三十五年，班師，三月至京，七月薨。上親臨其第酹酒。」三月傅恆朝見弘曆於天津行宮，下文提及。謚號文忠，在傳首提及。

「三十六年，上巡畿輔，駐蹕天津行宮，公前歲復命處也，追憶成詩。三十九年，上以蹕途所經，賜奠其墓。御詩有句云：『無忘昭陵雖有例，那教賜奠痛文皇。』四十四年，上賦懷舊詩，以公在綸扉二十三年，日侍帷幄，藎誠素著，年未五十，鞠躬盡瘁以喪，甚傷惜之，詩有云：『嗟我社稷臣，所期寧在近。年少長於余，騎箕惜且恨。』」

〔註533〕應為「拱」。

〔註534〕應為「誠」。

「公子四，長福靈安，乾隆二十一年請派往軍營效力。尋從定遠將軍兆惠剿葉爾羌準噶爾大功告成，上以福靈安非披堅執銳之歲，即能奮勇行陣，授副都統，給雲騎尉世職。尋赴木邦軍營，六月卒於任。」福靈安給雲騎尉世職在二十七年，授副都統及卒在三十二年。

「次子福隆安，封一等忠勇公，官兵部尚書。又次子福康安，一等嘉勇公，官大學士。又次子福長安，一等侯，官工部尚書。福隆安子豐伸濟，襲一等忠勇公，官都統。」〔註535〕福隆安曾官工部尚書，福長安曾官戶部尚書，兩人均任過都統。福康安自有傳。福隆安子名為豐紳濟倫，目錄及傳中均誤。豐紳濟倫亦任過兵部尚書，卒前為盛京兵部侍郎。

58. 阿桂、阿迪斯、阿必達

目錄寫為「阿桂（阿迪斯、阿彌達）」，阿桂次子阿彌達之名，弘曆命改為阿必達，其後即以新名行。

「阿文成公，諱阿桂，字廣廷，姓章佳氏，滿洲人。」未述其父為大學士阿克敦，而傳中有其事，僅稱文勤公。

「康熙二十三年，補工部侍郎，領索倫兵五千，駐塔爾哈臺。」阿桂生於康熙五十六年，此為乾隆二十三年事。「塔爾哈臺」當作塔爾巴哈臺。

「是年，準噶爾平，及將軍兆惠定伊梨，使回部。至是，兆惠遣使定其貢賦，會酋執而留之，戕我參贊大臣，詔與副將軍富德進兵合剿。二十四年，克捷各城，上念西域既平，地方萬餘里，若不合駐官軍，伏戎必再出擾，且恐為俄羅斯兼并，乃命各軍營大臣議，皆謂地遼遠難駐守，公獨上言守邊以駐兵為先，駐兵以軍實為要，因條上屯田方略，上嘉其勇往任事，即如議行。詔平定西域諸功臣五十人圖像紫光閣，公居第十七。」

「二十年，補內大臣。」此用倒敘不妥，阿桂授內大臣在二十六年，是誤當由漏字引起。

「二十七年，奏新疆約束章程五則。三十二年，補伊犁將軍。」未述其間兩次回京任職事。

「是時，命明公征緬甸。三十三年，明公軍至猛育，糧盡戰歿。於是大學士傅公請自督軍，上乃授為經略，而以阿里袞及公為副將軍，兼總督雲貴進剿，緬酋乞降。」明公指明瑞，傅公指傅恆。

〔註535〕殷夢霞、李強選編《外國人著清史八種》，第三冊，第634～644頁。

「三十六年，命溫公討金川，溫公以公兩使四川，熟邊事，請偕行，遂授四川提督。」溫公指溫福。

「四十一年，金川悉平，上遣近臣齎詔至營，封公為誠謀英勇公。四月，班師，議行郊勞禮，一如兆惠自回部凱旋故事，繪五十功臣像於紫光閣，公居第一。先是，屢報捷，上知大功必成，賜扁且画於上，題以『同心之言，其臭如〔註 536〕』。」本傳中未述三十八年溫福戰死，授阿桂定西將軍，繼任清軍統帥事，劉統勳傳中提及。

「西藏郭〔註 537〕爾喀平，命圖福康安等十五功臣像於紫光閣，以公參贊帷幄，列第二。」事在乾隆五十八年。

「四十四年，拜武英殿大學士。」當在四十二年。

「六十年冬，上以御宇周甲，將行內禪之禮，公酌定儀注。嘉慶元年元旦，公仰承景命於太和殿，捧冊授寶。初四日，再舉千叟宴，公上壽如前。二年，薨，謚文成，配享太廟，入賢良祠。」

「公器識宏遠沈毅，遇大事必籌其始終得失，計出萬全。乾隆中庫帑充盈，詔以名糧改實額，增兵六萬。公時方奉使，具疏力言其耗費，謂百年後當知之。每入朝，先五鼓起，坐直房待旦，不假寐。進止皆有常處。上輦經直房，侍者下戶簾，公從室內起立，垂手，侯〔註 538〕鹵簿過，始復坐。在軍每獨坐帳中，秉燭竟夜，或拍案大呼，劃然長嘯，則次日必有奇謀。」

「嘗燕居侍文勤公，忽顧問曰：『朝廷一旦〔註 539〕用汝為刑官治獄，宜何如？』公謝未得，曰：『固也，姑言其意。』公曰：『行法必當其罪，罪一分與一分法，罪十分與十分法，無使輕重。』文勤大怒曰：『是子將敗我家！』遽索杖。公惶恐叩頭謝，文勤曰：『噫！如汝言，天下無全人矣！罪十分治五分，已不能堪，而可盡耶？且一分之罪尚足問耶？』公後掌刑部，數向諸曹郎述之，其貽謀可知矣。」阿桂父阿克敦，謚文勤。

「子阿迪斯，襲一等公，官戶部侍郎。次阿彌達，官工部次郎。孫那彥成，累官大學士。」〔註 540〕阿迪斯曾任成都將軍。未述阿彌達改名阿必達事，「次郎」當為侍郎。那彥成自有傳。

〔註 536〕眉批：「『如』下脫『蘭』。」
〔註 537〕應為「廓」。
〔註 538〕應為「候」。
〔註 539〕應為「旦」。
〔註 540〕殷夢霞、李強選編《外國人著清史八種》，第三冊，第 644～647 頁。

59. 沈德潛

「沈德潛，字確士，號歸愚，江蘇長洲人。鄉試十七次不第，乾隆丙辰，舉博學鴻詞科未遇。戊午，舉於鄉，年六十六矣。己未，成進士，選庶吉士。丙辰，授編修。」首個丙辰為乾隆元年，戊午為三年，己未為四年。沈德潛授編修在乾隆七年壬戌，第二個丙辰誤。

「高宗嘗於《南邦黎獻集》中見公詩，賞之，諭大學士張文和曰：『沈德潛係老名士，有詩名。』命和《消夏十詠》及《落葉》諸篇，俱稱上旨，以後賡和，遂不可勝紀。授內閣學士，請假歸葬，賜詩寵行，有云：『我愛德潛德，醇風抱〔註541〕古初。』錢侍郎陳群和云：『帝愛德潛德，我羨歸愚歸。』上嘉賞焉。後進所選國朝詩乞序，中錄錢謙益、錢名世諸作。上賜序責其失當，而待公如初。薨年九十有七。」沈德潛所選詩集名為《國朝詩別裁集》。其卒於乾隆三十四年。

「海外諸國，爭出重金購詩集。日本臣高彝寄書千餘言，溯詩學源流，詆錢牧齋持論不公，而以公所論為中正，贈詩四章，愿附弟子列。公拒之，蓋法文衡山不以書畫予遠夷意也。」高彝（1718～1766）為日本長崎漢詩人，實姓高階，字君秉，號暘谷。明代書畫家文徵明號衡山居士，世稱文衡山。此事在沈德潛自訂《年譜》乾隆二十三年記事中有載。錢謙益，號牧齋。

「四十二年，徐述夔集中詩詞勃逆，被訐告，集有公所作述夔傳，追奪階銜祠謚。四十四年，御製懷舊詩，列公五詞臣中。」〔註542〕沈德潛受徐述夔《一柱樓詩》案的牽連，被追奪的謚號為文慤。

60. 明瑞、奎林

「明瑞，字筠亭，姓富察氏，滿洲人。一等承恩公富文子也，由官學生襲世爵，授二等侍衛。」明瑞是孝賢純皇后及傅恒的侄子，授二等侍衛在乾隆十四年。

「乾隆二十一年，命以副都統銜赴西路軍中。時阿睦爾撒納叛，竄哈薩克，公隨定邊將軍達勒黨阿追之，再戰皆捷，授副都統。」達勒黨阿亦作達爾黨阿。

「二十四年，授參贊大臣、御前侍衛，詔以公領兵奮勇，加號承恩毅勇公。八月，逆酋大小和卓木遁，公率銳卒九百追及之。賊眾六千餘負嵎固守，公奮擊大敗之。」明瑞加爵號「毅勇」於黑水營解圍後。

〔註541〕應為「抱」。

〔註542〕殷夢霞、李強選編《外國人著清史八種》，第三冊，第647～649頁。

「二十六年，伊犁回部平，詔圖形紫光閣，御製贊曰：『椒室懿親，年少志雄，謂可造就，俾學從戎，獨出獨入，既忠且壯，屢建宏勳，愜予所望。』遂擢都統，轉左侍郎，授領侍衛內大臣。」所擢為正白旗漢軍都統，明瑞早在黑水圍中即被授為戶部侍郎，擢都統後尋兼戶部左侍郎。授正白旗領侍衛內大臣在次年。

「二十七年，授伊犁將軍。」明瑞為首任伊犁將軍，為鞏固西北邊疆作出了開創性貢獻。

「三十年二月，烏什小伯克賴黑木圖拉等聚眾五百餘人乘夜焚掠，據城為變。公派副都統觀音保往援，旋聞駐烏什之副都統素誠自戕，公即統兵進。時參贊納世通先帶兵至烏什之鄂托巴什，及觀公至，納世通派令守隘，勿進剿，復具牒止公進兵。公不可，仍統兵進，奏入，上嘉之。抵烏什，賊眾二千出犯，公及觀公擊敗之，奪砲臺七，殺賊二百，餘黨負創入城。城堅山險，公設長圍困之。有旨命查勘素誠狂縱激變，納世通陵辱回眾，及副都統弁塔哈掩飾兵敗狀。詔尚書阿桂赴烏什傳旨，將納世通、弁塔哈正法。賊困守既久，謀夜襲天〔註543〕營。公偵知之，嚴備以待。賊至，掩擊之，賴黑木圖拉中箭死。賊復推其父為阿奇木，悉眾死守。公簡巴圖魯兵六百人，中夜攜雲梯潛往，薄其城，先登東北隅，賊未覺，梃刃交下，守陴賊驚竄。官兵循城北至東南毀堞，天明收軍，仍逼城築壘，斷其樵汲。賊糧盡內潰，縛獻首逆四十二人，遂克烏什。詔責公未將所獲犯嚴訊起釁緣由及素誠激變罪狀，遽行正法，命奪職留任。尋與阿公奏回部事宜八則，均如所請行。」弁塔哈亦作卞塔海。所述烏什之變的經過較《清史攬要》詳細很多。

「三十二年，緬甸滋擾，總督楊應琚措置乖方，獲罪。三月，詔以公總督雲貴，兼兵部尚書、議政大臣經理軍務。發滿洲兵三千及滇蜀兵二萬餘大舉征緬，授將軍兩路進兵。公由木邦、孟艮攻東路，參贊額爾登額由猛密、老官屯攻北路，約會於阿瓦。以九月二十四日出師，連旬雨潦，又負糧以牛，不能速，至芒市易溼糧以行。」滇蜀兵，《清史攬要》誤為「鎮蜀兵」〔註544〕，當時出動的還有下文提及的黔兵。此時參贊大臣為額爾景額，年底病歿後方由其弟額爾登額繼任。

「十一月二日，始出宛頂，越八日，整隊至木邦，守賊望風先遁。留參贊

〔註543〕應為「大」。

〔註544〕殷夢霞、李強選編《外國人著清史八種》，第五冊，第99頁。

珠魯訥、按察使楊重英以兵五千守之。公自率兵萬二千結浮橋渡錫箔汀〔註545〕，遂進攻蠻結。賊眾二萬，立十六柵，環濬深溝，列象陣以待。賊柵甚堅。其法立互木為柵而聚兵其中，我鎗礟僅及其柵，而賊從柵隙擊我兵輒中，此賊長技也。時出邊逾月始與賊遇，一呼直逼其柵。有黔兵王連者先躍入，十餘人繼之，縱橫抉〔註546〕盪。賊恇亂不知所為，多被殲，遂破一柵，乘勢復攻得其三，而十二柵之賊皆宵遁。當鏖戰時，公分兵為十二隊，首先陷陣，目受傷，仍策馬指揮不少挫，我兵以一當百，羣象皆返奔，蓋賊自新街交綏以來未經此大創，特授一等誠嘉毅勇公。」

「十二月，師次革龍，地近天生橋，賊於山頂立柵拒守，公令副都統達興阿領兵二千由大路進，佯為奪渡之勢。自督兵從間道繞至上游，乘霧渡河，進據山梁，賊驚潰，殲馘二千餘，軍聲大振。進至象孔，遂失道，而軍糧已罄，集諸將議進止，無敢言退者。公念糧既斷，勢不能復進，又慮猛密路之師，或已先入，於法不當退，聞猛籠有糧，且其地近猛密，冀可得北路聲息，乃定計就糧猛籠。賊探我兵不向阿瓦，又獲我病卒知官軍糧盡，即悉眾來追，及我於章子壩。我軍且行，公及觀公、哈公等更番殿後，步步為營，每日行不〔註547〕三十里。自象孔至小猛育二千餘里，凡六十日而後至，至則從逆土司皆遁，果得窖米二萬餘石濟軍。時已深入二千餘里，會歲除，而北路猛密之師無消息。」「且行」，《清史攬要》為「且戰且行」〔註548〕，更為通順。哈公指總兵哈國興。

「三十三年春，乃取道大山土司，向木邦以歸。盡焚猛籠餘糧，人攜數升以自給。將至大山，又有蠻化之捷。先是，賊之綴我也，每夕駐營猶相距十餘里，至是，我兵營蠻化山巔，賊即營於山半。公謂諸將曰：『賊輕我兵矣！不決一死戰，將益肆毒於我，無噍類也。』賊久識我軍號，每晨興我三吹波倫，即起而追我。明日復吹波倫三，則我軍盡出營，伏箐以待。詰旦，賊聞波倫聲，果蟻附而上，我軍萬眾突出，鎗礟聲如雷。賊惶遽，不及戰輒反走，跐頂相籍，我兵乘勢反擊，死者四千有奇，自是每夜遙屯二十里外不敢逼。公休兵蠻化數日，取所得牛馬犒士，而賊之先一日過者，已柵于要路。我軍至，攻之不能拔，

〔註545〕應為「江」。
〔註546〕應為「決」。
〔註547〕漏「過」字。
〔註548〕殷夢霞、李強選編《外國人著清史八種》，第五冊，第100頁。

得波龍人引由閒道遁柱〔註 549〕家銀廠〔註 550〕而出。會賊於正月十八日已潰我木邦之師，戕珠魯訥，執楊重英，於是木邦之賊亦至。額爾登額之進猛密也，道聞老官屯有賊，欲先取之，既至攻柵不能克，頓兵月餘。上以公久絕軍報，趣額爾登額援之，于是老官屯之賊亦至。」

「公抵小猛育，賊已蝟集四五萬，我軍尚分七營，距宛頂糧臺二百里，而額爾登額之兵不至。公乃令軍士乘夜出，而自與諸領隊大臣及巴圖魯侍衛數十人率親兵數百斷後。及晨，血戰萬賊中，無一不當百，已而領隊大臣扎拉豐高中鎗死，巴圖魯侍衛皆散。觀公發數矢連殪賊，尚餘一矢，欲復射，忽策馬向草深處以其鏃刺喉死。公負數創，亦慮落賊手，力疾行，距戰所已二十里，氣僅屬，乃從容下馬，手自割髩髮，授家丁使歸報，而縊于樹下。家丁以木葉掩其屍去。時二月十日也。事聞，上震悼，特旨照班第例從優議卹，御製詩輓之。四日〔註 551〕，柩至京，上親臨賜奠，尋賜祭葬，謚果烈。入祀照〔註 552〕忠祠，並於京師特建專祠曰旌勇，春秋致祭，御書『折衝抒藎』四字額其祠。」「扎拉豐高」，應為扎拉豐阿，《清史攬要》誤作「孔拉阿」〔註 553〕。「照班第例從優議卹」，定邊將軍班第，前於乾隆二十年被叛軍包圍，同樣自刎殉國。

「公天性忠勇，得人心，章子壩之役，賊日增，我兵日少，孤軍轉戰兩閱月，未嘗一敗。每夜起，即躬自督戰，且戰且撤，及歸營，率以昏時，勺水猶未入口，糧久絕，僅啖牛炙一臠，猶與戰士共之。所將皆飢疲創殘之卒，體恤倍至，有傷病者不忍棄，令士練舁以行，故雖極困憊，無怨言。其死也，非不能自拔歸，蓋以阿瓦未平，懼無以返命，上亦有全師速出之旨，而道梗不得達，展轉彷徨，決計以身殉，而又不忍將士之相隨死也。結隊徐行，全師之小猛育，距宛頂不過二百里，度皆得自達，然後以身死賊中。嗚呼烈矣！公之死，緬人不知也。閱月，餘威猶震，屢遣使達貝葉書乞降。上命拒之。明年，經略傅公至，益恟懼求和，乃班師，而額爾登額以罪重置極典。四十四年，高宗御製懷舊詩，列公五功臣中。子惠倫，襲一等公爵。」

「弟奎林，年十七即以勳貴子弟從征準噶爾，彎弓躍馬，刻苦自奉，間讀書，能小詩，人不覺其為戚畹也。性剛果，尚廉節，豁達英邁，尤遠於權勢，

〔註 549〕應為「桂」。
〔註 550〕原字下半部誤為「敝」。
〔註 551〕應為「月」。
〔註 552〕應為「昭」。
〔註 553〕殷夢霞、李強選編《外國人著清史八種》，第五冊，第 101 頁。

直涕唾視之。每酒後，論當世人才，罕所當意，所慕惟王保保。王保保者，元擴廓帖木兒，明太祖所稱奇男子也。」奎林和明瑞俱生年不詳。

「征緬甸、金川俱在行間，身經百戰，被創不動，有疾不介意，騎馬飲酒自若。待將領嚴，而於士卒甚恕。遇移營，取一褥坐營門內，視各士卒帳房、行李畢至，然後即安，否則不先入幕也。每日肉一盤，菽乳湯一盂，與下同甘苦，故皆樂為用。金川之役，將軍溫公兵潰於木杲〔註 554〕木，而阿公達烏之軍不動，由公守隘口與賊日夜數十接，殺傷過當故也。」溫公指溫福，阿公指阿桂。

「身無長物，尤不問家計，不憙佛法，惡番僧尤甚。捕盜賊及奸宄，有殺無赦，而必不濫及無辜。由侍衛積功至都統，金川平，圖像紫光閣，襲承恩公，出為伊犁將軍。被參贊海祿劾，削公爵，久之，授臺灣提督。西番科爾喀犯邊，命以參贊大臣往西川，薨於行次，上惜之，祭葬有加禮。子二，其一出為果烈公後。」〔註 555〕臺灣並無提督，所授為臺灣總兵，加提督銜，後擢福建水師提督。「科爾喀」通常寫為廓爾喀。其子出為明瑞後者即為惠倫。傳中未述奎林謚號武毅。

61. 阿里衮、豐伸額

目錄僅書阿里衮，傳中實附記其長子豐伸額〔註 556〕事蹟，並提及其曾祖額亦都、其祖遏必隆、其父音德〔註 557〕、其從兄達勒黨阿〔註 558〕、其次子布延達賴〔註 559〕。

「阿襄壯公諱阿里衮，字松崖，姓鈕祜祿氏，滿洲人。」此處未述其為清初五大臣之一的額亦都後裔，下文提及相關史事。

「由二等侍衛授總管內務府大臣。十五年，擢湖廣總督。二十一年夏，命以領隊大臣赴西路軍營。有戰功，上嘉之，尋詔回京。」漏書乾隆年號，阿里衮授總管內務府大臣事在乾隆二年。未述十六年移督兩廣，後母憂還京，署戶部侍郎等事。

「二十二年，命為領隊大臣，辨巴里坤事務。會達勒黨阿獲罪，詔以公襲

〔註 554〕應為「果」。
〔註 555〕殷夢霞、李強選編《外國人著清史八種》，第三冊，第 649～659 頁。
〔註 556〕亦作豐昇額。
〔註 557〕亦作尹德。
〔註 558〕亦作達爾黨阿。
〔註 559〕亦作布彥達賚。

果毅公爵，尋坐逆首阿睦爾撒納乘間逃竄，降補戶部侍郎兼副都統。九月，沙拉斯、嗎唬斯等遊牧復叛，掠臺吉〔註 560〕。公帶兵二百，偕都統滿福進剿，獲男婦二百餘口。」達勒黨阿為阿里袞從兄，阿里袞襲爵在次年十一月。

「二十三年正月，我兵進剿，路擒嗎唬期〔註 561〕等。四月，自魯克察赴巴里坤，時將軍兆惠領兵薄葉爾羌城，以四百餘人渡黑水，進擊小和卓木。霍集占率賊眾二萬圍之，道遠馬乏，堅壁固守者三閱月。先是，上命選馬三千餘匹濟軍，以公為參贊大臣，自哈密進發，擢兵部尚書兼都統。二十二〔註 562〕年正月，副將軍富德統兵至呼爾璊，遇賊騎五千，轉戰五日夜，會公解馬亦至，乘夜分途斫陣，賊大潰，斬馘千餘，餘悉負創遁，逆酋大和卓木中鎗走，我兵復進，屢敗賊。將軍兆惠遂全師而出，有旨嘉奬，賞雲騎尉世職。七月，逆首霍集占逃阿爾楚爾，公及參贊大臣明瑞、阿桂二公進擊，賊大潰，盡奪其家屬輜重，逆回二千餘乞降。復踰嶺追剿逸賊。九月，命以參贊大臣留葉爾羌辨事，賜戴雙眼花翎。」阿里袞擢兵部尚書兼正紅旗蒙古都統在二十三年十二月。葉爾羌、葉爾羗，一段之中，用字並未統一。

「二十五年夏，召回京，賜紫禁城騎馬。公行次雅木扎爾，聞賊掠臺站，圍城堡，即回哈什哈爾帥師力戰，大敗之，擒伯克邁喇木等。諭嘉其應機立辨，迅速可嘉，其子豐伸額授三等侍衛。十月，擢公領侍衛內大臣，命圖形紫光閣，上親為製贊。」「哈什哈爾」一般寫作喀什噶爾。

「二十六年，署禮部尚書，充經筵講官。三十三年，授參贊大臣，往雲南軍營，尋署雲南總督，授副將軍，駐永昌。」未述二十九年授戶部尚書、協辦大學士等事。三十三年正月，因明瑞軍敗，阿里袞署雲南總督，參贊軍務，二月授副將軍。

「三十四年九月，偕經略、大學士傅公合疏，言猛拱土司渾覺等來降，且願為嚮導進攻阿瓦，並採買旱稻運送軍前。上嘉之。是月，師次蠻暮。十月，至新街。時傅公偕副將軍阿公領兵，新街東岸有賊三千餘、船百餘扼河以拒，公據戛鳩江西岸，派官兵七百餘人進剿，伏賊百餘藏寨中，我兵奮勇衝入，賊遁。又一寨藏賊三四百人，我兵一擁而進，賊棄壘逃奔，餘賊亦宵遁。我軍奪寨三，殺賊五千餘人，諭曰：『初次接仗，即如此獲勝，覽奏甚欣慰。』」傅公

〔註 560〕應為「站」。
〔註 561〕應為「斯」。
〔註 562〕應為「四」。

指傅恆，阿公指阿桂。

「十二月，以疾薨於軍，事聞，天子震悼，詔嘉公久侍禁廷，敭歷中外，公誠恪慎，宣力有年，命入祠〔註563〕賢良祠，予謚襄壯。三十五年，上以公先世額亦都、遏必隆並以崇勳建立家祠，得膺祠典，特詔以公祔祀，而其父領侍衛內大臣音德著一併入祠，用彰勳藎。四十四年，御製懷舊詩，列五功臣中。」

「公子四人，長豐伸額由侍衛襲果毅公爵。乾隆三十四年，擢領侍衛內大臣。三十七年，金川用兵，時溫福為將軍，詔與阿桂並為參贊大臣。五月，力戰克東瑪。六月，攻破固卜濟山梁，盡獲其碉卡。七月，攻克色爾渠大碉及卡房百餘。十一月，克明郭宗沿途碉卡，敗賊於二〔註564〕雅山。十二月，克嘉巴山，焚念經樓，擒僧格桑之父澤旺。詔以豐伸額為副將軍，與溫公、阿公議分三路進兵，遂駐軍宜善〔註565〕。」「克嘉巴山」當在十一月。「宜善」當為宜喜，下段同。

「三十八年六月，木師潰，仍扼駐宜善不動。十一月，阿公收復小金川，始奉命移兵丹壩。三十九年冬，攻克凱立葉山梁，賜元狐冠及貂褂，尋攻格魯克古了〔註566〕口，奪賊碉五十、寨三百，遂通丹垻〔註567〕。」「木師」指溫福駐木果木之師。「元狐冠」即玄狐冠，康熙朝避玄燁諱改。

「四十年夏，克榮噶爾木城及勒吉爾傳〔註568〕山梁，攻遜克爾宗，〔註569〕爾將合，分三路並進，賊不能支，連取石碉十二，賊奔箐，盡殲之。詔曰：『豐伸額乃巴圖魯額亦都之孫，能繼其祖，其果毅公爵，即係額亦都所傳襲，著於果毅字下再加繼勇二字，以示優獎。』七月，偕海蘭察等攻章噶，鏖戰克之。八月，與阿公四面分攻，克勒烏圍官寨及轉經樓、喇嘛寺。」豐伸額實為額亦都玄孫。

「四十一年正月，克瑪爾古當噶山梁，遂進圍噶拉依賊巢。捷聞，詔再賞一等子爵，暫令公弟布延達賴承襲。是月，調戶部尚書。二月，金川平，賜緞四十端、白金四千兩。四月，凱旋，上行郊勞禮，賜御用鞍轡、馬一匹，命圖

〔註563〕應為「祀」。

〔註564〕應為「公」。

〔註565〕應為「喜」，下同。

〔註566〕應為「丫」。

〔註567〕即前丹壩，用「垻」字更常見，亦作黨垻。

〔註568〕應為「博」。

〔註569〕原文此處無句讀，後三字不明其意。

像紫光閣，親為製贊。四十二年，兼管禮部事務。十月，薨，高宗軫悼，賞陀羅經被，派散秩大臣帶領侍衛十人往尊〔註 570〕茶酒，贈太子太保，謚誠武。」〔註 571〕豐伸額兼管禮部事務在四十二年四月。

62. 紀昀

目錄寫為紀曉嵐。「紀文達公，諱昀，字曉嵐，一字春帆，河間人。」紀昀祖籍上元，生於直隸河間府獻縣。

「乾隆三十八年，開四庫全書館，公為總纂官，綰書局十有三年，體例皆其所定。每進一書，作提要冠諸簡首，上輒覽而善之。又奉詔選簡明目錄，多至萬餘種，皆公一手所訂，真本朝大手筆也。」未述紀昀為乾隆十九年進士，其後曾任翰林院編修、福建學政、侍讀學士等職，因洩漏機密於姻親奪職戍烏魯木齊，釋還後復授編修等事。

「累官禮部尚書，嘉慶元年拜協辨大學士，加太子少保。年八十，上遣官賫上方珍物賜之。明年薨，謚文達。」紀昀首次擔任禮部尚書在乾隆五十二年，後曾任左都御史，五十七年再任禮部尚書，嘉慶元年轉兵部尚書，二年復任禮部尚書。其八十壽辰在嘉慶八年，加協辦大學士、太子太保在十年正月，同年二月卒。《清朝史略》三事時間皆誤。

「公於書無所不通，尤深漢《易》，力闢圖書之謬。一生精力備注於四庫提要及目錄，不復自為撰著。公胸有千秋，故不輕著書，其所欲言悉於四庫書發之。」紀昀所著有《閱微草堂筆記》，其詩文收入《紀文達公遺集》。

「在上前嘗以片語解紛，實錄館請甄敘，或言其過優，仁宗以問公。公不置可否，但云：『臣服官數十年，無敢以苞苴進者，惟戚友倩〔註 572〕臣為其先人題主或銘墓，雖厚輒受之。』上輾然曰：『然則朕為先帝推恩，何不可之有？』」

「某科考試差後，有宣布前列詩句姓名者，臺臣密以告上，召公問之。公頓首曰：『如臣即洩漏者。』問何故，曰：『書生習氣，見佳作必吟哦，或記誦其句，因而欲訪為何人手筆，則不免於洩漏矣。』上含笑，事遂寢。」此事英和《恩福堂筆記》述為嘉慶年間事，陳康祺《郎潛紀聞二筆》則繫於乾隆朝。

「少與朱文止〔註 573〕不相下，有文人相矜意，後見文正所為文，大歎服，

〔註 570〕應為「奠」。
〔註 571〕殷夢霞、李強選編《外國人著清史八種》，第三冊，第 659～665 頁。
〔註 572〕應為「請」。
〔註 573〕應為「正」。

以為『向不知公，吾過矣』。自後交誼乃益摯云。」〔註 574〕朱珪謚文正，該書有傳。

63. 王杰

「王文端公杰，字偉人。」未書其籍貫為陝西韓城，而下文敘事所引詩句中提及。

「乾隆五十一年，拜東閣大學士，明年，臺灣平，圖形紫光閣。明年平廓爾喀，再圖形閣中。」未述王杰為乾隆二十六年狀元，歷任刑部、吏部侍郎，左都御史、兵部尚書等事。其拜東閣大學士在五十二年。

「公為人廉靜直質，素行無瑕疵，在政府誠於奉職。純皇帝知公深，和珅雖厭公，卒莫能去也，如此者十數年。及仁宗親政，和珅以罪誅，公意益得發攄，上疏陳各省虧空之積弊，有云：『體恤民隱，尤為急務。今軍務既竣，皇上勤求治理，似無大於此者。』疏入，上嘉納。」顒琰親政時王杰為領班軍機大臣。

「嘉慶四年，以腹疾乞休，溫旨慰留。七年秋復請，八年二月陛辭，詔：『將皇考御前陳設王〔註 575〕鳩杖一枝，加恩賞給，俾得敬承遺澤。朕賦詩二章，親書條幅，并書聯語，以寵其行。再加賜人葠，用資頤養，令馳驛回籍，所過地方官在二十里內者妥為照料，以示朕優眷老成至意。』賜詩有云：『直道一身立廊廟，清風滿袖返韓城。』足以概公生平矣。」王杰首次乞休在嘉慶五年。

「五月，公抵里奏謝，手敕報云：『一路平安，實深欣慰。京師見望雨澤，未能霑足。川楚軍務略有端緒，亦未全靖也。特諭卿知之。』又賜香袋、葯錠等物。」

「六月疏謝，手敕云：『卿在家頤養，努力加餐，益增康健。京中四月半得雨，麥收不過五六分，晚禾日見芃芃。川楚軍情甚好，大約五六月內可全靖矣。』」

「八月奉勅云：『卿在家頤養，想益康健。中元日經略奏報，邪匪全靖。朕承天恩考佑，實深欽感。特諭卿知之。二十日起程幸山莊，見住両間房行宮，遙望西秦，彌增想念。』」

「十月手敕云：『卿在家安善，覽奏欣慰。今賜卿神糕並如意，願永茂遐

〔註 574〕殷夢霞、李強選編《外國人著清史八種》，第三冊，第 665～667 頁。
〔註 575〕應為「玉」。

齡，長延福壽。』」

「十二月，賜勅云：『嚴寒沍凍，諸惟珍攝，用迓春祺，益綿福履。』」

「九年正月，奉手詔云：『新春介祉，福履益綿，遙望關雲，曷堪記念。』」傳中連續引述六次手敕的內容，加上此前陛辭賜詩等事的描寫，同時深度刻畫了顒琰的形象。

「十年薨，謚文端，入賢良祠，賞內庫銀二千兩治喪。」九年十月為王杰八十壽辰，顒琰派陝西巡撫方維甸帶御詩匾聯等登門拜壽，十二月王杰進京謝恩，次年正月卒於京邸。

「生平於浮屠老子法未嘗言及，亦不加排斥。有語及者，輒不對，曰：『吾未嘗習此也。』」〔註 576〕

64. 朱珪

「朱文正公，諱珪，字石君，大興人。」朱珪祖籍浙江蕭山，隨父僑居順天大興，遂入籍。

「乾隆十三年進士。四十一年，命上書房行走，侍仁宗學。四十五年，督福建學政。將行，上五箴於仁宗藩邸，曰養心、曰敬身、曰勤業、曰虛己、曰致誠。上力行之，及親政，亦常置座右。四十九年，授內閣學士。」乾隆十二年，朱珪舉順天鄉試，次年成進士。未述其乾隆五十五年巡撫安徽，五十九年調廣東，次年任兩廣總督，旋降調安徽巡撫事。

「會高宗上賓，仁宗馳驛召公，公哭且奔，先上奏有云：『我皇上純孝超倫，報天罔極。竊聞定欲躬行三年之喪，此舉邁千古而欽萬世，然而天子之孝不以毀形滅性為奇，以繼志述事為大。親政伊始，遠聽近瞻，默運乾綱，霶施渙號，陽剛之氣，如日重光，惻怛之仁，無幽不浹。思脩身，嚴誠欺之介；於觀人，辨義利之防。君心正而四維張，朝廷清而九牧肅，身先節儉，崇獎清廉，自然盜賊不足平，財用不足阜。』上嘉納之。旋命直南書房。自是國家大政事有所咨詢，皆造膝自陳，不草一疏，不沽直，不布恩，不關白軍機大臣。」「會高宗上賓」，弘曆卒於嘉慶四年，與前文不連貫，當改為「及高宗上賓」。

「八年，拜協辦大學士。十年，宣制拜體仁閣大學士，管理工部事。上以是命為遵先帝遺詔也，命詣裕陵謝。明年，公感疾，上命遊覽西山諸勝，以散其懷，時公年七十有六矣。九月乞休，上曰：『待卿八十，當為壽。』諭天寒

〔註 576〕殷夢霞、李強選編《外國人著清史八種》，第三冊，第 667～669 頁。

間三日入直。每入對，則預定召對後期。十一月罹疾，十二月乙亥力疾獻詩。上將親臨公第，夜半薨。」朱珪拜協辦大學士在嘉慶七年。

「上震悼，泣諭群臣，降制曰：『大學士朱珪持躬正直，砥節清廉，經術淹通，器宇寬厚，凡所陳奏，均得大體，服官五十餘年，依然寒素，家庭敦睦，動循禮法，洵不愧為端人正士。畀倚方殷，遽聞溘逝，深為痛悼。初六日朕親臨賜奠，已賜陀羅經被，可令慶郡王永璘帶領侍衛十員先往奠醊，入賢良祠。』乙卯，上親臨奠三爵，哭不止，回宮降制曰：『乾隆朝惟故大學士劉統勳於署總督任內曾經獲咎褫職，復蒙恩錄用，至朱珪立朝五十餘年，敭歷中外，從未稍踏愆尤，絕無瑕玷。猶憶伊官翰林時，皇考簡為朕師傅，其所陳說，無非唐虞三代之言，不特非法不道，即少涉時趨之論，亦從不出諸口。啟沃良多，揆諸謚法，實足當正字而無愧，著即賜謚文正，毋庸內閣擬請也。』又曰：『本日朕親臨奠醊，見其門庭卑陋，清寒之況不異儒素，睠念遺風，愴懷未已，可再令皇二子前往代朕賜奠，派慶郡王永璘前往祖奠目送，以示朕眷懷舊學至意。』復撰抒痛詩十二韻，命南書房翰林黃鉞於殯前焚之。明年，御製碑文，刻石阡門。上巳日，上謁西陵，蹕路距公墓數里，上遠眺松楸，追懷愴惻，命大臣詣墓賜奠。」此段同時刻畫顒琰形象。

「公在翰林時，國家有大典禮，撰進雅頌詩冊文跋，高宗必嘉賞之，以為能見其大，頌不忘規。或陳座隅，或命諸皇子皇孫寫為副。」

「公官督撫時，仁宗在書房常頒手札，積一百三十九函，裝六卷，歸朝繳進。上亦書數年公詩數十首為二冊，題曰《蒹葭遠》，目曰《山海遙思》以示公。公跋云：臣之蕪陋何足以當非常眷注，惟有此心不敢欺耳。」

「其於《大學》義利之辨，《通鑑》治亂之由，天命呼吸可通，民情憂樂無間，反覆敷陳，不以為迂濶而遠於事情也。」

「公所著《知不〔註577〕足齋詩文集》，賜題律詩四章於卷首。」朱珪書齋名為知足，並非「知不足」。賜詩在嘉慶九年。

「公銳意求樸學，撫皖時，門人汪庶子學金來請益，留匝月歸。公曰：『何所聞而來？何所見而去？』汪曰：『一談一笑，無非天理。某所見乃大進矣！』其感人如此。」〔註578〕汪學金，乾隆四十六年進士，累遷詹事府左春坊左庶子。

〔註577〕衍字。

〔註578〕殷夢霞、李強選編《外國人著清史八種》，第四冊，第48～52頁。

65. 鄂容安

「鄂剛烈公，諱鄂容安，字休如，滿洲人。鄂文端公長子也。」書中鄂爾泰傳未未提其子。

「雍正元年進士，乾隆元年授編修，入直南書房。」鄂容安實為雍正十一年進士。

「十八年，擢兩廣總督。」實為署兩江總督，未述此前鄂容安曾因結黨營私被革職，後授國子監祭酒，遷兵部侍郎，巡撫河南、山東、江西事。

「十九年四月，加太子少傅。八月，上以杜爾伯特台吉策楞、輝特台吉阿睦撒納先後來降，詔以公年力壯盛，勇敢有為，一切緊要機宜均能曉暢，著速赴行在，面聆指授軍行事宜。十二月，授西路參贊大臣，偕總督劉統勳辨糧馬。」「阿睦撒納」漏字，應為阿睦爾撒納。

「二十年正月，定遠右副將軍薩喇勒哨探兵由西路進剿，命公同進，且詔公進兵時，凡準、回部落內有與漢唐史傳相合可援據者，一一詢之土人，細為記載，以資採輯。五月，大軍定伊犂。六月，達牙〔註 579〕齋〔註 580〕就擒。公同班第公駐守伊犂。時阿睦示〔註 581〕撒納為定邊右〔註 582〕副將軍，蓄異志，謀據伊犂。公與班公密疏劾之。命趣阿睦示撒納赴覲熱阿〔註 583〕。會阿逆中道叛，公同班公被陷，力戰自盡。」薩喇勒亦作薩喇爾。

「二十一年，柩至京，上親臨奠醊。詔祀昭忠祠，謚剛烈，特建雙忠祠。二十六年，命圖形紫光閣，上親製贊。」

「公好學嗜義，與雷公鋐同直上書房，每欲雷指其闕。雷曰：『聲色貨利一無所染，果決有擔當可為君信，但每見相國公，如春風風人，君尚未至此耳。』（相國蓋指父鄂爾泰。）」〔註 584〕雷鋐，字貫一，號翠庭，李簡菴傳中亦有提及。

66. 吳熊光

傳中出場人物豐富，提及弘曆、戴衢亨、傅森、和珅、顒琰、百齡、那彥成等人之事。

〔註 579〕應為「瓦」。
〔註 580〕應為「齊」。
〔註 581〕應為「爾」，下同。
〔註 582〕應為「左」。
〔註 583〕應為「河」。
〔註 584〕殷夢霞、李強選編《外國人著清史八種》，第四冊，第 52～54 頁。

「吳熊光，字望崑，別字槐江，江蘇人。」吳熊光是江蘇昭文人，其舉順天鄉試的時間可從下文推算。乾隆三十七年雖會試不第，但登中正榜，授內閣中書，後充軍機章京。

「丁巳閏六月，純廟幸灤陽。時苗匪未靖，而教匪漸猖獗，訓政憂勤，或午夜視事。一日，以宣軍機大臣不得，命召章京。唯公已上直，入對稱旨，次及同直章京之戴文端公。少頃，伯相和珅至，上曰：『軍機事日繁，傅森、吳熊光皆練事，可在軍機大臣上行走以助苦。』伯相謂公官纔五品，不符體制，上命加三品卿銜。又曰：『某家貧，大臣例乘肩輿，恐力不辨。』上命賞戶部飯銀千兩。又曰：『戴衢亨出身狀元，官學士，在軍機日久，與吳某同，用吳不如用戴。』上曰：『此豈殿試耶？』和珅語塞，乃承旨。傅、文端公卒與公同加三品銜，拜命。傅公任侍郎日久，一日召見，詰問甚厲，人共危之。及上直，乃知聖意疑傅公識度或未勝大受，審試而後發，與一面之頃、決機授政者有間矣。」此丁巳為嘉慶二年。灤陽是承德的別稱，因其地在灤河之北。戴衢亨謚文端。

「甲子，調直隸。乙丑，睿廟東巡奉天，恭謁三陵。九月，接駕夷齊廟，賞穿黃馬褂。時文敏公百齡已由粵撫沍楚督任，而是日都察院有據廣東已革知縣訐控文敏在奧〔註 585〕婪索各款之奏、兩廣總督那彥成與文敏互訐之奏至。次日，上命侍郎托津副公往，抵楚，訊得其門丁婪索狀。未定讞，上復入粵撫孫玉庭言當那公以倡撫洋匪至三千餘人，擅賞匪魁李崇玉翎項〔註 586〕，嚴旨逮入都，調公督兩廣，以楚獄交托公。公甫行，而文敏亦被逮。公在北久，奧〔註 587〕中尤潮溼，性不習，漸作寒熱。洋氛劇，力疾治事，而溫旨屢問病狀，給優暇。公益不敢有他請。」甲子為嘉慶九年，吳熊光調直隸總督實在次年。未述此前其出為直隸布政使，擢河南巡撫、湖廣總督事，下文補敘「其自楚督調直隸」。

「戊辰七月，英吉利兵船十三艘，泊香山灘頭洋〔註 588〕，其酋度路利以兵船三入黃埔，並有三板船入省河，聲稱防禦法蘭西，意殊叵測。故事，外夷兵船或寄內洋，俱調兵立時驅逐。公意三年來，督率鎮將轉戰重洋中，匪

〔註 585〕應為「粵」。
〔註 586〕應為「頂」。
〔註 587〕應為「粵」。
〔註 588〕應為雞頸洋。

氛雖稍戢而師殊老，故務為鎮靜，唯飭令回帆歸國，傳諭大班停開鎗〔註 589〕以絕其望，而夷舶遷延至十月起碇。奉嚴議奪職，効力南河。」事在嘉慶十三年，所述較《清史攬要》稍細，但雞頸誤作「灘頭」，《攬要》則誤作「雞頭」〔註 590〕。

「已己〔註 591〕，赴工所。會文敏為後督，有旨飭查夷船來去之由，以公葸懦覆奏。遂逮戍伊犁。抵戍一載，特旨召還。」《清史攬要》只說「詔奪熊光職，遂逮戍伊犁」〔註 592〕，未提命効力南河及百齡覆奏之事。

「辛未，授武選司主事。」時為嘉慶十六年。

「癸酉春，乞病回籍。其秋林逆變起，上思公，議起家為楚藩。時柄政者為軍機舊屬，恐公難為人下乃止。」此述嘉慶十八年事，「林逆變起」指林清紫禁城之變。

「道光戊子，重宴鹿鳴，加四品卿銜。又六年，卒於平橋私第，年八十有四。」吳熊光於道光八年重赴鹿鳴宴，故於六十年前，即乾隆三十三年中舉。其為江蘇昭文人，昭文分常熟縣置，平橋在今蘇州常熟。其卒於道光十三年，當書「又五年」。

「公性樸直，奏對必以誠，能言人所不敢言。其自楚督調直隸也，初入覲，上謂曰：『教匪淨盡，天下自此太平矣。』公曰：『督撫率郡縣加意撫循，提鎮率將弁加意訓練，使百姓有恩可懷，有威可畏，太平自不難致。若稍形鬆懈，則伏戎於莽，吳起所謂舟中皆敵國也，可勝防哉？』未幾，仁宗返自關東，駐蹕夷齊廟，公與戴文端、董文恭同召見。上曰：『此行有言道路崎嶇、風景略無可觀者，今則道路甚平治，風景絕佳。人言可盡信哉？』公越次對曰：『此非讀書人語也。皇上此行，欲面稽太祖太宗創業艱難之迹，以為萬世子孫法。豈宜問道路風景耶？』有頃，上目公曰：『卿蘇州人，朕少扈蹕過蘇州，風景誠無匹矣！』公曰：『皇上前所見，剪綵為花，一望之頃耳。蘇州城外，唯虎邱稱名勝，實則一墳堆之大者。城中街皆臨河，河道仄逼，糞船坌集，午後輒臭不可耐，何足言風景？』上曰：『如若言，皇考何為六度至彼耶？』公叩頭曰：『臣從前侍皇上謁太上皇帝，蒙諭曰：朕臨御天下六十年，

〔註 589〕應為「艙」。
〔註 590〕殷夢霞、李強選編《外國人著清史八種》，第五冊，第 125 頁。
〔註 591〕應為「己巳」。
〔註 592〕殷夢霞、李強選編《外國人著清史八種》，第五冊，第 125 頁。

並無失德，唯六次南巡，〔註 593〕而汝不阻止，汝係朕特簡之大臣，必無以對朕。仁聖之所悔言猶在耳，皇上宜謹佩無諼。』時同列皆為撟舌。文端出以語人，且曰：『《論語》言勿欺而犯，《史記》言引大體慷慨，吳公殆近之。』後有以文端所稱述質公者，公笑曰：『墳堆、糞船兩節，乃乾隆初故相訥公奉差江浙查道覆奏之言，老夫重述之耳。』」〔註 594〕大學士董誥，謚文恭。訥公指訥親。所引弘曆之語闕文當為：「勞民傷財，作無益害有益。將來皇帝如南巡」〔註 595〕。

67. 錢灃

「錢灃，字東注。」漏書其為雲南昆明人。

「乾隆三十六年進士，改御史。」錢灃成進士後選翰林院庶吉士，散館授檢討，充國史館纂修官。任江南道監察御史在乾隆四十六年。

「疏劾山東巡撫國泰貪黷，虧帑數十萬金。國泰者，大學士和珅私人也。疏入，高宗立召對，公力陳東省虧空狀。上曰：『當遣和珅往勘。』公意不謂然，上察其辭色，徐曰：『然則爾同去可也。』公拜命出，不俟和珅，先數日行，微服止良鄉，見幹僕乘良馬過，索夫役甚張，跡之，則和珅遣往山東齎信者也。公詳審其貌，未幾，僕還，道遇公，叱止之，搜其身，得國泰私書，具言借款填庫備查等事，中多隱語，立奏之。和珅至，見公衣敝，贈輕裘請易，峻卻之。知不可私干，又知己謀洩，故治獄無敢傾陂。比反命，上持示國泰私書曰：『朕早悉其詳，無待覆奏也。』於是國泰遂伏法。」此述國泰貪污案，事在乾隆四十七年。

「甘肅冒賑事發，公劾總督坐削級。」此述王亶望冒賑案，案發及錢灃彈劾在乾隆四十六年。被錢灃彈劾的陝甘總督畢沅，品級從一品降為三品，事在次年。如依時間順序，此段應在前段前。

「當是時，公直聲震滿海內，和珅屢媒蘗其短不得，乃以鹽〔註 596〕政有失，鐫三級，遭艱服闋。高宗知其直，更擢為御史，命直軍機處。」錢灃是在湖南學政任上被劾降主事，「鹽政」當為學政。他丁憂服除後於乾隆五十九年在軍機章京上行走。

〔註 593〕有闕文。

〔註 594〕殷夢霞、李強選編《外國人著清史八種》，第四冊，第 54～59 頁。

〔註 595〕《清史稿校註》，臺灣商務印書館 1999 年版，第 12 冊，第九六二一頁。

〔註 596〕誤字。

「時和珅為軍機大臣，與阿文成不和。公上書曰：『臣伏覩我朝設立軍機處，向來大臣與其職者，入皆萃止其中，用以集思廣益，仰贊高深。地一則勢無所分，居同則情可共見，即屬寮白事署稿，亦得有定所，法至善也。乃近日惟大學士阿桂一人每日入止軍機處，大學士和珅或入止於內右門內舊直廬，或入止於隆宗門外近造辨之廬，大學士王杰、尚書董誥〔註597〕則入止於南書房，尚書福長安則止於造辨處，每旦備召見時聯行而入，退即各還所處。雖亦有時暫至軍機處，而事過輒起。屬官白事署稿，未免趨走多岐。蓋自世宗憲皇帝以來，及皇上御極之久，軍機大臣萃止無渙，未嘗纖芥有他。由前可以律後，不應聽其輕更。況內右門切近禁寢，近來因有養心殿帶領引見之事，須先一二刻豫備，恩加大臣，不令與各官露立，是以設廬許得暫止，不應於未辨色之先，一大臣入止，而軍機司員皆隨之，為日既久，不能不與內監狎熟，萬一有無知如從前高雲從者，雖立正刑辟，而所結已多，杜漸宜早。至南書房，原備機暇顧問，俟軍機事畢後入直未遲，何必遽入於未辨色之先，致諸弗便？若隆宗門外直廬及造辨處，則應差人眾皆得覘聽於外，大臣於中辨事，亦屬過褻。敢請敕飭諸大臣，仍照舊規同止軍機處，庶匪懈之忱，各申五夜協恭之雅，共勵一堂。至圓明園辨事，亦同一體。近日和珅、福長安止於如意門外直廬，王杰、董誥止於南書房，並請敕改正。』」疏中所述的太監高雲從，於乾隆三十九年因交結外官洩密被殺。所引奏疏雖長，但羅列了當時諸軍機大臣的行止之所，細節頗為生動。

「疏入，上偉其言，降詔飭責。由是有稽查軍機處之命，竟日危坐其間，和珅益嗛公，而高宗知其賢不可譖，則凡軍機勞苦事，多委之。家貧，衣裘薄，常夜入暮出，積勞感疾以殞。」錢灃卒於乾隆六十年。

「方和珅之秉政也，士有恥趨其門下者，已可貴矣。若夫立論侃然，能訟言其失於章奏者，公一人而已。然幸天子仁明，紀綱猶在，和珅雖甚怨惡公，不能逐之使去，第勞辱之而已。仁宗既親政，除慝掃姦，屢用疇昔不為利誘之士，而公已前卒。豈不惜哉？同時以伉直忤和珅者，有御史曹錫寶、謝振定，博山縣知縣武億。」〔註598〕曹錫寶、謝振定下文有傳，武億事蹟可見《清史攬要》〔註599〕，不過增田貢兩書均誤書其名。

〔註597〕應為「誥」。
〔註598〕殷夢霞、李強選編《外國人著清史八種》，第四冊，第59～63頁。
〔註599〕殷夢霞、李強選編《外國人著清史八種》，第五冊，第118～119頁。

68. 曹錫寶

「曹錫寶，字鴻書。」未書其為江南上海人。

「授陝西道御史，疏劾和珅家人劉全衣服、車馬、房室踰制。先有某卿竊知其事，飛書告和，乃星夜毀其跡。和答某書曰：『必有以厚報。』於是留京王大臣奉旨勘查僭妄蹤跡，竟不可得，而君危甚，馳赴熱河待詢。」曹錫寶為乾隆二十二年進士，五十年授御史。疏劾劉全在乾隆五十一年。某卿指時任侍郎，後任左都御史的吳省欽。

「時和珅當國已十餘年，中外無一人敢投鼠者。聞此舉，皆咋舌，皆曰：『曹君禍且不測。』然高宗竟不以罪也。壬子九月，卒官。」曹錫寶卒於乾隆五十七年。

「越七年，仁宗親政六日和珅下獄，尋賜死。某卿洊擢總憲矣，即日罷斥。上於是追念曲突徙薪之功，惟君一人耳。乃下詔優獎，加贈官階，廕其子。於是天下士聞之，莫不吞聲心折，呼聖明萬歲，嘆天道久而必彰也。二十一年，入鄉賢祠。」〔註600〕所廕子為曹江。

69. 謝振定

「謝振定，字一之。」未書其為湖南湘鄉人，亦字一齋。

「改御史。」此處當有闕文，謝振定為乾隆四十五年進士，選庶吉士，五十二年散館授編修，五十九年任御史。

「嘉慶元年，巡視東城，有乘違制車，彪彪然絕道而馳者。擒訊之，則和珅妾弟也。其人怙勢橫甚，君痛杖之，焚其車於通衢。事聞，有詔令指實，則車已焚，無左驗，竟坐罷官。自此直聲震天下。四年，和珅敗，特旨以主事起用。」謝振定起為禮部主事，升員外郎，嘉慶十一年任順天府通州坐糧廳廳丞，十四年卒於任。

「嘗慨古學衰歇，見儕輩中有能古文者，輒手寫之，思欲網羅當代文章，都為一集，未就。所自著曰《知恥堂集》。」〔註601〕

70. 孫玉庭，蔣攸銛

目錄寫為「孫玉庭（蔣襄平）」，蔣攸銛為遼東襄平人，故有此稱。

「孫玉庭，字寄圃。山東人。」孫玉庭，字佳樹，寄圃為其號。

「乾隆四十年進士。擢臬藩，遷兩江總督。道光四年，河決高家堰，被議

〔註600〕殷夢霞、李強選編《外國人著清史八種》，第四冊，第63～64頁。
〔註601〕殷夢霞、李強選編《外國人著清史八種》，第四冊，第64～65頁。

除名。」孫玉庭曾任廣西按察使，歷湖南、安徽、湖北布政使，嘉慶七年擢廣西巡撫，後調廣東，十三年與吳熊光一起獲罪，罷歸後在文穎館行走。十五年授雲南巡撫，二十年調浙江。次年擢湖廣總督，同年調兩江。道光四年雖因決口事被議革職，實從寬留任，尋以借黃濟運無效褫職。

「公以廉介結主知，恪事三朝，歷敭中外五十餘年，清操碩德，為天下望。粵東望山襟海，重洋出沒，孕納污垢。其人嗜利輕生，椎埋剽劫，睚眥鬬鏖，號難治。嘉慶間，洋盜充斥，舟師無功。公之為巡撫也，奏稱自古但有海防，未聞海戰，惟當嚴守口岸，添駐弁兵，禁淡水米糧以絕之，而以米艇數十艘居中策應，使賊進無所掠，退無所資，為不擊自斃之策，而督臣銳意主剿，其言不行。久之，師老盜棼，遂致招撫，誘以賞賚，百姓有『為民不如為賊』之謠。公疏力陳其弊，謂：『盜匪非真悔罪，特為貪利而來，官吏意在貪功，不惜重金為市，然罪貫姦萌，陽避盜名，陰攫盜實，及有司鉤捕，則踔驅駛海而去。科其劫殺之罪，極刑不足蔽罪，今則以賞為刑，以招為弭，廢法斂怨，莫此為大。夫剿撫兼行之計，莫如堅壁清野，斷接濟以絕其糧，嚴口岸以防其突。以主制客，以逸待勞，批亢搗虛，馴治消耗。如是則海道漸臻晏謐矣。』奏入，睿廟偉之。」督臣指兩廣總督那彥成。

「當兩國之求封入貢也，廟堂疑慮不釋，封疆大吏稍有迎揣倖功之心，邊釁兵端且立起。公未發而預籌其收，不敢鹵莽試，鎮之以靜，待之以誠，全國体而綏荒服。其計慮深長，利豈屢在一時已哉？」「兩國」或指安南和英國。

「道光初，樞臣議條州縣陋規，算及舟車，公謂非體，力陳其不可。上立悟而止，優旨褒嘉，許為大臣。」事在嘉慶二十五年底旻寧初繼位時。

「其疏稾尤膾炙人口云。」孫玉庭奏疏多載於《延釐堂集》。

「公以乾隆甲午舉於鄉，至道光十四年甲子一周，而公罷退里居十年矣。撫臣以重鹿鳴宴入告，諭旨賞四品。是年十月薨。」乾隆甲午為三十九年。

「同時有蔣襄平相國者，後公九年成進士，亦由大學士出為兩江總督，與公齊名。如唐仲冕、林則徐，皆其薦達也。」〔註 602〕未述蔣襄平實名蔣攸銛。其任兩江總督在道光七年。林則徐、唐仲冕，下文均有傳。

71. 松筠

「松文清公，諱松筠，字湘浦，姓瑪拉特氏，蒙古人。」松筠隸蒙古正藍旗。

〔註 602〕殷夢霞、李強選編《外國人著清史八種》，第四冊，第 65～67 頁。

「乾隆四十四年由筆帖式充軍機章京，晉戶部銀庫員外郎，蒙古司員例不司銀庫，異數也。五十八年，授御前侍衛、軍機大臣。五十九年，署吉林將軍。」松筠於乾隆三十七年考補理藩院筆帖式，四十八年由員外郎超擢內閣學士，五十年奉命赴庫倫辦理俄羅斯貿易事。五十八年回京後曾護送英國馬戞爾尼使團南下。次年署吉林將軍半載即任駐藏辦事大臣，常駐西藏四年有餘。

「嘉慶四年，授陝甘總督。先是，有詔命訪查領兵各員優劣，公密疏副都統明亮素號知兵，所言似合機宜，究無實效；將軍恆瑞前在湖北戰績稱最，後剿藍、白兩號賊亦有功，惟年近六旬，精力大減；提督慶成身先士卒，然中無主見，領隊則可，出謀發慮非所長；署陝撫永保無謀無勇，惟知利己，過則歸人；惟額勒登保英勇出群，其他則德楞泰，能辨賊者，只此二人。上嘉其評論得當。其後額、德二公，卒成大功云。」額勒登保、德楞泰，下文均有傳。

「十五年，調督兩江。公偕河督吳璥查勘舊海口，會醫生王勳獻疏沙器具圖，以堅木為架，架鑲鐵齒，以巨絙繫船尾，能刷淤沙，使河流通暢。公倣造四十架，親乘舟疏濬，果著效，得旨嘉獎。」松筠總督兩江在嘉慶十四年底，此前此後均曾任伊犁將軍有年，並曾總督兩廣半年，回京後任吏部尚書，軍機大臣，授大學士，各項兼職頗多。

「宣宗御極，擢副都御史。道光元年，授兵部尚書，充軍機大臣。十二年，八十生辰，賜『耆齡錫祜』額，御書『福』『壽』字各一，并文綺服物有差。十五年，薨。」松筠道光三年後曾外任吉林將軍等職，復回京兼署多職，又數次出差審案，最終於十四年以都統銜休致。

「公坦率無城府，厭苛禮，之官常不挈眷屬。即至，亦居以別院，扃其門，每旦入院禮佛，坐堂中，與夫人啜茗閒話而已。自伊犁將軍入長吏部，單騎雜剌麻中抵圓明園，家人戚友出迎於近郊，不知其至也。次日入覲，命講《大學》首章，謂平天下當自正心誠意始，晚仍宿園中，又次日入城，赴吏部任。日晡歸，其妾迎於中門，公顧問此為誰，既而曰：『汝今亦老矣。』其按事江南也，引對畢，即襆被〔註603〕行，不回私宅，隨帶司員請少留，乃入友人家小住二日。嘗侵晨訪友，主人未及起。公直入臥內，主人驚，公按使弗起，坐榻旁縱談，索酒痛飲，逾兩時乃出。」「剌麻」即喇嘛。松筠任吏部尚書在嘉慶十六年，此前任兩廣總督，並非伊犁將軍。

「嘉慶二十五年八月，睿廟梓宮自熱河回京，宣宗步送，羣臣伏地哭者不

〔註603〕原文兩字均誤為示字旁。

下數千人。行甫半，宣宗忽趨至甬道邊，扶跪伏者之手大哭失聲。眾驚，察之，則公也。時公謫驍騎校，而宣廟當哀痛迫切之際，獨於千萬眾中物色見之，非夙重公名不及此。翼日而副都御史之命下。」〔註 604〕後兩段敘事極為生動，刻畫出鮮明的人物形象。是年松筠因兵部失印案被革去盛京將軍，降副都統，復因將軍任內審案擬罪不當被降為驍騎校。

72. 金光悌

「金公名光悌，字汝恭。」未述其籍貫安徽英山〔註 605〕，而下文稱其為英山金公。

「嘉慶六年，授刑部左侍郎。」金光悌為乾隆四十五年進士，授刑部侍郎實在嘉慶十年。

「十年，擢刑部尚書。本朝刑部尚書，用人最慎。部中司官明慎者，方總辨秋審，其尚書多取曆總辨，並踐中外、習故事者擢之。而英山金公特以能稱職，為上所倚。方承列祖覆育之後，以寬厚為福，多稍稍減罪狀上之，公以為不可。」金光悌擢刑部尚書實在嘉慶十三年底。

「公為按察、布政、巡撫，皆如在刑部，核名實，別功過，釐市井，飭軍伍，多以一人智，斷而行之。」金光悌嘉慶七年授山東按察使，升布政使，十一年擢江西巡撫。

「公疾惡甚，不能忍。少時遊江南，總督幕府有華士負重名，公語總督絕之曰：『名教外人，不可使污階前地也。』在江西有兵官素瀾浪而無跡可劾，求見公。公切齒，投其刺於地，終公任拒不見。嘉慶十七年卒，年六十有六。」〔註 606〕金光悌於是年卒於任。所述二事雖簡短而极生動，形象刻畫鮮明。

73. 戴敦元

目錄未書其姓，僅寫為簡恪公：「簡恪公姓戴氏，名敦元，字金溪，浙江人。」或稱戴敦元字士旋，號金溪。或稱字金溪，號吉旋。

「道光壬午，〔註 607〕山西布政使。逾年，擢刑部尚書。甲午薨，年六十有七。」戴敦元為乾隆五十八年進士，道光二年壬午任山西布政使，次年擢刑部侍郎，署任刑部尚書已在十二年，十四年甲午卒。

〔註 604〕殷夢霞、李強選編《外國人著清史八種》，第四冊，第 67～70 頁。
〔註 605〕今屬湖北。
〔註 606〕殷夢霞、李強選編《外國人著清史八種》，第四冊，第 70～71 頁。
〔註 607〕有闕文。

「其能舉其職，與金公同，而其性情志趣絕不相類。一則苦心致力以求之，一則物來順應，吏自不能毫髮欺，而其克持情法之平則一也。公資稟殊絕，幼嘗過外家，堂中有書八架，一月盡讀之。年十歲，郡縣以神童舉之，得名最早。其一生綽然，得自行其志者，亦名有以先之也。每奏對，上有所咨詢，公援引律例，誦故牘，汩汩千萬言，上亦絕重之。生平簡而寡營，凡人事居處，若時當適，來而適應之，皆非所必為者。而居不廢職，行無異趨，有諾必踐，蓋其恪也。」

「公之赴任高廉也，以地方情形非素習，寓蘇州之南濠凡數月。地本大都會，粵人貿遷者，往來如織。公密訪其風土人情甚悉。故事，之官有程限，或以踰限為疑，公笑曰：『得失有定分，何汲汲為？』」此述戴敦元嘉慶二十四年任廣東高廉兵備道事。

「自江西遷擢入覲，途中日以麵餅六枚供饔飧，不解衣，不下車。五更趣夫起，驅之行。凡上官過境，州縣例設供億，具迎送禮。公獨行數千里，而輿夫館人，莫知其為新任藩使者。抵京師，始喚僕使令，客至，屏僕戶外，煮茶漉酒，輒躬為之。」此述戴敦元道光二年自江西按察使遷山西布政使時入覲事。

「居京師，同僚非公不得見，所治獄，無縱無濫。治部事畢，歸坐一室，家人為設食飲，暮則置燭對書，坐倦而寢。否則坐暗中，倦亦寢，雖飢甚，不自言也。」此述戴敦元任職刑部事。

「假歸武林時，大府讌之，雨，著屐往。終飲，羣官擁送，鼓吹，啟戟門，呼公輿馬。公笑索繖自執之，揚揚出去。」戴敦元為浙江開化人，此述其返鄉途徑杭州事。以上數段所舉事例均極生動。

「其任天而動，多類此。公餘手一編，然罕為詩，最喜天文律曆算書，討論有年，卒未嘗自立一說，蓋其於讀書，亦適然目之，適然不忘，非必欲有事焉耳。其遭遇適如其生質，時至而自合，自少至老，不計得失，亦竟無得失。卒之日，笥無餘衣，囷無餘粟，庀其產，不能百金。其廉潔亦性成者，非意於廉也，不知有無切於身也。上錫易名之典，曰簡恪。論者謂足概公生平云。」〔註608〕戴敦元有《戴簡恪公遺集》存世。

74. 董教增

「董文恪，諱教曾〔註609〕，字益甫，江蘇人。」傳中其名與《清史攬要》

〔註608〕殷夢霞、李強選編《外國人著清史八種》，第四冊，第71～74頁。
〔註609〕應為「增」。

同誤，而目錄無誤。

「乾隆五十二年進士。後入值軍機處，出為藩臬。性強毅不阿，督撫皆敬憚之。」董教增為一甲第三名進士，即探花。嘉慶五年授四川按察使，尋調貴州，九年遷四川布政使。

「任川藩時，俗尚華侈，公力矯其弊，務為儉約。每公宴，誡不用優伶。總督勒公以春酒召，公至門，已通刺矣，聞音樂聲，即返去。勒公為之撤樂，乃復至，飲盡歡。風尚為一變。」勒公指勒保。

「嘉慶十三年，擢安徽巡撫。時文敏公百齡方督兩廣，以海盜方張，銳意滅賊，過皖，贈公詩有云：嶺南一事居應羨，殺賊歸來啖荔枝。及盜魁張保就撫，公遺文敏書曰：『昔蒙贈詩，當改一字為撫賊歸來也。』文敏默然。」董教增擢安徽巡撫當在嘉慶十二年。

「道光元年薨。」董教增實卒於道光二年。

「公在督撫中最有名，嘗謂：『人不可作無益事，不可為無益語，不可用無益錢。』又云：『刻於己為儉，儉於人為刻，人知儉與刻之分，其於涉世也過半矣。』趙文格〔註610〕嘗歎為名言，書之日錄中。」〔註611〕董教增於嘉慶十五年巡撫陝西，十八年調廣東，二十二年擢閩浙總督。趙光，嘉慶二十五年進士，累官尚書，後亦謚文恪。

75. 阮元

目錄寫為阮文達公，傳中尚提及其妻孔氏著述。

「阮文達，名元，字伯元。」阮元為江蘇揚州人。

「乾隆五十二年，舉鄉試。作《考工記車制圖解》，有諸家所未及者。」阮元中舉當在前一年。

「乾隆五十四年，成進士，授編修。逾年大考翰詹，高宗親擢第一。諭樞臣曰：『不意朕八旬外，又得一人。』」阮元散館授編修在五十五年，次年大考擢第一。

「五十八年，督山東學政，撰《山左金石志》，得榻本千三百有奇。修鄭司農祠墓。」鄭司農指曾任大司農的東漢經學家鄭眾。

「嘉慶元年，徵刻《淮海英靈集》。二年，修《經籍籑詁》百十有六卷；選《兩浙輶軒錄》，得詩三千餘家；注《曾子》十篇，稾月三易。」阮元時任

〔註610〕應為「恪」。

〔註611〕殷夢霞、李強選編《外國人著清史八種》，第四冊，第74～75頁。

浙江學政。

「五年，授浙江巡撫。時海盜蔡牽擾閩越，疏請捐造大船巨礮，並籌捕土盜，剪艇匪之羽翼。璽書嘉奘〔註612〕，勉以顯親揚名，為國宣力，成一代偉人。蔡牽旋寇平陽、定海，擊走之。增設育嬰堂。」嘉慶三年阮元回京任侍郎，次年秋署浙撫，五年實授。

「六年，立詁經精舍，祀許叔重、鄭康成兩先生，延王述菴、孫淵如主講席，選高材生讀書其中，課以經史疑義及小學、天文、地理、算法。許各摻討書傳，條對不用局試糊名法，刻其文尤雅者曰《詁經精舍集》。不十年，上舍士致身通顯及撰述一家言者，不可殫數，東南人才稱極盛焉。又以浙東多古帝王名臣先賢陵墓，繕冊疏報，得旨勒加防護修葺，撰《兩浙防護錄》。」許叔重、鄭康成是東漢學者許慎和鄭玄，王述菴、孫淵如則是清中期學者王昶和孫星衍。

「七年，浙西饑，疏請蠲豁平糶，立普濟堂於省會，修《海塘志》。九年，浙東水災，疏請平糶捐賑，建白文公祠於西湖，撰《經郛》及《海運考》《兩浙金石志》《積古齋鐘鼎款識》。十年，賑杭嘉湖三郡饑，檄所屬多設粥廠，分男女為二，全活數十萬人。六月，以父憂歸。成《十三經校勘記》二百四十三卷，撰《皇清碑股〔註613〕錄》，編《瀛舟書記》，重刻石鼓文置揚州府學。」白文公指唐白居易，其謚號為文。

「十二年，入都，進四庫未修書六十種，作提要上之，得旨獎覽。補兵部侍郎，再撫浙江。時海盜蔡牽聚至五十艘，而張阿第亦有船三十艘，勢張甚。公立專注蔡牽分船隔攻之法，遂以十四年秋殲牽於外洋。旋坐失察奪官，以編修在文穎館行走。」所失察者為鄉試舞弊，授編修在十五年。

「十五年，遷侍講，兼國史館總裁，創立《儒林傳》，得百四十六人，又擬創《文苑傳》，未就。又集本朝天文律算諸家作《疇人傳》。」《疇人傳》實成書於嘉慶四年，是年方刊印。未述阮元十七年補授工部侍郎，改任漕運總督事。

「十九年，獲天地會鍾體剛、擒匪曾文彩、會匪鍾龍錦等，各論如法，民情乃安。公在江西，校刻《十三經注疏》，以惠士林。」是年阮元調任江西巡撫。

〔註612〕應為「獎」。

〔註613〕應為「版」。

「二十一年，修《廣東通志》。」是年阮元調巡撫河南，轉授湖廣總督，次年調兩廣後方修志。

「二十四年秋，入京祝嘏，仁宗手酌玉杯賜公。」此為顒琰六十大壽。

「道光元年，奏設卹嫠局，修廣廣州城。刻《江蘇詩徵》百八十三卷，作者五千四百三十餘人。尋刻《皇清經解》，為書百八十餘，為卷千四百。公在粵十年，兼署廣東巡撫者六。西洋貿易，惟英吉利國貨最多，惟尤狡黠，嘉慶二十一年，嘗遣使入貢，未許成禮而回。逾年，公涖粵，疏請嚴禁鴉片，首以嚴馭洋商夷商為務，遇事裁抑之。夷船在黃埔殺人，公嚴飭洋商必得兇犯乃已，商不能庇，犯乃自刎死。有擊死民婦者，亦予絞決抵罪。」嘉慶二十一年英國遣使指阿美士德使團。

「道光二年，英夷護貨兵船，殺死民人二人。公飭洋商及管事大班縛犯以獻。大班委其責於兵頭，即飭傳諭兵頭獻犯。詭稱夷民互有殺傷，冀相抵賴，公持之力，夷目等聲言將揚帆歸國停貿易。公給印諭言：『願歸即歸，天朝並不重爾等貨稅。』於是各船節出海口，然非其志也，仍潛泊外洋以待。日久折閱多，其兵船又先遠遁，大班等乃稟求回岸貿易，俟下次貨船抵粵時縛犯來獻。公復給印，諭：『兵船不許復來，其見在貨船暫許貿易，續到者如不能縛犯，仍嚴拒不許入。』方事之殷，商民官吏皆惶惶，或言關稅將自此大絀，且慮公激變，為朝廷憂。公曰：『國體為大，稅數為輕，且索兇理長，不可為所欺脅。』力持二三月，夷目始有乞回貿易之稟。自是兵船亦不敢復來，公調任，兵船即踵至。海疆乃自此多故矣。」

「六年，調雲貴。釐正鹽政，南甸、隴川等土司乞降。十五年，累官體仁閣大學士，管兵部事。十八年，以足疾請告，疏再上，優詔許致仕，仍食半俸，加太子太保。公歸里後築別墅於湖莊，曰南萬柳堂，以別於馮文毅之都城別業也。」康熙朝大學士馮溥，謚文毅，在京師廣渠門內建有萬柳堂。

「二十三年，公壽八十，復拜御書扁額、楹聯、福壽字及珍幣之賜。」道光十三年阮元七十壽辰時，曾獲賜御書匾額，故曰「復」，而傳中失記。

「二十六年丙午，以重赴鹿鳴宴加太傅銜，食全俸。公疏謝，手敕報曰：『願卿福壽日增，以待三赴鹿鳴之盛事也。』二十九年十月薨，年八十有六，予謚文毅。所著書曰《揅經室集》，先後刊行海內名宿著述數十家。」阮元輯刊之名宿著述曰《文選樓叢書》。

「繼配孔氏，工詩，著有《唐宋舊經樓集》。」〔註 614〕孔氏名璐華，字經樓，衍聖公孔慶鎔姐。

76. 額勒登保

「額勒登保，字珠軒，姓瓜爾佳氏，滿洲人。」其家世為吉林珠戶，隸打牲烏拉。

「乾隆三十三年，從征緬甸及金川，數有戰功。四十九年，從福公征臺灣，解嘉義圍。明年擒林爽文，臺灣平，詔圖形紫光閣。」福公指福康安。額勒登保從福康安赴臺灣在乾隆五十二年。

「五十二年，廓示〔註 615〕喀擾後藏，從福公攻克擦木賊，七戰七勝，加副都統銜。」廓爾喀此次擾西藏在五十六年，額勒登保從福康安抵藏在五十七年。

「六十年，從福公征黔苗、楚苗。」額勒登保時任鑲藍旗蒙古都統。

「嘉慶元年，大軍斬黔苗石柳鄧父子及首逆吳廷義，詔封威勇侯。」吳廷義實為被俘後凌遲處死。

「二年，川楚教匪稔亂，公遂由苗疆移征湖北。時賊匪有青、黃、藍、白、綠等號，上命公赴陝協剿白號高均德、黃號姚之富、王氏二股。」王聰兒為齊林之妻，通常寫作齊王氏。

「四年春，上命川督勒保為經略大臣，公與明亮同授副都統，為參贊大臣。有戰功，三月詔賞二等男，又晉一等男。四月，追剿白號賊張子聽〔註 616〕於雲陽，子聰糾合黃號樊人傑、龔建等抗拒，公頻敗之，賊稍解散。後又敗冉添元〔註 617〕。上諭：『額勒登保每戰必身先，故所向克勝，能得眾心，但職司參贊，乃國家倚重之大臣，與前任領隊時不同。此後宜加慎重，不必爭先冒險。』八月，命經略。十一月，登〔註 618〕天德、冉添元會合抗拒，公躍馬督陣，剿之於巴州何家垸，擒偽總兵賈正舉等。追賊入倉溪〔註 619〕，賊冒死衝突，我軍頗有傷亡，王登廷尋為南江縣團盤獲。事聞，諭曰：『額勒登保此次盤獲王登廷，與所奏倉溪一帶官兵挫折之事相隔止一日，使他人處此，必諱言失利，

〔註 614〕殷夢霞、李強選編《外國人著清史八種》，第四冊，第 75～81 頁。

〔註 615〕應為「爾」。

〔註 616〕應為「聰」。

〔註 617〕實名冉天元，下同。

〔註 618〕前後均漏字。

〔註 619〕實名蒼溪，下同。

將王登廷作為陣獲，以掩敗為功。今據實直陳，不稍存諱飾，而於鄉團盤獲王登廷一節，並不攘為巳〔註 620〕功，真不愧經略之任。』蓋公天性樸誠，又奏調郎中胡思顯代司章奏，遇事直陳，上嘉公不欺。」「登天德」應為王登廷、徐天德。

「六月，公移師西向，居中督辨，而賊不據城池，惟往來川陝楚界萬山中，狡竄疾馳，趨向無定。疏言：『賊縱飄忽，惟堅壁清野可以制其死命，目下川省堅築寨堡，賊即不敢深入，而秦楚兩屬，結寨寥寥，仍可恣其擄掠，請一律興築。』上可之，乃以勦捕責公等，以防堵責疆吏。」此為嘉慶五年事，句首漏書。

「六年正月，勦賊於漢陰南山，馘斬千餘，生擒八百。上以白號賊高三、馬五、黃號賊王廷詔皆著名悍目，官兵既獲勝，即宜專注此賊，併力進擊，不可舍而之他。二月，楊遇春擒廷詔、高三、馬五，詔嘉公調度有方，晉二等子，賞還雙眼花翎。當是時，逆首著名者，陝西則冉學勝、伍懷志等，湖北則徐天德、苟文明等，四川則樊人傑、冉添泗〔註 621〕、王子〔註 622〕虎等，尚不下十餘股。公命楊遇春進勦，遂生擒天倫，命提督穆克登保〔註 623〕擒伍懷志，未幾，楊公復擒冉添泗、王子虎，其起事之最久徐天德、冉學勝亦殲擒，而白號賊等方擾寧羌，公督軍西勦，逼入川北，賊勢日蹙。」「賞還雙眼花翎」，賜雙眼花翎在元年，三年春以蕆事過緩奪，冬以戰功復單眼。「生擒天倫」，當指張天倫，其雖戰敗而並未被擒。

「七年正月，有旨以川匪交德楞泰、勒保辨理，公以經略兼西安將軍，專辨陝賊。公督師入山搜勦，而峽路險阻，賊勢盛則隨地抗拒，被勦窮蹙則翻越陡壁，藏匿老林，且多分黨與，倏東倏西，為牽綴官兵之計。六月，公痛殲賊眾。十一月，時各道就殲，餘匪分竄老林者，或百餘人為一起，數十人為一起，不復成股，乃以十二月偕參贊德公，總督勒公等馳報藏〔註 624〕功。優詔晉封一等侯，加太子太保。」六年秋額勒登保晉三等伯，是年春又降一等男，七月升一等伯，十一月又升三等侯。

「十年八月，駕幸盛京，恭謁三陵禮成，詔晉三等公。是月薨，年五十有

〔註 620〕應為「已」。
〔註 621〕實名冉天士，下同。
〔註 622〕應為「士」，下同。
〔註 623〕應為「布」。
〔註 624〕應為「蕆」。

八。命吉林將軍修其祖墓，官為立碑，復建專祠，賜名褒忠，春秋致祭。謚忠毅。」額勒登保因病未能隨扈盛京，卒於京師。

「公天性嚴毅，笑比河清，諸將白事，帳前莫敢仰視。初隸超勇公海蘭察部下，每戰輒陷陣，海公曰：『子將才，宜略識古兵法。』以公不識漢字，取翻譯《三國演義》授之，遂為名將。尤得士心，雖疲乏之兵，歸其隊下，率變而奮勇。嘗謂諸將曰：『我兵條條生路，惟拚命進戰是一死路；賊條條死路，惟拚命鏖戰是一生路。欲以我之長擊彼之短，惟有出其不意、攻其不備之一法。』故追躡必窮所向，俾賊不得憩息。師行整隊伍常若臨敵，或倉猝遇賊，後隊未即至，即以前鋒突擊，不使賊有成列之暇。每宿必四路偵詞，以備不虞。臨陣礮彈常從肩耳過，左右失色，公督戰益力。尤嚴操守，賞士巨萬不惜，而不以一錢自奉。大兵歲久，諸將多蓄貨財。凱旋日，過盧溝橋，雖德公亦輜重纍纍，公獨行李蕭然，數騎而已。」此段深入刻畫額勒登保形象。

「初有子為侍衛卒，公方治軍，得書不言，亦無戚容，夜歸帳乃哀，明日治事如故。回京生子一，上賜之名。甫數月，公薨。賜奠時，上收子至膝上，命襲侯爵，逾年卒。以兄子哈郎阿嗣。或疑公忠勇果毅已貫天人，而誅戮不無太過云。」〔註625〕此從另一個角度點出傳主殺戮過重的問題。

77. 德楞泰

「德楞泰，姓伍彌特氏，蒙古人。」德楞泰字惇堂，蒙古正黃旗人。

「嘉慶二年，苗疆平，奉命偕明公馳赴四川剿教匪。」明公指明亮。德楞泰乾隆年間曾參與金川等戰事，六十年隨福康安鎮壓苗民起事。嘉慶元年擢御前侍衛、二等子爵。

「四年正月，川督勒保公為經略，疏言各帶兵大員，惟額勒登保、德楞泰尤為知兵，且得士民心，遂命公專剿徐天德大股。八月，經略勒公被逮，命額公代之，以公為參贊大臣。十月，擊賊皆敗之，追殺百二十里，擒高均德，晉二等男。十二月，賊瞯大兵俱在川境，遂先後竄擾陝甘。」德楞泰授參贊大臣在十月擒高均德之後。

「五年正月，偕額公分路抵秦州，而藍號賊冉天元、黃號賊徐萬富、青號賊汪瀛、綠號賊陳得俸等三萬眾，及白號賊張子聰、雷世旺等二萬眾，遂乘間竄渡嘉陵江，分擾南部、西充等縣。二月，冉逆等踞江油縣新店子，公由間道追擊，賊分四路，每路馬賊四五百、步賊二三千迎戰。我兵亦分路衝賊巢，副

〔註625〕殷夢霞、李強選編《外國人著清史八種》，第四冊，第81～87頁。

都統賽沖阿、溫春等遇伏被圍。公往援，鏖戰竟日，圍立解，殪賊無算，生擒陳得俸。詔授公內大臣。公轉戰而入，連奪險隘，冉天元以大隊屯馬蹄岡，而伏萬人於火石埡，後公抵馬蹄，已過賊伏數重，始覺。俄伏起，八路來攻，人持束竹濕絮以禦矢銃，鏖鬪三晝夜，賊更番迭進，我軍飢疲，數路皆敗，公率親兵數十，下馬據山巔，誓必死。天元督眾登山直取公，公乘高險注矢引滿一發，殪天元之馬，蹶而擒之，賊遂瓦解。天元雄黠冠川賊，專用伏以陷官軍，曾敗經略兵於蒼溪，號令群賊，橫行川東、川北、川西，荼毒數十州縣。至是與官軍五日四戰，層層設伏，賊卻，後隊刃之，誓致死決戰負，賴公血戰破之生擒，為軍興以來戰功最，詔晉三等子爵。」是年其爵位曾升至一等子，亦曾降到一等男。

「七年三月，賊麕集楚境，公聞報即移師入楚，詔嘉其統籌全局，無分畛域，深得大臣公忠體國之道。四月，冒雨入馬鹿坪，出賊不意，樊人傑惶急投河死。樊逆倡亂最久，各賊咸聽指揮，與冉天元至是始掃蕩。上偉其功，晉三等繼勇侯。九追餘匪至巴東興山老林。時賊皆百戰之餘，猱騰隼鷙，具悉官軍號令及老林徑路，忽陝忽川，忽聚忽散，屢被圍，復乘霧溜崖突竄，有中數矢猶力戰者。分軍遇之則不利，大隊趨之則兔脫。僅餘二三百賊，而三省不得解嚴。直至十一月，始摻勦淨盡，遂以十二月偕額公奏報大功戡定。詔晉公一等繼勇侯。」前一年德楞泰曾因戰功封二等繼勇伯。

「十四年薨，謚壯果，詔川省建專祠，尋入昭忠祠。」未述嘉慶十年召授正白旗領侍衛內大臣，次年授西安將軍，十四年晉三等繼勇公事。

「公英勇超倫，戰必身先陷陣，與額公同心戮力，以底成功。馬蹄岡之戰，尤為奇勳第一，蜀人談之，至今勃勃有生氣。公薨時下詔褒恤，亦稱是役保障川西數十萬生靈免遭蹂躪，為勳績最著。蓋是戰之奇，在轉敗為勝，萬死一生，有天幸，然非公之忠勇奮發，不能得也。」〔註 626〕「至今」一詞或從作者所蒐集史料中沿用，因其為「蜀人談之」，或可稱為口述史料。

78. 福康安

「福康安，字瑤林，姓富察氏，滿洲人。」未述其為大學士傅恆之子，孝賢純皇后之侄。

「三十七年，命溫福為定西將軍，阿桂、豐伸額為副將軍，公為領隊大臣。四十一年，金川平，封三等嘉勇男。」漏書乾隆年號。

〔註 626〕殷夢霞、李強選編《外國人著清史八種》，第四冊，第 87～90 頁。

「四十九年，勦甘肅逆回，封嘉勇侯。」所述「逆回」為田五起事。此後福康安由陝甘總督回京任戶部尚書，轉吏部。傳中亦未述此前授吉林將軍，調盛京，總督雲貴，調四川，擢兵部尚書等事。

「五十二年，勦臺灣逆賊林爽文，封一等嘉勇公，命臺灣建生祠，再圖形紫光閣。」此前金川之役福康安已圖形紫光閣。平定林爽文起事後，福康安於五十三年調閩浙總督。

「五十四年，調兩廣總督。時安南阮光平糾眾滋擾，公念俟奉旨始起程，恐緩不及事，遂親赴漳、泉閱兵，俟再得警信，即兼程赴粵。有詔嘉獎，謂『不出朕之所料』，又稱公秉性公忠，視國事如家事，不愧休戚相關、實心任事之大臣。尋奏阮光平恭順輸誠，不必用兵。上允所請。」此調動由前任兩廣總督孫士毅兵敗安南引起。

「五十六年，廓爾喀賊匪竄後藏，詔以公為將軍，偕參贊海蘭察率巴圖魯侍衛往征之，捷奏，御製誌喜詩，書箑以賜。六月，大兵趨盱堆。八月，賊酋懼，再乞降。詔以此次用兵，艱險為從來所未有，晉公大學士，加封忠銳嘉勇公。會十五功臣圖像成，上復親為製贊。時大學士阿文成以未臨行陣，奏讓公為首功。」此戰福康安抵藏之後均為五十七年事。阿桂，謚文成。福康安返藏後，參與制定西藏善後章程。五十八年任四川總督，次年調雲貴。

「六十年，征黔苗，詔晉封貝子銜，仍帶四字嘉號。嘉慶元年二月薨，賞庫銀萬兩治喪，入賢良、昭忠二祠，配饗大〔註 627〕廟，謚文襄。」福康安卒於嘉慶元年五月，並非二月。傳中未述其追封郡王事。

「公用兵如神，平生未嘗挫衄。征衛藏，有隘道幾一里，賊守隘北甚嚴，大軍屯隘南三十里。公調軍伏隘東西，而以全軍分五軍攻隘。迭退迭進，戰一日蓋數十勝負。公在中軍，前軍軍報沓至，不為動。及二更，前軍大敗，走不止，賊逐前軍出隘南，忽礮聲大震，火炬照耀如白晝，東西伏軍皆起。賊驚退相蹂躪，我軍蹙之入隘。公急止〔註 628〕馬，萬騎齊足，頃刻至隘口。前軍、伏軍已遇〔註 629〕隘，聞貝子至，勇氣百倍，大軍乘勢合攻，遂夷賊屯，追奔五十里。」此述廓爾喀之役。

「援嘉義時，壯勇公海蘭察前行，公督師繼進。夜大雨，天黑如覆盆。遇

〔註 627〕應為「太」。
〔註 628〕應為「上」。
〔註 629〕應為「過」。

土山，駐軍山頂，公中坐，隨軍官圍公坐，外親軍，外正軍，皆圍坐。賊遊兵近山踐泥濘過，火炬千萬。賊自炬中上窺山，黝黑無所見，疑有軍，發銃礮擊之。公令曰：『無出聲！無動！』久之，賊過盡，雨霽，天益明，壯勇公已入嘉義城，捷使至軍，始起行。無一傷，視礮銃子歷落入山腹也。」此述臺灣之役。

「公生而盛貴，在軍犒賞動盈十萬，皆取諸公帑，身後屢詔斥其浮濫，命嚴禁。德麟扶櫬歸，地方吏致賻金四萬餘兩，詔罰令倍繳以示懲。」德麟為福康安之子，初襲貝勒，後降貝子，復革去。

「公之解嘉義圍也，總兵柴大紀出迎，自以參替〔註630〕伯爵，不執負櫜鞬之儀。公遽劾其前奏報不實。上曰：『柴大紀死守孤城逾半載，非得兵民死力，豈能不陷？若謂詭譎取巧，則當時何不遵旨出城？其言糧盡，所以速外援。若不危急，其詞豈不益緩援兵？大紀屢蒙褒獎，或稍涉自滿，於福康安前禮節不謹，致為所憎，遂直揭其罪，殊非大臣休容之度。』已而侍郎德成、總督李侍堯所奏皆如將軍指，大紀逮問，坐法死。論者多以此訾公云。」〔註631〕此段史源當為魏源《聖武記》。

79. 楊遇春

「楊遇春，字時齋，四川人。」楊遇春為四川崇慶〔註632〕人。

「舉乾隆十四年武鄉試，從征甘肅，征廓爾喀，咸有功，累擢守備。」楊遇春實為乾隆四十四年武舉人，其亦從福康安參與臺灣之役。

「六十年，黔苗逆命，悉眾攻松桃廳，大學士、貝子福康安令諸將往援，山險寨密，莫敢進。公請率敢士三十人為前鋒，而精兵三千繼其後，由間道攻其不意。縱馬入賊屯，疾呼曰：『大兵至矣！降者免死！』賊相顧錯愕，公復呼曰：『真降者跪！』於是跪者數千人。全軍直抵松桃城下，賊潰，圍遂解。貝子壯之，立奏予孔雀翎，加都司銜。」除了花翎，是年楊遇春還獲賜勁勇巴圖魯稱號。

「嘉慶元年，苗平而教匪起，公隨額侯移師征剿。三年，生獲羅其清，功第一。四年，馘賊五千，馘張長庚，獲王光祖，射死冷天祿。自是陝人聞公名，震為天人，川中婦孺亦懾公威望矣。」額侯指額勒登保。

〔註630〕應為「贊」。
〔註631〕殷夢霞、李強選編《外國人著清史八種》，第四冊，第91～94頁。
〔註632〕今崇州市。

「五年，擢甘州提督。初，經略額侯上言，諸將中惟楊遇春謀勇兼優，此外無可專任者。五年八月，剿伍金柱於手扳崖。戰酣，別賊楊開甲從間道突至，我軍腹背受敵，自午至酉，圍愈急，有白袍賊手大旆直犯公，相去咫尺忽墜馬，則已為後隊護銘所斃，即金柱也。是夕二鼓，公始歸隊。」第二個「五年」衍。

「六年二月，追賊，生擒王廷詔。三月，生擒高天得、馬學禮於洞溪。五月，獲再元士〔註 633〕、王士虎。事平，晉二等輕車都尉。」楊遇春晉二等輕車都尉在嘉慶七年。

「嘉慶五年平教匪後，於南山要地設鎮，以鄉勇五千充伍。文吏停給鹽米，登包穀充糧激變，賊銳甚，公與諸將皆失利。首逆蒲大芳等望見公，猶下馬遙跪，哭訴營宮〔註 634〕蝕餉狀。公曉以順逆，知其尚可以義動也，乃與總兵楊公芳謀曰：『誅渠魁，宥脅從，則事可息。若必欲盡勦，勢奔潰四出，老師費帑，不可以日月計也。』大帥皆猶豫，公乃按兵緩攻，而令芳單騎入賊營招撫。越數日，蒲大芳竟率四千人降。」此述嘉慶十一年寧陝鎮駐軍譁變事，「大帥」指德楞泰。

「十八年秋，平大盜李文成，陛見，睿宗慰勞有加。嘗命跪在膝前執手慰勞，謂：『卿與朕同歲，年力尚強，將來如有軍務，卿須為我獨當一面。』手賜珍物數種，見公長髯，稱美者再。」此述平定天理教起事，未述楊遇春獲賞二等男爵。

「道光五年，署陝甘總督。六年，回酋張格爾叛，詔公以欽差大臣統陝甘會剿。八年，楊公芳禽張逆於鐵蓋山，公所拔士也。授陝甘總督，圖像紫光閣。」未述道光十五年楊遇春晉封一等昭勇侯事。

「十八年薨，入賢良祠，謚忠武。」楊遇春實卒於前一年。

「嘗夢神授黑旗，每戰必身先。賊望見黑旗，即知為楊家軍。受知於福文襄最早，文襄沒後，每臨大敵，先一夕輒夢見之，次日必得奇捷。凡戰陣所俘，必訊明，入賊營三月以外始誅，或雖逾三月而年老無能，年幼無知，皆赦免。故治軍數十年未嘗妄殺一人。凡疲卒經公訓練，即膽壯，或精銳改隸他部，仍不能用命。將戰，距賊三五里，必少停排比隊伍，雖遇伏，不至失措。其剿苟文潤也，賊鋒銳甚，賊壓山而下，勢如建瓴。眾驚退，公據溝力拒，賊矛逼馬首，公震威一吐，眾矛辟易。親兵數人乘勢越溝擊卻之，眾以為神。方柴關之

〔註 633〕應為冉天士。
〔註 634〕應為「官」。

役，官兵與叛兵多故舊，故莫肯用命。賊衝官兵為數段，公僅餘親兵數十，據廢垣罵賊，賊大隊數千來偪，忽轟然退走。及訊俘，言金甲神壓壘立云。」福康安謚文襄。此段敘事多神化色彩。

「公結髮從戎，大小數百戰，皆陷陣冒矢石，或冠翎皆碎，或袍袴皆穿，未嘗受傷。上詢及，嘆為真福將。回疆七里河之戰，賊十倍我，鎗礮如雨。公下馬席地坐，以安眾心。叱長子國桂速下馬，甫及地，而隔河已礮碎其鞍矣。公畢生無姬侍，而操守尤廉。國柱遷按察使陛辭，宣宗諭曰：『好為之，有如不稱，當語而〔註 635〕父知耳。』當是時，上亦知公家法云。」〔註 636〕此處提到「長子國桂」及子「國柱」，名均誤。楊遇春長子名國佐，次子國楨曾任雲南按察使。

80. 那彥成

「那彥成，字韶九，姓章佳氏，滿洲人，大學士阿桂孫也。」那彥成之父為阿桂次子阿必達。

「乾隆五十四年進士，嘉慶八年擢禮部尚書，九年授軍機大臣。上賜手敕曰：『汝誠國家柱石臣，有為有守，惟稍恃已〔註 637〕之聰明不予眾人謀議。夫一巳〔註 638〕才力有限，仕途邱壑難窮，務宜兼聽並觀，勿存五日京兆之見。』」傳中未述那彥成任陝甘總督，調任兩廣，因招降海盜濫賞被遣戍伊犁事，可參看孫玉庭傳。亦未述其後兩督陝甘，三督直隸，再戍伊犁等事。

「道光十年，西陲復不靖。十一年二月，欽差大臣長齡奏釁由驅安集延，籍其家，禁茶葉大黃所致。諭責公誤國肇釁，仍奪職。」「驅安集延」為此前那彥成任欽差大臣辦理新疆善後時所為，所奪之職為直隸總督。

「十三年，卒。詔以公服中外，宣力有年，不忍忘其勞績，著賞尚書銜，賜謚文毅。」那彥成有《那文毅公奏議》存世。

「公生於世胄，性好學，工詩能書。遇事有執持，於權要人無所屈，剿辨川陝楚及滑縣教匪尤有功，雖屢起屢躓，中外想望風采，上眷公不少衰。嘉慶中，英吉利入貢，頗不恭順，惟問福中堂、那大人見居何官？蓋外夷夙所敬憚者，祗此兩人云。」〔註 639〕福中堂當指福康安。那彥成的仕宦生涯的確「屢

〔註 635〕應為「爾」。
〔註 636〕殷夢霞、李強選編《外國人著清史八種》，第四冊，第 94～99 頁。
〔註 637〕應為「己」。
〔註 638〕應為「己」。
〔註 639〕殷夢霞、李強選編《外國人著清史八種》，第四冊，第 99～100 頁。

起屢躓」，頗為曲折。

81. 楊芳

「楊勤勇公諱芳，字誠村，貴州松桃廳人。」楊芳另有一字通逵。

「應試不售，遂入伍，充書識。忠武公一見賞識之，拔補把總。」忠武公指楊遇春。

「嘉慶十年新兵之變，賊黨蒲大芳降，盡釋歸伍，上切責其寬縱，劾戍伊犁，未匝月，賜環。」事在十一年，《清史攬要》亦誤在十年〔註640〕。

「十八年，從征李文成於滑縣，加提督銜。二十年，擢甘肅提督。」嘉慶十一年楊芳已署提督，自伊犁釋回後於十五年復任總兵。

「道光五年，調固原。六年，從征回酋張格爾，詔封三等果勇侯，圖像紫光閣，漢大臣以公為首。」此前楊芳於道光元年調直隸，三年調湖南。其封侯在道光八年。

「二十六年薨，謚勤勇。公結髮從戎，經百戰，戰必躬先士卒，所向未嘗挫衄。少受楊忠武之知，執從子禮，威望與忠武均，天下稱二楊。而公受侯印先於忠武八年。」傳中未述楊芳道光九年升二等侯，加太子少傅，十三年升一等侯，次年復降二等侯事，楊遇春傳亦未述傳主道光七年加太子太保，十五年封一等昭勇侯事。

「初，嘉慶五年，特設甯陝鎮，以從征鄉勇五千充新兵，地險兵悍，為漢北第一巖疆。九年，三省戡定，經略、參贊先後還京師，十年〔註641〕七月而有新兵之變。時楊公遇春以陝西提督入覲，公赴固原署提督事，副將楊之震護甯陝總兵。營卒陳達順、陳先偷〔註642〕以停給鹽米銀事糾眾叛，戕副將、游擊。賊黨蒲大芳等以公素得士心，先護送其家屬於興安，而後歸從賊。楊遇春行至西安聞變，即調兵進剿。詔德楞泰為欽差大臣討之。賊奔華陽，公帥固原兵二百人馳抵石泉。九月，賊攻孝義廳，分隊窺子午峪，公馳扼口，德公令楊公以兵五千自洋縣進剿，而自帥兵繼之。賊攻鄠縣，公復馳救，力擊劫營賊，鏖戰竟夜，身受數創。黎旦，賊辨其為公也，自引去。時賊黨已增至萬人，又選步騎三千為前鋒，改推蒲大芳為稱首，遇楊公軍於方柴關，兵賊隔河尚有相揖訊者，及戰數合，殺傷略相當。大芳陷陣力戰，伏賊繞出陣後，官兵大潰，

〔註640〕殷夢霞、李強選編《外國人著清史八種》，第五冊，第122頁。
〔註641〕當為十一年。
〔註642〕應為「倫」。

楊公僅率親兵數十登山斷後，賊追至，忽反走，乃收潰卒扼方柴關。次日，公馳至，謂楊公曰：『叛兵皆百戰之餘，驍悍習地利，而官兵勤勞九載，瘡痍未復，且與叛兵多同功一体之人，以兵攻兵，終無鬬志。賊兩戰見吾二人皆辟易，尚有舊部曲誼，請緩攻而某單騎入賊營曉以順逆。』楊公然之。時賊矛林立，或叩馬力阻。公曰：『我與楊公計之熟矣，天佑蒼生，我必不死。為國息兵，即死且得所，何恨？』遂策馬前，萬眾怍愕。公故得新兵心，又捭闔善操縱，見大芳等即痛哭曰：『吾與若曹戮力數年，同患難死生，今對壘如仇敵，吾不忍見汝曹罹族滅禍，請先殺我。』於是眾皆哭。逾二日，大芳誘縛先倫、達順，以眾降。德公遂以叛卒窮蹙乞命，奏首禍二百二十有四人盡釋歸伍。上切責其寬縱，命戍降卒二百餘人於新疆，尋為伊犁將軍松筠所誅。楊公降總兵，公坐馭兵不嚴釀變，劾戍伊犁。德公既劾公，恐物議不平，復密疏申雪。公至伊犁，未匝月即賜環，命以守備千總用。論者曰：二楊勳績高天下，而尤以招撫甯陝新兵為稱首。何則？南山起隴西，尾商鄖，阻奧千餘里，據川陝湖之腹，而甯陝所治五郡，形勢要害，又據南山秦嶺之腹。新兵五千，皆百戰之勇，習流賊故智，使招撫遲數日，賊已分突秦隴楚蜀，殘良民，老師糜餉，曷所紀極？然非公威信服人，奮不顧身入賊穴，亦莫能數千出押〔註 643〕走險之虎兕，使歸就閑勒也。孫子曰：全軍為上，破軍次之。公雖以此獲咎，而功德所被無涯矣！」此段詳述寧陝兵變及二楊之功，《清史攬要》述此並無史評。

「公兼資文武，負著述才，所著有《平平錄》等書凡十餘。」〔註 644〕該傳未述鴉片戰爭中時任湖南提督的楊芳為參贊大臣赴廣州事。他另著有《楊勤勇公詩集》《宮傅楊果勇侯自編年譜》《楊時齋宮保中外勤勞錄》等。

82. 羅思舉，桂涵

此傳目錄失載。

「羅思舉，嘉慶中以鄉勇殺賊四川起家至節鎮，威名亞二楊。」羅思舉字天鵬，下文述其和桂涵均為東鄉人。東鄉，屬四川達州。

「思舉用兵善曰險出奇，以少破眾，長刼寨，長用伏，長用間。其得名蓋自豐城刼寨始。豐城者，達州東鄉王三槐巢穴，屯聚數千，刃塑成林，官軍莫誰何。適賊三千出掠，將近羅家壩，時壩中團勇萬，皆鄉勇，不習儀，臨敵不及五之一，餘皆遠屯數十里或十餘里。思舉厠其間，獨身遇賊前鋒數百，詭呼

〔註 643〕應為「柙」。

〔註 644〕殷夢霞、李強選編《外國人著清史八種》，第四冊，第 100～104 頁。

曰：『數十賊耳！』直前搏戰，眾聞賊少，氣倍爭奮，遂敗賊，乃獻俘獲於游擊羅定國。定國使偵賊豊城，還報，請死士夜擣其巢，而伏官兵五百為外應夾擊，可一舉滅賊。軍中咸狂之，且謂賊間諜。思舉憤官兵養賊，乃自請火藥數，夜獨往賊寨，深入得茅積火焉。風烈火熾，賊黑夜自相蹂殺，讙譟震天，奪路走，顛崖踣死無算。是役以一夫走賊數萬，名震川東，鄉勇從之者如歸市。於是自成一隊，號羅家軍。」

「四年，隨參贊德楞泰剿冉天元于江油馬蹄岡，過賊七伏始獲賊諜，知已陷伏中間，賊各攜毛竹牌夾濕絮以禦矢銃，乃急令兵多拾雹。未里許，伏果起，官軍矢銃不能制，各路皆敗，惟左路亂石雨擊，賊皆棄竹牌反走，絆蹶滿路，進斬千餘，遂救參贊于前山，咫尺相及，轉敗為勝。」《清史攬要》未載此事。

「十八年，擢總兵。軍中號曰羅必勝，言每夜劫營必勝，崖溝間道必勝，冒旂誘敵必勝也。」羅思舉擢總兵在次年，傳中未述其道光年間歷任貴州、四川、雲南、湖北提督，二十年卒，謚壯勇等事。

「桂涵，與羅思舉皆東鄉人。」桂涵字養齋。

「膽智趫捷，不知生產，橫行鄉里，屢觸禁網，遂不知所之。時或見於人家屋瓦上，及幽嵓邃洞、荒寺敗舍間。足嘗〔註645〕裹鐵沙數十斤，蓬頭敝焜，行千里外。聞川楚軍起，皆來歸，各起鄉兵以拒賊。時踏賊瑕，或昏夜獨入賊營，往返數四，賊來報，復遠颺。已，復左右攖之，往往數十騎走賊數萬，由是兩路義旅，遂為川東北最。」

「嘉慶九年，為四川提督。道光十年，卒。」〔註646〕桂涵擢四川提督在道光二年，卒於十三年，其謚號亦為壯勇。

83. 林則徐

「林文忠公，諱則徐，字元撫，一字才〔註647〕穆，晚號竢村老人。」「竢村」亦作俟村。未述其為福建人。

「道光三十年春，文宗既嗣服，下詔求賢。時公罷雲貴總督，引疾家居，大學士潘世恩、尚書杜受田交章以公應詔，奉召入都。未即至，九月以粵逆洪秀全等稔亂，特命公為欽差大臣，馳赴廣西督勦，尋命署廣西巡撫事。公故嘗督粵，威惠並著聞，中外想望丰采，至是力疾出，粵民額手相慶，賊黨散大半。

〔註645〕眉批：「『嘗』疑『掌』誤。」

〔註646〕殷夢霞、李強選編《外國人著清史八種》，第四冊，第105～107頁。

〔註647〕應為「少」。

洪秀全懼，謀遁入海。十一月，公次潮州，薨。」林則徐實卒於是年十月。

「上震悼，予諡文忠。自公薨後，軍民失所倚，賊不可制，未幾踰嶺涉湘，絕長江，踞金陵為窟穴，蹂躪遍天下。又十四年，竭海內全力，廑乃克之。論者謂生靈多阨，致天不憖遺，使得假公數年，賊不足平矣。然公之身繫天下安危者，尤不始此也。先是，公總督湖廣時，鴻臚卿黃爵滋疏請禁鴉片以塞漏卮，有旨下中外大臣議，公條奏利害，深切著名，宣廟嘉焉。」此用倒敘手法。

「十八年冬，命以欽差大臣涖廣東查辦海口屯務。明年，補兩廣總督。公宣諭德威，繕守備，英人以粵之無隙可乘也，乃改圖犯明，陷定海，掠甯波，沿海騷動。在事者爭歸咎公，因中傷之，事垂成而敗。代者至，悉反公所為，恐和議之不速成也。撤公所設各隘口兵以媚之，英人遂徑犯垂虹。公知事不可為，具遺疏以待。圍解，命以四品卿銜趨鎮海至營效力，尋謫戍伊犁。海疆事自此益棘，王相國鼎、湯協揆金釗力爭之，卒為忌者所持，不能得。向令公得始終其事，決裂不至此。公之為天下重也，可勝道哉？」林則徐任兩廣總督在道光二十年。「犯明」不可解，當為「犯浙」。垂虹橋在蘇州吳江，此「垂虹」當指江蘇。

「公生警敏，長不滿六尺，英光四射，聲如洪鐘，每劇談，隔舍數重聆之輒了了。年十二，郡試冠群，補弟子員。二十，舉於鄉，就其邑令記室，閩撫張公師誠見所削牘，奇之，延入幕。」林則徐府試第一在嘉慶二年，年十三。二十歲中舉，時為嘉慶九年。

「嘉慶十七年，公年二十有七，成進士，授編修，益究心經世學。雖居清秘，於六曹事例因革、用人行政之得失，綜核無遺，識者知為公輔器矣。」林則徐為嘉慶十六年進士。

「道光三年，擢江蘇按察使，決獄平恕，民頌之曰林青天。十一年，擢東河總督。十二年，調江蘇巡撫。」《清史攬要》誤江蘇巡撫為「江西巡撫」〔註648〕。

「十七年，擢湖廣總督。十八年冬入覲，遂有粵東之命。公之在粵也，奏虎門收繳英吉利躉船鴉片已十逾其八，得旨褒敘。及奏請勦撫兼施，手敕報曰：『朕不慮卿等孟浪，但卿等不可畏葸，先威後德，控制之良法也。』尋請停貿易。公前後所陳皆稱旨，為忌者所中傷，卒不安其位，而天下自此多故矣。公議戍時，河決開封，首輔于〔註649〕公鼎出視工，疏留公督辨，工成

〔註648〕殷夢霞、李強選編《外國人著清史八種》，第五冊，第137頁。
〔註649〕應為「王」。

仍就戍〔註 650〕。有門下士官於陝迎謁公，竊為不平，公談笑自若，不敢言。退謁鄭夫人曰：『甚矣！此行也。』夫人曰：『子母〔註 651〕然。朝廷以汝師能，舉天下大局付之，今決裂至此，得保首領，天恩厚矣！臣子自負國耳，敢憚行乎？』」鄭夫人名淑卿。

「公在塞外，奉命開辨開墾事宜。縱橫三萬餘里，水利大興。稍暇則以筆墨自娛，公書具體歐陽，詩宗白傅，遠近爭寶之。伊犁為塞外大都會，不數月縑楮一空，公手蹟徧冰天雪海中矣。」歐陽指唐代書法家歐陽詢，白傅指曾官太子少傅的白居易。

「二十五年秋，賜環，以四品京堂用。十一月，命署陝甘總督。會野番肆劫，尋勦捕番族。二十七年，遷雲貴總督，有旨加太子太保。後引疾，滇人繪像以祀。家居倡驅夷之說，大忤當事。外夷方為斂跡，而當事思中傷之，會璽書召用，讒者乃止。時方以西洋為憂，後進咸就公請方略，公曰：『此易與耳，終為中國患者，其俄羅斯乎！吾老矣，君等當見之。』然是時俄人未交中國者數十年，聞者惑焉。」林則徐之言當由其時俄國誘迫清廷開放伊犁和塔爾巴哈臺引起，後來俄國割佔的國土面積果然遠超英國。

「薨年六十有六。服官江南最久，以吳民苦賦重，講求漕政不遺力。在粵時，中旨詢江南漕務，公條舉四端，宣宗褒許，擬俟粵東事畢次第施行。二聖知公之深，以公報國憂民之心，卒不果行，惜哉！而其尤關天下治亂之數者，則以辨夷務、勦粵寇二者為最鉅。此海內聞公薨所以太息流涕，共為天下惜者也。」林則徐卒於道光三十年冬，咸豐帝已即位，「二聖」當指旻寧和奕詝。

「公天性孝友，事事以養志顯親為念。家居，凡族姻中子弟讀書者，約期治膳，集而課之，曰親社。性聰察，摘伏如神，馭左右嚴，每黑夜潛行，躬自微察，無敢因緣為奸，然待人以恕，接人以誠，人咸樂為之用。善飲善弈〔註 652〕，服官後皆卻不御。好勤動，與處數十年者未嘗見其袖手枯坐也。」該段末句為《清史攬要》所無。

「咸豐元年，滇撫請祀雲南名宦祠，陝撫據輿情入告，請建專祠，報可。子汝舟，官編修。」〔註 653〕該傳的內容多來自李元度《國朝先正事略》中的《林文忠公事略》。林則徐亦入祀江蘇名宦祠。其子有四，汝舟居長。女三，

〔註 650〕應為「戍」。

〔註 651〕應為「毋」。

〔註 652〕原字下半部分誤為「火」。

〔註 653〕殷夢霞、李強選編《外國人著清史八種》，第四冊，第 161～167 頁。

次女普晴适沈葆楨，紀中提及。

84. 陳化成

「陳化成，號蓮峯，福建人。」陳化成字業章。

「道光二十年，西洋英吉利以禁鴉片搆釁擾海疆，上稔聞公有將略，由廈門提督調江南。時閩浙戒嚴，公守吳淞，以英人講和，將撤防，公獨謂款約不可恃，請留所部兵不去，扼西礮臺以守三載。」《清史攬要》所記「往來海濱風浪中」「軍中呼為陳佛」〔註 654〕等事，載於紀中〔註 655〕。

「二十一年，定海再陷，鎮海失守。明年，英人陷台〔註 656〕浦，戈船三十艘震逼吳淞，東路兵潰，賊併力攻公。參將周世榮請公奔，公拔劍叱之，世榮逸。賊登岸，礮彈雨下，中公，顛復起，猶手爇巨礮，創重，歕血死，年六十有七。越十日，嘉定令練廷璜購公尸，獲積葦中，面如生。殮於武廟，百姓罷市哭奠。繪像二，一留吳淞，一貽其子。詔立專祠，謚忠愍。」〔註 657〕所述較《清史攬要》及《宣宗紀》簡略。

85. 吳文鎔

「吳文鎔，字甄甫，江蘇人。」其為嘉慶二十四年進士。道光年間歷官多地，頗有政聲。

「文宗登極，擢雲貴總督。咸豐三年，粵賊自長沙渡洞庭，陷武昌，蹂江西，據金陵為窟穴，中原震動，上知公威數，移公總督兩湖。至則賊自下游上犯田家鎮，水陸營皆失利，省會戒嚴，城晝閉，居民一夕數驚。巡撫宗〔註 658〕綸欲移營城外為自脫計，與僚屬密議。公知之，立策馬至巡撫署，約與死守，巡撫不可，公憤甚，拔佩刀置案上，曰：『城存與存！城亡與亡！自帥道以下，敢言出城者，刃吾刃！』巡撫默然，議乃定。」吳文鎔於道光三十年冬擢雲貴總督，咸豐元年履任，次年調閩浙而未及行。

「當是時，公方調胡文忠師〔註 659〕黔勇七百人來楚會勦，而曾侍郎國藩，公戌戍〔註 660〕典會試所得士也，時在衡陽治水軍，公馳書約夾攻黃州，侍郎

〔註 654〕殷夢霞、李強選編《外國人著清史八種》，第五冊，第 138 頁。
〔註 655〕殷夢霞、李強選編《外國人著清史八種》，第四冊，第 150 頁。
〔註 656〕應為「乍」。
〔註 657〕殷夢霞、李強選編《外國人著清史八種》，第四冊，第 167～168 頁。
〔註 658〕應為「崇」。
〔註 659〕應為「帥」。
〔註 660〕應為「戊戌」。

許之。擬俟曾、胡二軍至，大舉滅賊，而巡撫屢齕之，趣戰益急。公嘆曰：『吾年逾六十，受國厚恩，豈猶惜死耶？所以遲進者，以麾下將卒宜選練，且俟黔勇及水軍夾擊耳。今若此，不及待矣！』」胡林翼，後謚文忠。此段重要背景敘事補增田貢《清史攬要》《滿清史略》所未述。

「遂以咸豐三年十二月下旬自帥七千人進逼黃州，壁堵城。會大雪，公日行泥潦間拊循士卒，而巡撫銜公甚，遇事陰掣其肘，軍械輜糧不時至。已而賊來犯營，公督將弁力戰，均擊退，未幾賊大至，正決戰間，忽後營火起，眾驚潰。公下馬於泥中，北向叩首痛哭，大呼曰：『無以仰對聖朝！』遂自投塘水死。時四年正月十五日也。年六十有三，謚文節，入昭忠祠。」此戰後崇綸報吳文鎔失蹤，署湖廣總督台湧到任方知其自盡並上奏。

「是年六月，武昌復陷。九月，曾侍郎復武昌，進論巡撫傾陷狀，有詔逮問，巡撫服毒死。公及拜楚督，臨行遺書曾侍郎曰：『天下火周繫子一軍，宜加意訓練，勿造次，且勿遽以援鄂為念。』公之廑懷大局若此。公與林文忠並負天下望，論者謂公正直，林公聰明，林公聰明而能正直，公正直而復聰明，是可以得其概矣。」〔註661〕增田貢兩書均未記此信。

86. 曾國藩

「曾國藩，字滌生（原名子城，字伯涵）。先世居楚，國初遷為湘鄉人。父諱麟書，兄弟五人，公居長，次國潢、次國華、次國荃、次國葆。」曾國藩，號滌生，初字居武。除了四個弟弟，他還有一姐三妹。

「公嘉慶辛未十月誕。道光十八年殿試第三名，宣宗拔置第二名，改翰林院庶吉士。二十四年，擢翰林院侍講學士。二十九年，授禮部右侍郎。三十年，宣宗升遐，文宗嗣立。」嘉慶辛未為十六年。曾國藩道光十八年殿試位列三甲第四十二名，賜同進士出身。他是朝考第三名，旻寧拔至第二名，並非殿試。

「咸豐元年，兼署刑部左侍郎，二年，兼署吏部左侍郎，八月，丁母憂。時粵匪洪秀全等掠船浮洞庭湖而下，十一月，陷漢陽，十二月，陷武昌，大江南北，土匪蜂起，詔諭辦理本省團練，搜查土匪。公懇請終制，適庶吉士郭嵩燾勸公出，於是始治兵於長沙，仿明戚繼光束伍成法，逐日操練，是為湘軍創立之始。旋駐衡州，創建舟師，終驅粵賊出湖南境，遂克武昌、漢陽、蘄陽，肅清湖北。咸豐四年秋冬之間，長驅千里，席卷無前。湘勇之旌旗，遂為海內生色，以一縣之人，而征伐徧於十八行省。湖北既清，遂率水陸諸軍循江東下，

〔註661〕殷夢霞、李強選編《外國人著清史八種》，第四冊，第168～170頁。

駸駸乎有直擣金陵之勢。無如事機不順，事權掣肘，以孤軍困於江西，崎嶇數年，僅支危局，然其所規畫設施，丰采隱然動天下矣。咸豐七年，丁父憂，懇請終制，既復奉命視師，廓清江西，進圍安慶。當此之時，賊勢如飄風疾雨，蹂躪大江南北，幾無完土。自率萬人馳入祁門，諸路悍賊麕集祁門，晝夜苦戰，相持數月，群賊夜遁，自是軍威大振，而時局遂有轉機矣。迨安慶告克，曾國藩以賊勢浩大，定議分道進軍：曾國荃進薄金陵；楊岳斌、彭玉麟專率水師，埽蕩江面；鮑超東西馳擊；左宗棠援淅〔註 662〕；李鴻章援蘇；淮潁一帶，則袁甲三、李續宜、多隆阿分途並峙。曾國藩總持全局，會商機宜，憂勞情狀，殆難縷述。朝廷復虛衷延訪，每有論奏，立見施行，用能庶政一新，捷書頻奏。議者以為戡定粵賊之功，惟曾國藩實倡於始，實總其終，其沈毅之氣，堅卓之力，深遠之謀，即求之往古名臣，亦所罕覯也。」此簡述曾國藩鎮壓太平天國事。

「同治四五年間，曾國藩勦捻齊豫，雖未見速效，然長牆圈制之策，實已得其要領，李鴻章變通盡利，以竟全功。」曾國藩、李鴻章鎮壓捻軍事，紀中所述較詳。

「軍旅漸平，百務創舉，曾國藩集思廣益，手定章程，勸農課桑，修文興教，振窮戢暴，獎廉去貪。不數年間，民氣大蘇。自泰西各國通商以來，中外情形已大變於往古，曾國藩深知時勢之艱，其大旨但務守定條約，示以誠信，使彼不能求逞於我，薄物細故，或所不校，居恒以隱患方長為慮，謂自強之道貴於銖積寸累，一步不可蹈空，一語不可矜張。其講求之要有三：曰制器，曰學校，曰操兵。故於滬局之造輪船，方言館之翻譯洋學，未嘗不反覆致意。其他如操練輪船，演習洋隊，挑選幼童出洋肄業，無非求為自強張本，蓋其本心兢兢於所謂綢繆未雨之謀，未嘗一日忘也。至其始終不變而持之有恒者，則以克己為體，以進賢為用。盛德所感，始而部曲化之，繼而同寮諒之，終則各省從而慕效之，所以轉移風氣者在此，所以宏濟艱難者亦在此。」傳中述曾國藩倡導洋務運動事遠較《清史攬要》為多。

「曾國藩知人之鑒，超軼古今。江忠源、胡林翼專疏保薦，卓著忠勤。在籍辨團之始，若塔齊布、羅澤南、李續賓、李續宜、王鑫、楊兵〔註 663〕斌、彭玉麏〔註 664〕，或聘自諸生，或拔自隴畝，或招自營伍。最後遣劉松山一軍

〔註 662〕應為「浙」。
〔註 663〕應為「岳」。
〔註 664〕即彭玉麟，原字下半部誤為「君」。

入關，拔之列卒之中，謂可獨當一面，卒能功勛灼然。曾國藩又謂：『人才以培養而出，器識以歷練而成。』故有一長者，無不優加獎借。」此處可與紀中他和兩宮皇太后的對話呼應。

「同治十一年正月二十二日，病肝風痲木。二十九日，自書日記，明日又曰：『余精神散漫已久，凡遇應了結之件，久不能完，應收拾之件，久不能檢，如敗葉滿山，全無歸宿。通籍三十餘年，官至極品，而學業一無所成，德行一無所就，老大徒傷，不勝悚惶慙赧。』二月初二日，告公子紀澤：『喪事宜遵古禮，勿用僧道。』初三日，閱《理學傳》中《張子》一卷，又有手顫心搖之症。初四日，端坐而薨，行年六十有二。城中士女，巷哭野祭，如喪父母。」曾國藩卒於兩江總督任所，「城」指江寧。

「事聞，上震悼，賜祭，謚文正，贈太傅（原任大學士、兩廣〔註 665〕總督、一等毅勇侯）。詔入昭忠、賢良二祠，並於湖南、江寧建專祠，生平政績事實，宣付史館，御賜祭文。」曾國藩從未任過兩廣總督，當為兩江總督。

「李鴻章奏疏有云：『竊嘗綜敘曾國藩之為人，其臨事謹慎，動應繩墨，而成敗利鈍有所不計，似漢諸葛亮，然遭遇盛時，建樹宏濶，則又過之；其發謀決策，應物度務，下筆千言，窮盡事理，似唐陸贄，然涉歷諸艱，親嘗甘苦，則又過之；其無學不窺，默究精要，而踐履篤實，始終一誠，似宋臣司馬光，然百戰勳勞，飽閱世變，則又過之。臣於曾國藩，師事近三十年，既確有聞見，固不敢阿好溢美。』」〔註 666〕該傳文史事略而多議論，其纂修過程作者曾述於該書第七條凡例中，詳見本書第二章第二節。

二、儒林文苑、孝義隱逸傳

1. 侯方域

該傳在目錄中排在顧炎武之後。

「侯方域，字朝宗，河南人。」其生於明萬曆四十六年，時為後金天命三年。

「明季仵阮大鋮，大怒，興大獄，出走得免。初放意聲伎，已而悔之，發憤為詩、古文，倡韓歐學於舉世不為之日。嘗遊吳下，將刻集，集中文未脫稿者，一夕補綴立就，人益奇之。順治十一年卒，年三十有七。」「聲伎」當包

〔註 665〕誤字。

〔註 666〕殷夢霞、李強選編《外國人著清史八種》，第四冊，第 514～520 頁。

括李香君。韓歐指唐代韓愈和歐陽修。

「魏勺庭曰:『朝宗本領淺薄,一夕補稿,如此苟且,能免淺薄之譏乎?』」魏禧,人稱勺庭先生,下文有傳。

「朱彝尊曰:『文章之難,自雪苑、軫石之外,其合於作者蓋寡。』又曰:『二子學未成而早死,使其不死,寧無進境?故其材未老,其學未底於大成。』(雪苑,朝宗別號。)」〔註667〕明末清初散文家王猷定,號軫石,萬曆二十六年生,卒於康熙元年,年六十五。朱彝尊,下文有傳。

2. 孫奇逢、博雅,魏一鼇

目錄僅書孫夏峰,傳中並附記孫奇逢四子博雅及弟子魏一鼇事蹟。

「孫夏峰,諱奇逢,字啟泰,直隸人。」孫奇逢晚年講學於河南輝縣夏峰村,世稱夏峰先生。因其屢徵不起,亦稱徵君。

「家故貧,甞與鹿忠節論學,自辰至日昃,始得豆麵作羹,怡然無不足之色。自言從憂患困欝中默識心性本原,生平得力實在此。」鹿善繼,生於萬曆三年,四十一年成進士,崇禎九年清軍攻定興,城破死之,謚忠節。

「天啟五年,魏忠賢興大獄,左忠毅、魏忠節、周忠介先後被逮,誣以贓。左甞督學三輔,又治屯田,有惠政。先生與鹿正、魏果中〔註668〕謀設匭建表於門,曰願輸金救左督學者聽,於是投匭者雲集,得金數千齎入都,而左、魏已先斃杖下。明年,忠介公逮至,擬贓五千,先生復為營畫,得金數百,而忠介復杖斃矣。乃皆經紀其喪,按籍還金,左、魏骨籍以歸。海內有范陽三烈士之稱,謂先生及正、果中也。」左光斗,謚忠毅;魏大忠,謚忠節;周順昌,謚忠介。鹿正為鹿善繼之父,張果中為鹿善繼弟子。

「先生義聲震一世,自有明及本朝前後十一徵不起。晚歲水部郎馬光裕奉以夏峰田廬,遂移家築堂曰兼山,讀《易》其中,率子弟躬耕,四方來學願留者亦授田使耕,所居成聚。湯文正公斌官嶺北道,告養歸,遂從受業凡十年。先生始以象山、陽明為宗,晚更和通朱子之說。其持身務自刻砥,而與人無町畦,每晨起謁先祠畢,澄心端坐,雖疾病未嘗有惰容。有問學者必開以性之所近,使自力於庸行。接人一以誠意,用此名在天下而人無忌嫉者。山中花放,鄰村置酒相邀,咸知敬愛。卒年九十有二。道光八年,詔從祀孔子廟庭。」馬光裕,順治四年進士,次年授工部都水司主事。南宋大儒陸九淵,號象山翁。

〔註667〕殷夢霞、李強選編《外國人著清史八種》,第四冊,第569~570頁。

〔註668〕當為張果中。

明代大儒王守仁，號陽明。朱子指南宋大儒朱熹。

「子六，四子博雅。徵君著書不下數百卷，甞數易其稿，皆博雅手書，字体古健，無一筆苟。康熙八年詔舉山林隱逸，郡守以名上，以父老力辭。」當時學者稱孫博雅為文孝先生。

「魏一鼇，字蓮陸，夏峰高第弟子也。遭時喪亂，患難與共者，餘三十年。後搆雪亭於夏峯，為徵君（夏峰）訂正年譜。著《雪亭夢語》。」〔註 669〕魏一鼇另著有《雪亭詩草》等，輯有《北學編》。

3. 黃宗羲、宗炎

目錄僅書黃梨洲，傳中並附記黃宗羲弟宗炎事蹟，敘事中提及其弟宗會、其子百家。

「黃梨洲先生宗羲，字太沖，浙江餘姚人。明御史忠端公尊素長子。」黃宗羲，號南雷，別號梨洲老人、梨洲山人等。其父尊素，南明追謚忠端。

「忠端劾魏忠賢死獄，先生年十九，袖長錐入都訟寃，錐許顯純流血被體，又毆雀〔註 670〕應元，拔其鬚，歸祭忠端公神主前。又錐殺牢卒，蓋忠端絕命二卒手也。」黃宗羲此次入都在崇禎元年。

「先生歸，益肆力於學。壬午入都，偶遊市中，聞鐸聲，曰：『非吉聲也。』遂南下。已而大清兵果入塞，結寨自固。先生既失兵，日與吳鍾巒坐舟中，正襟講學，暇則注授時、泰西、回回三歷而已。後乞師日本，抵長崎，不得請，自是東遷西徙無寧居。其後海上傾覆，先生無復望，歸里門，謂明人講學襲語錄之糟粕，不以六經為根據。」此壬午為崇禎十五年，黃宗羲進京會試，名落孫山。吳鍾巒，崇禎七年進士，南明魯王監國時任禮部尚書。

「康熙戊午，詔徵鴻儒修史。徐學士元文謂先生非可召試者，然或可聘之修史，先生固辭，朝廷特詔浙中督撫抄先生著述關史事者送京師。徐公延先生子百家及萬處士斯同、萬明經言任纂修，皆先生門人也。先生以書報徐公，且謂之曰：『昔聞首陽山二老，託孤於尚父，遂得三年食薇，顏色不壞。今吾遣子從公，可以置我矣。』魏象樞曰：『生平願見不得者三人，夏峰、梨洲、二曲也。』」戊午為康熙十七年。萬言為萬斯同侄。首陽山二老指伯夷、叔齊，尚父指姜尚，即姜子牙。李二曲下文有傳。

「康熙乙亥卒，年八十有九。初營生壙，中置石牀，無棺槨，作《葬制或

〔註 669〕殷夢霞、李強選編《外國人著清史八種》，第四冊，第 570～572 頁。
〔註 670〕應為「崔」。

問》，援趙邠卿、陳希夷例，戒身後無得違命。蓋以遭國家之變，期於速朽，而不欲顯言其故也。」黃宗羲卒於康熙三十四年。東漢經學家趙岐，字邠卿。道教思想家陳摶，宋太宗賜號希夷先生。

「所著《明儒學案》六十二卷，三百年儒林之藪也。《易象數論》六卷，力辨河洛方位圖象之非。《授書隨筆》一卷，《春秋日食曆》一卷，《呂律新義》二卷，《孟子師說》四卷。嘗欲重修《宋史》，未就，存《叢目補遺》三卷。輯《明史案》二百四十四卷，《贛州失事〔註671〕》一卷，《紹武爭立紀》一卷，《四明山寨紀》一卷，《海外痛哭記》一卷，《日本乞師紀》一卷，《舟山興廢》一卷，《沙定洲紀亂》一卷，《賜姓本末》〔註672〕一卷，《汰存錄》一卷，《授時曆注》一卷，《大統曆推法》一卷，《授時曆假如》一卷，西曆、回曆假如各一卷，《氣運算法》《勾股圖說》《開方命算》《測圖要義》若干卷，《南雷文案》十卷、《外集》一卷，《吾悔集》四卷，《撰杖集》四卷，《蜀山集》四卷，《子劉子行狀》四卷（劉忠正），《詩曆》四卷，《南雷文約》四十〔註673〕卷，《明夷待訪錄》二卷，《留書》一卷，《思舊錄》二卷。《明文海》四百八十二卷，閱明人文集二千餘家。又輯《宋元儒學案》，以志七百年儒苑門戶。」「《賜姓本末》」，當為《賜姓始末》，記鄭成功事。

「嘗續《宋〔註674〕鑑》《元文抄》，以補蘇、呂二家之闕。又作□〔註675〕《今水經》。其餘《四明山志》《台宕紀游》《匡廬游錄》《姚江文略》《姚江瑣事》《補唐詩人傳》《病榻隨筆》《黃氏宗譜》《喪制》《年譜》共若干卷。」《宋文鑑》，南宋呂祖謙編。黃宗羲《元文抄》，為續元朝蘇天爵所編《元文類》而作。

「先生文不名一家，晚年忽愛謝皋羽，所處之境同也。雖不起徵車，而史局大議必咨先生。吳檢討總裁千里遺書，乞審正而後定。嘗論《宋史》別立《道學傳》，為元儒之陋，《明史》不當仍其例。朱檢討彝尊適有此議，湯公斌出先生書示眾，遂去之。於國難諸公表章尤力，至遺老之以軍持自晦者，久之嗣法開堂，先生曰：『是不甘為異姓之臣，反為異姓之子也。』」南宋散文家謝翱，字皋羽。吳檢討指翰林院檢討吳任臣，其為《明史》纂修官，分修《律曆志》，

〔註671〕漏「紀」字。

〔註672〕有誤字。

〔註673〕衍字。

〔註674〕漏「文」字。

〔註675〕原文如此，恐為書寫漏格，當無闕文。

並非總裁。黃宗羲七世孫炳垕《黃梨洲先生年譜》作：「……故雖不赴徵書，而史局大案，總裁必咨於公，如曆志出于吳檢討任臣之手，乞公審定，而後定其論。」〔註 676〕

「弟宗炎，字晦才〔註 677〕。崇禎己卯秋試報罷，與弟宗會約閉關盡讀天下之書而後出。孫公嘉績畫江而守，步迎監國，兄弟毀家率子弟僮僕荷戈，婦女皆執爨以餉，所謂世忠營也。梨州〔註 678〕南下南昌，先生留龕山治輜重。事敗，狂走入四明山。晚年以石匭錮所著述於其中，語其子曰：『有急則埋之。』丙舍〔註 679〕，如其言。子卒，遂莫知所在。〔註 680〕己卯為崇禎十一年。孫嘉績，崇禎十年進士，南明魯王監國時任兵部尚書。黃宗炎卒於丙寅年，即康熙二十五年。

4. 李顒

目錄寫為李二曲，傳中提及其父李可從、其母彭氏事蹟。

「李二曲先生，名顒，字中孚，陝西人。」李顒，號二曲，陝西盩厔人。

「父可從，字信吾，以壯武從軍。崇禎壬午，督師汪公喬年討賊，信吾臨發抉一齒，與其婦彭，曰：『戰危，事不捷，當委骨沙場，子其善教兒矣！』亡何，死。」壬午為崇禎十五年，「賊」指李自成農民軍。

「先生從師，修脯不具，皆謝之。彭曰：『經書固在，何必師？』母子相依，或數日不舉火，洎如也。先生以昌明關學為己任，其論學曰：『天下大根本，人心而已；大肯綮，提醒天下之人心而已矣。是故天下治亂視人心，人心邪正視學術，凡學在反身，道在守約，功在悔過自新，而必自靜坐觀心始，靜坐乃能知過，知乃能悔，悔乃能自新。』李顒生於明天啟七年，其母卒於康熙四年。

「初，母夫人葬信吾之齒，曰齒塚，以待身後合葬。母夫人卒，徒跣之襄城，徧覓遺蛻不得，乃為文禱於社，服斬衰，晝夜哭不絕聲。襄陽令張允中請立信吾祠，且造塚故戰場以慰孝子心。宿祠下，夜分鬼聲大作，悽愴悲涼，蓋先生祝於父祠，願以五千國殤魂同返關中故也。」李顒赴河南襄城在康熙九年。張允中為河南襄城知縣，「襄陽」誤。

〔註 676〕《黃宗羲年譜》，黃炳垕撰、王政堯點校，中華書局 2006 年版，第四二頁。
〔註 677〕應為「木」。
〔註 678〕應為「洲」。
〔註 679〕應為「寅」。
〔註 680〕殷夢霞、李強選編《外國人著清史八種》，第四冊，第 571～577 頁。

「癸丑，陝督以隱逸薦，先生誓死辭，書八上。戊午，部臣以海內真儒薦，因稱疾，先生絕粒六日，至欲拔佩刀自刺。諸官屬大駭，得予假治疾。自是荊扉反鎖，不復與人接，惟顧寧人至則款之。」癸丑為康熙十二年，戊午為十七年。顧炎武，字寧人，下即其傳。

「嘗著《十三經糾繆》《廿一史糾繆》及象數諸書，自以為近於口耳之學，不復示人。惟以《反身錄》示學者。當是時，孫夏峰、黃梨洲與先生，時論以為三大儒。然夏峰自明時已與楊、左諸公為後交，易代後，聲名益大。梨洲為忠端之子，蕺山之高弟，又從亡海上，資望皆素高。先生起孤童，上接關學六百年之統，為尤難云。〔註 681〕「楊」當指明代諫臣楊繼盛之子楊應尾，「左」或指孫奇逢傳中提及的左光斗。蕺山指明末學者劉宗周，他曾在山陰蕺山講學。北宋關中大儒張載創立關學，至李顒之世約六百年。

5. 顧炎武

「顧亭林，初名絳，字寧人，江南人。後改名炎武。」顧絳，字忠清，明亡後改名炎武。世居崑山，其地有南朝學者顧野王所筑亭林，因自號亭林，人稱亭林先生。

「母夫人聞兩京皆破，遂不食卒，遺命誡先生勿事二姓。顧氏有三世僕，叛投里豪。丁酉，先生四謁孝陵歸，持之急，乃欲告先生通海。先生亟往擒之，數其罪，湛之水。僕婿復投里豪，以千金賄太守，欲殺先生。勢太急，有代乞援於禮部尚書錢牧齋者，牧齋欲先生自稱門下，乃許之。其人知必不可，而懼失援，乃私自書刺與之。先生急索刺，不獲，則列揭通衢自白。牧齋笑曰：『寧人之卞也。』會其事白，於是先生浩然有去志。至是，五謁孝陵，乃東行墾田於章邱之長白山下以自給。」丁酉為順治十四年，而事當在十二年乙未。「其人」是顧炎武好友歸莊。

「戊戌，徧遊北畿，出山海關歸，至昌平拜謁長陵以下。次年再謁，復歸江南六謁孝陵。甲辰，四謁思陵畢，墾田於雁門之北。」戊戌為順治十五年，甲辰為康熙三年。顧炎武「六謁孝陵」在順治十四年丁酉，首次「拜謁長陵以下」在十六年己亥，再謁昌平十三陵及七謁孝陵在十七年庚子。三謁思陵在康熙元年，四謁在康熙三年。〔註 682〕

〔註 681〕殷夢霞、李強選編《外國人著清史八種》，第四冊，第 577～579 頁。
〔註 682〕參見牛余寧《顧炎武政治旅行研究》，曲阜師範大學 2009 年碩士論文，第 28 頁。

「初，先生之居東也，其地濕，不欲久留，每言馬伏波、田疇皆從塞上立業，欲居代北，嘗曰：『使吾澤中有牛羊，江南不足懷也。』復如京師，五謁思陵，自是往還河北諸邊塞者凡十年。」馬伏波指東漢伏波將軍馬援，田疇為東漢末年義士。顧炎武五謁思陵在康熙八年。

「丁巳，六謁思陵，始卜居陝之華陰。始先生徧觀四方，心耿耿未下，謂秦人慕經學、重處士、持清議，實他邦所少，而華陰綰轂關河之口，雖足不出戶，而能見天下之人，聞天下之事，有警入山守險，不過十里之遙，若志在四方，則一出關門，亦有建瓴之勢，便乃定居焉。」丁巳為康熙十六年，是年顧炎武六謁思陵。其卜居華陰在十八年。

「熊公賜履任史事，以書來招，答曰：『願以一死謝公，最下逃之世外。』懼而止。戊午，鴻詞科詔下，諸鉅公爭欲致之，先生以死辭。華下諸生請講書，謝之曰：『名之為累甚矣！少讀《宋史・劉忠肅傳》曰：士當以器識為先，一命為文人，無足觀矣。』即終身謝絕應酬文字。李二曲求為其母傳，至再三，終謝之，嘗曰：『文不關於經術政理之大，不足為也。韓公起八代之衰，若但作《原道》《諫佛骨表》《平淮西碑》《〈張中亟〔註683〕傳〉後序》諸篇，有一切諛墓之文不作，豈不誠山斗乎？今猶未也。』其論學則曰：『諸君關學之餘也，横渠、藍田之教，以禮為先。』先生既負用世之略，不得一遂，所至輒小試之。墾田度地，累致千金，故隨寓饒足。」韓公指唐代韓愈，張中丞是御史中丞張巡，「後序」亦作後敘。横渠指北宋大儒張載，因居於郿縣横渠鎮，世稱横渠先生。藍田指北宋藍田呂氏家族，呂大忠、呂大防、呂大鈞、呂大臨史稱藍田四呂。

「康熙二十年，卒於華陰，年六十有九。」顧炎武於康熙二十一年正月卒於山西曲沃，享年七十。

「尤留心經世學，著《天下郡國利病書》《肇域志》。最精韻學，據遺經以正六朝唐人之失，據唐人以正宋人之失，有《韻學五書》。又有《金石文字記》。晚益篤志六經，持論悉本朱子之說，而歸咎於上蔡、横浦、象山甚峻，有書曰《下學指南》。」上蔡指北宋學者謝良佐，其為上蔡人；横浦指南宋學者張九成，自號横浦居士。

「其平時論學，曰博學於文，曰行己有恥。謂自一身以至天下國家之事，自子臣弟友以至出入往來、辭受取予之間，皆有恥之事，不恥惡衣惡食，而恥

〔註683〕應為「丞」。

匹夫匹婦之不被其澤。故曰：『萬物皆備於我矣，反身而誠。』」是段化用顧炎武《與友人論學書》，「萬物皆備於我矣，反身而誠」是孟子之言。

「先生出游，以馬二、騾二載書隨，所至阨塞即呼老兵退卒詢曲折，或與平日所聞不合，則即旅舍中發書勘之。或經行平原大野，無足措意，則馬上默誦諸經註疏，偶有遺忘，即又發書熟復之。所著書，又有《左傳杜解補正》《九經誤字》《石經考》《吳韻補正》《昌平山水記》《山東考古錄》《京東考古錄》《亭林詩文集》及《二十一史年表》《歷代帝王宅京記》，皆行於世。」〔註 684〕顧炎武另有《日知錄》，下文其弟子潘耒傳中提及。

6. 毛奇齡

目錄書為「毛龜齡」，字誤。

「毛奇齡，字大可，一字齊于，又名甡，字初晴，學者稱西河先生，蕭山人。」毛奇齡，以其郡望號西河，別號河右。

「生時母張夢番僧持度牒入門，四歲，母口授《大學》即成誦，乃授書使循所讀自認之，一再週，無一不識者。順治三年，亡走山寺，祝髮披緇，匿坑中。王師破江東，戮留髮者，先生以髡免。歸，母夫人泣曰：『吾向夢，今竟然矣！』」毛奇齡生於明天啟三年。

「先是，明末士林好為社，先生品目過嚴峻，人多忌之，乃變姓名為王世方。」當時毛奇齡化名王彥，字世方。

「張新標有名園，中秋夜會客，先生倚醉扣槃，賦六百餘言。及且〔註 685〕，傳寫迨徧。施愚山參議見之，驚曰：『此必吾友毛生者也。』」張新標，順治六年進士。施閏章，號愚山，曾任江西布政司參議，分守湖西道，下文有傳。

「避仇之嵩山，匿道士土室中，苦無書，假寐而泣。夢有告之者曰：『盍之嵩陽問之？』踰月，過嵩陽廟市，無書，惟高笠僧貽書一帙，則古本《大學》也。叩之，曰：『吾遼人也。少受學賀淩臺，以《大學》古本授予。』曰：『古學之失傳，由不知本也。《大學》不云：壹是皆以修身為本乎？』先生心契之，已而應湖西施參議之招。」賀淩臺是明代遼東學者賀欽之孫。

「楊洪才恥菴來講姚江之學，使君雅不善姚江，謂不宜舍事物求心性，恥菴不之辨。會午食，使君曰：『不遷怒實難，吾昨責宮〔註 686〕庖以闕供也，今

〔註 684〕殷夢霞、李強選編《外國人著清史八種》，第四冊，第 579～583 頁。

〔註 685〕應為「旦」。

〔註 686〕應為「官」。

又責之，直遷怒矣。宜何以治之？』恥菴乃舉手肅四座，曰：『若此者，可仍求之事物否？』時四座闃然，先生大悟，即下拜曰：『受教。』」姚江，全稱為餘姚江，因王守仁為浙江餘姚人，亦被稱為姚江。使君即指施閏章。

「康熙中，授檢討，纂修明史。鬮題得宏、正兩朝，具草二百餘篇。時聖祖精韻學，關中李檢討因篤與吳門顧處士炎武竭終身之力，然卒狃於陸氏切韻二百八部之說。先生詘之，講音韻。嘗與檢討飲（李）文貞宅，論韻不合。李公曰：『吾少讀箕子《麥秀歌》，惡其無韻，故凡遇論韻者，吾必曰能押是則言。』檢討未即對，先生曰：『禾黍油油者，尤也。不與我好，則蕭肴豪尤之通也。好者尤，三聲也。』『有證乎？』曰：『有，《詩》云無言不讎，無德不報。』請益，曰：『《易》云同聲相應，同氣相求，水流濕，火就燥。』公曰善，檢討笑曰：『韻有四聲，未聞三聲也。』先生曰：『四聲起於齊周顒〔註687〕，而沈約成之，古無有也。古人自為韻，而多以平上去三聲韻，互相通押，謂之三聲。不讀《虞廷賡歌》有股肱起，元首喜，百工熙乎？不讀《蔓草詩》有零露漙，清楊婉，適我願；《彤弓詩》有受言藏，中心貺，一朝饗乎？』公與檢討乃大服。」毛奇齡授翰林院檢討在康熙十八年。李因篤，字天生，下文有傳。李光地，謚文貞。

「先生作《仲氏易》三十卷，《推易始末》四卷，《春秋占筮書》三卷，《河洛原舛編》一卷，《大〔註688〕極圖說遺義》一卷，《易小帖》八卷，《易韻》四卷，《尚書廣聽錄》五卷，《舜典補亡》一卷，《古文尚書寃詞》八卷，《國風省篇》一卷，《毛詩寫官記》四卷，《詩札》二卷，《詩傳詩說駁義》五卷，《白鷺主客說詩》一卷，《昏禮辨正》一卷，《廟制折衷》一卷，《大小宗通繹》二卷，《辨定祭禮通俗譜》五卷，《喪禮吾說篇》十卷，《春秋毛詩傳》三十六卷，《春秋條貫篇》十一卷，《春秋屬辭比事記》十卷，《春秋簡書刊誤》二卷，《論語稽求篇》七卷，《大學證文》四卷，《大學知本圖說》一卷，《四書賸言》四卷，《聖諭樂本解說》二卷，《皇言定聲錄》八卷，《竟山樂錄》四卷，《大學問》一卷，《孝經問》一卷，《周禮問》一卷，《明堂問》一卷，《韻學要指》十一卷，雜說十卷，文一百三十三卷，詩五十六卷，合四百九十八卷。」所述著作相加為四百卷，毛奇齡另著有《四書改錯》《西河詩話》《西河詞話》《古今通韻》等。

〔註687〕原字右半部誤為「員」。
〔註688〕應為「太」。

「先生少負奇才，說經長於辨駁。多與宋儒鑿枘，而雄辨足以濟之。晚益樂《易》，或疑其歷議古人，使氣難近，及親炙，乃爽然出意外。侍史曼殊，艷而工詩，諸名士為文張之，晚歲皆亡，忽忽不自得。先生每作詩文，必陳書滿前，及伸紙疾書，或良不用一字。夫人陳氏性妒，以曼殊故，輒詈於人前曰：『公等以毛大可為博學乎？渠作七言八句，亦必獺祭乃成。』先生笑曰：『握筆一次，展卷一回。積人自能賅博，婦言不足聽也。』嘗僦居屋三間，中為客次，先生日著書其間，夫人居室中，時或詬罵，先生復還詬之。自明以來，申明漢儒之學，先生實開其先路，其文縱橫博辨，傲睨一世，與其經說相表裡，自成一格，不可以繩尺求，然議論獨到處，卒不可廢。詩次於文，要亦我用我法，不屑隨人步趨者。卒年八十有五。」〔註 689〕毛奇齡卒於康熙五十五年。

7. **朱彝尊**

「朱竹坨〔註 690〕，名彝尊，字錫鬯。」朱彝尊，號竹垞，浙江秀水人。

「康熙己未，詔開博學鴻詞料〔註 691〕，以布衣除檢討，預修明史。幼有奇稟，書過眼不遺一字。年十七，棄舉子業，肆力於古學，凡天下有字之書無弗批覽。以飢驅走，所至金石之文，莫不搜剔考証，其為文章益奇。」己未為康熙十八年。

「時王漁洋工詩而疏於文，汪苕文工文而疏於詩，閻百詩、毛西河工考証而詩文皆次乘，獨先生兼有諸公之勝，所為文，雅潔淵懿，根柢盤深；詩牢籠萬有，與漁洋並峙，為南北二大宗。」王士禛號漁洋山人，汪琬字苕文，下文均有傳。閻若璩、毛奇齡傳見前文。

「入直南書房，為忌者所中，鐫一級，罷，尋復原官。引疾歸，家居十九年，藏書八萬卷。四十八年十月卒，年八十一。」朱彝尊入值南書房在康熙二十二年，次年因私自抄錄各地進獻內廷書籍輯《瀛洲道古錄》，被學士牛鈕彈劾，降一級。復原官已是二十九年，用「尋」不妥。三十一年歸，三十五年始建曝書亭藏書。

「先生少貧，值歲凶，日午無炊煙，而書聲琅琅出戶外。比鄰王氏有老僕訝之，叩門餉以豆粥，先生以奉父，而忍飢讀自若。嘗集里中高材生周篔、繆泳等為詩課，家餘一布袍，每會則付質庫，其婦以紡績出之，後會復然。」周

〔註 689〕殷夢霞、李強選編《外國人著清史八種》，第四冊，第 583～589 頁。

〔註 690〕應為「垞」。

〔註 691〕應為「科」。

筤，字青士，下文有傳。繆泳，原名永謀，字天自，後更名泳，字於野，又字潛初、一潛，浙江嘉興人，初居安徽滁州荇溪，故稱荇溪居士，該書無傳。

「客遊南北，必橐載十三經、廿一史自隨。孫侍郎承澤過先生寓，見插架書，語人曰：『吾見客長安者爭馳逐聲利，其不廢著述者，秀水朱十一人而已。』比召試，相國槜〔註692〕公溥得其文，歎曰：『奇才！奇才！』」嘆朱彝尊為奇才者為大學士馮溥，「槜」當為「馮」。

「所著《日下舊聞》四十二卷，《經義考》三百卷，乾隆中詔儒臣增輯，高宗賜詩題卷端。又《曝書亭文集》八十卷，《明詩綜》百卷，《瀛洲道古錄》《五代史注本錄》各若干卷。」

「子昆田、孫稻孫，皆有集。」〔註693〕朱昆田著有《笛漁小稿》《三體摭韻》等，朱稻孫著有《六峰閣詩稿》《煙雨樓志》等。

8. 魏禧

目錄寫為魏叔子，傳中提及其父兆鳳、其兄祥、其弟禮。

「魏禧，字水〔註694〕叔，號祐〔註695〕齋，寧都人。」魏禧字叔子，一字冰叔，又字凝叔，江西寧都人。

「父兆鳳忠孝嶽嶽，多大節。明亡後走匿山中，剪髮為頭陀。自置惡棺，誡諸子：『我死以此斂。先帝先后，視此何如？我死不得有成禮。』」魏兆鳳削髮於寧都翠微峰，名其室為易堂。其三子等九人曾在易堂講學，後世稱為易堂九子。魏禧名其翠微峰居為勺庭，故人稱勺庭先生。

「長子為祥，次禧，次禮，稱寧都三魏。」魏祥後改名際瑞。

「禧尤著。崇禎初，徵辟皆不就。方流賊之熾也，豫移家翠微峯，肆力古文辭。喜讀史，尤好《左氏傳》及蘇洵。或問學唐宋八家，而不至于善，其病何如？曰：『學柳州易失之小，學廬陵易失之平，學東坡易失之衍，學潁濱易失之蔓，學半山易失之枯，學南豐易失之滯。惟學昌黎、老泉少病，然昌黎易失之生，老泉易失之粗。其病終愈乎他家，諸家亦各有病，學之者，知得其病處，極力洗刷，方能步趨，否則我自有病，又益以八家病，便成一幅百醜圖矣。』」柳州指官終柳州刺史的柳宗元，歐陽修祖籍廬陵，蘇軾號東坡居士，蘇轍號潁濱遺老，王安石號半山，曾鞏是南豐人，韓愈祖籍昌黎，蘇洵號老泉。

〔註692〕誤字。
〔註693〕殷夢霞、李強選編《外國人著清史八種》，第四冊，第589～591頁。
〔註694〕應為「氷」。
〔註695〕應為「裕」。

「康熙中，舉博學〔註696〕宏詞，以疾辭。卒年五十七。妻謝氏，勺飲不入口，絕食十三日死。」魏禧康熙十七年以疾辭博學鴻儒，十九年卒。

「馮少渠曰：『其文之曲折處在能縱，然其病亦在此。波折太過，繆戾叢生。』」〔註697〕馮景，字山公，一字少渠，浙江錢塘人。順治九年生，康熙五十四年卒。國子監生，學者私謚文介先生。著有《樊中集》《解舂集》等，該書無傳。

9. 姜宸英

「姜宸英，字西溟，一字湛園，浙江人。」姜宸英，號湛園，浙江慈溪人。

「少工詩古文辭，為諸生，名徹九重。聖祖嘗謂侍臣曰：『聞江南有三布衣，尚未仕耶？』三布衣者，秀水朱彝尊、無錫嚴繩孫及先生也。會徵博學鴻儒，兩布衣皆入翰林，先生不豫。」嚴繩孫未獲該書立傳。

「尋以薦纂修明史，食七品俸，仍許與試。主試者爭欲得先生，顧先生性疏縱，醉後違科場式，累被斥。又嘗於謝表中用點竄《堯典》《舜典》語，受卷官疑所出，先生曰：『義山詩未讀耶？』受卷官怒，竟擯之。」晚唐詩人李商隱，字義山。

「翁尚書叔元，故人也，雅重先生，嘗曰：『吾名不見子集中，是吾恨也。』及尚書官祭酒，時余國柱方排睢州湯文正公，尚書受指使，劾睢州偽學，遂擢少詹，以睢州故兼詹事也。先生發憤為文譏之。尚書見之，憮然曰：『某知罪矣，然願子勿出也。』越日，先生刊布之，徧傳輦下，尚書恨次骨。時〔註698〕相有幸僕曰安三，勢傾京外，先生不少假借。時相遂與尚書比而尼先生，已故連蹇不得志。」余國柱時為大學士，明相指明珠。

「康熙丁丑，年七十矣，試禮部，卷復違格，主者慕其名，為更正之，成進士。及廷對，上問進呈十卷中有浙人姜宸英乎？韓公菼審公書蹟，奏曰：『第八卷當是。』上曰：『宸英績學能文，至老不倦，可置一甲，為天下讀書人勸。』遂以第三人賜及第，授編修。」丁丑為康熙三十六年。

「副順天鄉試，以目昏不能視，為同官所欺，下吏，病卒。」〔註699〕時為康熙三十八年，姜宸英在獄中飲葯自盡，並非病卒。

〔註696〕應為「學」。
〔註697〕般夢霞、李強選編《外國人著清史八種》，第四冊，第591～592頁。
〔註698〕應為「明」，下同。
〔註699〕般夢霞、李強選編《外國人著清史八種》，第四冊，第592～594頁。

10. 陳維崧，吳綺

目錄僅書陳維崧，傳中尚附吳綺事蹟，並提及章藻功。

「陳維崧，字其年，宜興人。」陳維崧，號迦陵。

「少奇穎，性倜蕩，視財帛如土。甞入都，偕朱竹坨〔註700〕合刻所著曰《朱陳村詞》，流傳入禁中，蒙聖祖賜問。康熙己未，召試鴻詞科，由諸生授檢討，纂修明史。時年五十有四矣。越四年，卒於官，所著湖海樓詩、文、詞集，共五十卷。」陳維崧卒於康熙二十一年。

「國初以駢體名者，推先生及吳園次，其次則章豈績。」吳綺，字園次，亦作薗次，江都人。章藻功，字豈績，錢塘人。

「園次出守湖州，稱三風太守，謂多風力，尚風節，饒風雅也。以失上官意罷歸，貧無田宅，購廢圃以居。凡索詩文者，多以花木竹石為潤筆資，不數月成林，因名種字林。惟好客，與諸名宿結春江花月社，詩才富艷，詩餘亦工〔註701〕，所著曰《林蕙堂集》。」〔註702〕吳綺任湖州知府在康熙五年，三年後罷歸，卒於三十三年。

11. 查慎行

該傳目錄失載。「查初白，初名嗣璉，字夏重，後更名慎行，字悔餘，晚號初白，浙江海寧人。」查嗣璉，號他山，康熙二十八年因孝懿皇后喪禮期間觀劇被逐回籍，遂改名慎行。晚歲居所築初白庵，故稱查初白。

「性穎異，五歲能詩，十歲作《武侯論》，同里范驤稱為曠世才。既長，深於經術，於書無所不窺。」范驤，清初書法家，字文白，號默庵。

「康熙壬午，特召直南書房。癸未成進士，尋授編修。比歲西巡，賡歌載筆，每奏一篇，聖祖稱善。」壬午為康熙四十一年，癸未為次年。

「駕幸南海子捕魚，命群臣賦詩，先生詩有云：『笠簷蓑袂平生夢，臣本煙波一釣徒。』詞意稱旨。忽內侍宣召煙波釣徒查翰林，蓋同時有聲山學士，故以詩別之。與唐韓翃『春城無處不飛花』可同作玉堂佳話也。」書法家查昇，字仲韋，號聲山，同為海寧查氏。康熙二十七年進士，入值南書房，累遷少詹事，著有《澹遠堂集》。唐代詩人韓翃《寒食》一詩有名句「春城無處不飛花」，唐德宗為其授職時，因另有江淮刺史名韓翃，特書此句以別之。

〔註700〕應為「垞」。

〔註701〕有關文，吳綺亦工駢文及詞。

〔註702〕殷夢霞、李強選編《外國人著清史八種》，第四冊，第594～595頁。

「顧常懷引退志，供奉七年，即告歸。家居二十餘年，嘯歌自適。弟嗣庭坐訕謗伏法，盡室赴詔獄。世祖〔註 703〕知先生端慎無他，放歸。著《敬業堂集》五十卷。卒年七十有八。」〔註 704〕查慎行歸里在康熙五十二年，雍正四年被逮，次年放歸，卒。所述當為世宗胤禛，並非世祖福臨。

12. 袁枚

目錄寫為袁隨園。「袁枚，字子才，號簡齋，世稱隨園先生。」袁枚為浙江錢塘人，祖籍慈溪。

「舉鴻詞科，時海內徵士二百餘人，惟先生最少。及試，報罷。」時在乾隆元年，袁枚二十一歲。

「乾隆四年，成進士，選庶吉士。初試漂〔註 705〕水，再調江寧。先生嘗言為守令者，當嚴束家奴吏役，使官民無壅隔，則百弊自除。其為政，終日坐堂皇任吏民白事，有小訟獄立判遣，無稽留者。多設耳目方略，敏而能斷。既而引疾家居。先生以文章入翰林，有聲而忽擯外，及為縣，著才而仕卒不進。自陝歸，年甫四十。遂絕意仕官，闢隨園江寧城西。四方士至江南，必造隨園。」袁枚首次辭官在乾隆十三年，次年即闢隨園。十七年三十七歲時復出赴陝，同年丁憂再次辭官。文中敘述有誤，且敘事不清，不如《滿清史略》〔註 706〕簡明。

「詩文集，上自公卿，下至市井負販皆重之。海外琉球有來購其書者。其初涖溧水也，迎養其父，父疑子年少無吏才，試匿名訪諸野，皆曰：『吾邑有少年袁知縣，乃大好官也。』父喜，乃入官舍。在江寧，嘗朝治事，夜召士飲酒賦詩。市人以所判事作歌曲刻行四方。」袁枚任溧水知縣在乾隆七年，時年二十七歲。其父名袁濱。

「卒於嘉慶二年二月，年八十有二。酬贈諸詩，尤能以才運情，使筆如舌，先生長技也。」〔註 707〕袁枚實卒於是年十一月。

13. 王文治

目錄寫為王夢樓。「王文治，字禹卿，號夢樓，江蘇人。」王文治為江蘇丹徒人。

〔註 703〕應為世宗。
〔註 704〕殷夢霞、李強選編《外國人著清史八種》，第四冊，第 595～596 頁。
〔註 705〕應為「溧」。
〔註 706〕殷夢霞、李強選編《外國人著清史八種》，第二冊，第 311 頁。
〔註 707〕殷夢霞、李強選編《外國人著清史八種》，第四冊，第 596～597 頁。

「自少以文章書法稱天下，乾隆三〔註 708〕十五年進士，授編修。」王文治實為乾隆二十五年進士。

「癸未御試翰詹第一，擢侍讀，旋出為知府，去任。」癸未為乾隆二十八年，次年王文治任雲南臨安知府。

「袁簡齋以詩鳴江浙間，先生應之，聲華與之相上下。高宗南巡，幸錢塘僧寺，見先生所書碑，大賞愛之。內廷臣有告之先生招使出者，亦不應。自滇歸，買僮教之度曲，行無遠近，必以歌伶一部自隨。其辨論音律，窮極要妙，客至張樂共聽，窮朝暮不倦。海內求書者，歲有餽遺，率費於聲伎。人或諫之，不聽。然至客去樂散，默然禪定夜坐，脅未嘗至席。持佛戒，日食蔬果而已。如是數十年，其用意不易測如此。為文尚瑰麗，至老一歸平淡。其詩與書，能盡古今之變，而自成體。嘗自言：『吾詩與字，皆禪理也。』嘉慶七年四月，趺坐室中逝，所著曰《夢樓詩集》。」〔註 709〕王文治書法作品彙為《快雨堂題跋》。

14. 張問陶

目錄寫為張船山。「張船山，名問陶，字仲治，四川人。」張問陶，號船山，為雍正朝大學士張鵬翮玄孫。

「幼有異稟，其存詩自十五歲始。乾隆五十五年進士，尋授檢討。詔選翰詹三十人各書扇柄，又選十二人分書養心殿屏幅，先生皆與焉。累官吏部郎中，後授萊州知府，病免歸。時年四十九。罷官後僑寓吳門，顏所居曰樂天天隨隣屋，未幾，卒於客舍。」張問陶卒於嘉慶十九年，享年五十一歲。

「先生狀似猿，自號蜀山老猿。」張問陶亦善畫猿。

「其詩生氣湧出，沈鬱空靈，於從前諸名家外又闢一境。其寶雞題壁十八首得老杜《諸將》之遺，傳誦殆徧。」所述詩全稱為張問陶《戊午二月九日出棧宿寶雞縣題壁十八首》及杜甫《諸將五首》，戊午為嘉慶三年。

「其婦亦能詩。國朝二百年來蜀中詩人，以船山為最。」〔註 710〕其繼室林頎，字韻徵，號佩環，著有《林恭人集》。

15. 趙翼

目錄寫為趙甌北，傳中所提及劉綸、蔣士銓、費淳和蔣兆奎，為別傳所無。

〔註 708〕應為「二」。

〔註 709〕殷夢霞、李強選編《外國人著清史八種》，第四冊，第 597～598 頁。

〔註 710〕殷夢霞、李強選編《外國人著清史八種》，第四冊，第 598～599 頁。

「趙翼，字耘菘〔註711〕，號甌北，江蘇人。」趙翼亦字雲崧，別號三半老人。

「十二歲學為文，一日成七藝，人皆奇之。乾隆十五年舉順天鄉試，才名動輦下，授內閣中書，直軍機處。每扈從行在，或伏地草奏，下筆千言。應奉文，非先生莫辦。三〔註712〕十六年，成進士。先生應廷試，劉文正、文定兩公又以軍機大臣充讀卷官，先生慮其以嫌擯也，乃變易書法，作歐陽率更體。既首選，文定微疑之，以語文正。文正笑曰：『趙君書吾能辨之，此必非也。』既揭榜，乃歎曰：『能者固不可測耶！』遂以編修任撰文，修《通鑑輯覽》。」劉統勳謚文正，劉綸謚文定。唐書法家歐陽詢曾任率更令，故稱歐陽率更。

「尋授鎮安知府，痛革宿弊，鎮人悅服。」授官在乾隆三十一年，次年到任。

「臺灣林爽文之變事平，先生力居多。傅文忠征緬甸，贊畫有功。臺灣之役，進兵破賊，皆先生策也。」傅恆謚文忠。所述「臺灣之役」即「臺灣林爽文之變」，兩句重複，且事在緬甸之役後。

「總督李侍堯欲奏起先生，時年六十一矣，固辭。」李侍堯時任閩浙總督。

「歸田後去安定書院，日與明游故舊賦詩為笑樂，其詩與袁簡齋、蔣心餘齊名。江督費公淳〔註713〕、漕督蔣公兆奎皆門下士也。每過存先生，咨詢風土，言不及私。兩公益欽重之。」蔣士銓，字心餘，該書未立傳。所述「門下士」指兩江總督費淳和漕運總督蔣兆奎。

「卒年八十有六。」〔註714〕趙翼嘉慶十九年卒，享年八十八。傳中未述其《廿二史札記》《陔餘叢考》《簷曝雜記》《皇朝武功記盛》等著作，該書《採集參証書目》中提及。

16. 姚文然

目錄寫為姚端恪公，其分類當屬清朝大臣。

「姚端恪公，諱文然，字弱候〔註715〕，安徽人。」姚文然為安徽桐城人。

「順治三年，授國史院庶吉子〔註716〕，後改禮科給事中，尋轉工科。疏

〔註711〕應為「崧」或「松」。

〔註712〕應為「二」。

〔註713〕應為「淳」。

〔註714〕殷夢霞、李強選編《外國人著清史八種》，第四冊，第599～600頁。

〔註715〕應為「侯」。

〔註716〕應為「士」。

言大臣負罪，宜免鎖禁城門，以存國體。從之。」姚文然為明崇禎十六年進士，順治五年改禮科給事中，上疏事在十年。

「十五年，擢刑部尚書。自入仕所歷皆法官，不骫法，不市恩，一酌乎人心之安，而猶恐失之。校閱刑書常至夜半，年衰成疾。諸子諫之，則曰：『刃殺人於一時，例殺人於萬世。其可忽乎？』嘗刺一人於法為不應，爭之不得，公退而炷香長跪自責者久之。其刻己恕物類此。」姚文然擢刑部尚書在康熙十五年，傳中漏書康熙年號。

「十七年，薨於位。雍正八年詔入賢良祠。」〔註717〕姚文然卒於康熙十七年。

17. 朱之錫

其分類當屬清朝大臣，傳中提及治河諸名臣。

「朱之錫，字孟九，號梅麓，浙江人。」朱之錫為浙江義烏人。

「順治三年進士。十三年進宏文院學士。世祖嘗幸館中，給筆札賦詩，有『禁內盤盂皆敬勝，猶懷筆諫效前賢』之句。上覽之大喜，命坐賜茶。諭嘉公氣度端醇，才品勤敏，令以兵部尚書銜總督河道。」時稱弘文院，避弘曆諱改。

「康熙五年二月薨於位。十二年，河督王光裕疏言公生而盡瘁，歿為河神，邳州等諸縣皆建廟塑像尸祝，有禱輒驗，謹據輿情，籲請錫封。禮部議以河臣封神無成例，寢其議。乾隆四十五年，高宗巡視河工，始允大學士阿桂請，以公歿為河神，屢著靈應，諭禮部賜封助順永寧候，春秋致祭。公治河十載，功德在人，而其始終為國為民之精誠，復能昭揭於身後，則其歿為明神也，何疑？著有寒香館《河防疏略》行於世。後公為河督者，若靳文襄、陳恪勤、齊勤恪、嵇文敏諸公，皆有名，續且皆建專祠，而公神異尤著云。」〔註718〕靳輔謚文襄，陳鵬年謚恪勤，齊蘇勒謚勤恪，嵇曾筠謚文敏，後兩人該書無傳。

18. 王夫之

目錄寫為王而農，傳中提及瞿式耜、嚴起恆。

「王而農先生，諱夫之，字而農，號薑齋，湖南人。少負異才，讀書十行俱下。崇禎十七年，北京陷，涕泣不食者數日。順治四年，王師南下，先生走桂林。瞿式耜疏薦，授行人。其後瞿公殉節桂林，嚴公起恆被害南寧，先生知事愈不可為，益自韜晦。最後歸衡陽之石船山，晨夕閉門。」瞿式耜、嚴起恆

〔註717〕殷夢霞、李強選編《外國人著清史八種》，第四冊，第601頁。

〔註718〕殷夢霞、李強選編《外國人著清史八種》，第四冊，第601～603頁。

均為南明永曆朝大學士。傳中未述王夫之被稱為船山先生。

「所著《周易內傳》十二卷、《發例》一卷，《周易大象解》一卷，《周易稗疏》四卷，《周易考異》一卷，《周易外傳》七卷，《書經稗疏》四卷，《尚書引義》六卷，《詩經稗疏》四卷，《詩經考異》一卷，《詩廣傳》五卷，《禮記章句》四十九卷，《春秋稗疏》二卷，《春秋家說》七卷，《春秋世論》五卷，《續春秋左氏〔註 719〕博議》二卷，《四書訓義》三十八卷，《四書稗說》〔註 720〕二卷，《四書考異》一卷，《讀四書大全說》十卷，《說文廣義》三卷，《讀通鑑論》三十卷，《宋論》三十卷，《張子正蒙注》九卷，《思問祿〔註 721〕》二卷，《俟解》一卷，《噩夢》一卷，《黃書》一卷，《識小錄》一卷，《老子衍》一卷，《莊子解》三十三卷，《龍漂夜話》一卷，《愚鼓歌》〔註 722〕一卷，《相宗絡索》一卷，《楚辭通釋》十四卷，《薑齋文集》十卷、《詩集》十卷、《詩餘》二卷、《詩話》三卷、《外集》四卷，《八代文選》十九卷，共計三百二十四卷。其著祿〔註 723〕於四庫者，曰《周易稗疏》、《考異》，《尚書稗疏》，《詩〔註 724〕稗疏》、《考異》，《春秋稗疏》，凡六種。」此段中除漏字及形近誤字外，「《四書稗說》」當為《四書稗疏》，「《愚鼓歌》」當為《愚鼓詞》。

「先生論學，以漢儒為門戶，以宋五子為堂奧，其《大學》《中庸》衍義，力闢致良知之說，以羽翼朱子，而於《正蒙》一書，尤有神契，謂張子之學，上承孔孟。」宋五子指周敦頤、邵雍、張載、程顥、程頤。

「先生當鼎革，甲申後，崎嶇嶺表，發讜論，攻憸邪，備嘗艱險。既知事不可為，乃退而著書，伏竄窮山四十餘年，故國之戚，生死不忘。康熙十八年，吳逆僭號於衡，逃入深山，作《祓禊賦》，未幾卒。自題墓碣曰明遺臣王某之墓。」吳三桂稱帝於衡州實在康熙十七年，王夫之則卒於三十一年，並非「未幾」。

「道光中，族孫始刻遺書，同治二年曾國荃重鋟。」〔註 725〕道光二十二年，王夫之七世孫世全出資刻成《船山遺書》，咸豐四年書版毀於戰火，同治四年曾國藩、曾國荃兄弟重刻，曾國藩作序。

〔註 719〕漏「傳」字。
〔註 720〕有誤字。
〔註 721〕應為「錄」。
〔註 722〕有誤字。
〔註 723〕應為「錄」。
〔註 724〕漏「經」字。
〔註 725〕殷夢霞、李強選編《外國人著清史八種》，第四冊，第 603～605 頁。

19. 應撝謙

目錄寫為應潛齋。「應潛齋，諱撝謙，字嗣寅，仁和人。」應撝謙，號潛齋。

「自以故國諸生，絕志進取，益盡力著書。海寧令許西〔註 726〕山請主講席，造廬者再，不見，既而曰：『是非君子中庸之道也。』扁舟報謁，許大喜曰：『應先生其許我乎？』先生逡巡對曰：『使君學道，但從事於愛人足矣。彼口說者，適足以長客氣也。』許嘿然。既出，先生解維疾行曰：『使君好事，必有束帛之將，拒之，益其慍，受之，非心所安也。』」許三禮，字典三，號酉山，河南安陽人。順治十八年進士，康熙二年任海寧知縣。

「弟子甚多，因以樓上、樓下為差，如馬融例。」東漢經學家馬融，設絳帳授徒，弟子上千，以次傳授，鮮有入其室者。

「卒於康熙二十六年，年六十有九。病革，尚手輯《周忠毅公傳》，未竟而卒。」〔註 727〕應撝謙年六十九卒，時為康熙二十二年。明末周朝瑞、周宗建均謚忠毅，未知所指。

20. 朱用純

目錄寫為朱柏盧，傳中提及其父朱集璜事。

「朱柏盧，名用純，字致一，江蘇人。」朱用純，號柏盧，江蘇崑山人。

「大兵下江東，城陷，父集璜不屈死。」崑山城陷在順治二年。

「先生慕王裒攀柏之義，自號柏盧。晨起謁家廟，退即莊誦《孝經》。有來學者，必先授以《小學》《近思祿〔註 728〕》，繼進之以四子書。其論學未嘗持異同，曰：『知所當知，行所當行，可矣。他非所暇也。』」王裒攀柏的典故，事見《晉書・孝友傳》。四子書即四書，包括《論語》《大學》《中庸》《孟子》，這四部書為孔子、曾子、子思、孟子的言行錄，故稱四子書。

「康熙二〔註 729〕十七年卒，年七十有二。前歿之三日，設先人位，強起拜於堂，曰：『吾可告無罪於先人矣。』有《愧訥集》及《學庸講義》，所著《治家格言》尤膾炙人口云。」〔註 730〕朱用純七十二歲卒，時為康熙三十七年。

〔註 726〕應為「酉」。

〔註 727〕殷夢霞、李強選編《外國人著清史八種》，第四冊，第 605～606 頁。

〔註 728〕應為「錄」。

〔註 729〕應為「三」。

〔註 730〕殷夢霞、李強選編《外國人著清史八種》，第四冊，第 606～607 頁。

21. 施閏章

目錄寫為施愚山，其事毛奇齡傳中有述，下文宋琬傳中亦述。

「施愚山，諱閏章，字尚白，安徽人。」施閏章，號愚山，安徽宣城人。

「己丑進士。世祖方右文，御試尚書郎資望深者，先生名第一。擢山東提學僉事，嘗葺孟廟、閔子廟、伏生祠墓及孫明復、石守道二祠。其初至濟南也，夢古衣冠揖而若有所屬者三。次日遊藥山，尋李滄溟墓。墓蕪沒不封，樹一豊碑，無字，仆草間。恍然悟夢境，即自為文勒其上。」施閏章為順治六年己丑進士，御試第一擢山東提學僉事在十三年。閔子指孔子弟子閔損。伏生是秦漢時經學家，名伏胜。北宋學者孫復字明復，石介字守道。明代文學家李攀龍，字滄溟。

「遷湖南〔註 731〕道參議。亡何，以裁決〔註 732〕歸。士民醵金建龍岡書院，留先生講學三日乃去。父老遮道，不可輿，步而登舟，爇香哭送者數千人，所乘官舟輕不能渡，民爭買石膏填之。既渡，乏食，賣舟而歸。」順治十八年施閏章遷江西布政司參議，分守湖西道。康熙六年因清廷裁撤道使罷歸。

「里居十年，詔舉博學〔註 733〕鴻儒，相國李公霨等交薦之。先生固辭，叔父強之出。召試授侍講，纂修明史。當世推文章理學，莫不以宛陵為歸。嘗云：『終日不見己過，便絕聖賢之路；終日喜言人過，便傷天地之和。』」施閏章和北宋詩人梅堯臣都是宣城人，宣城在漢代稱為宛陵。

「所著有《學餘〔註 734〕集》八十卷，《年譜》四卷，《青原志略補輯》十三卷。」〔註 735〕施閏章卒於康熙二十二年，享年六十六歲。

22. 汪佑

目錄寫為「汪昆溪」，字誤。

「汪星溪，名佑，字啟我，安徽人。稍長，慕劉洎〔註 736〕氏所評周程張邵朱呂之說，謂幸生朱子之鄉，遂願私淑以終身焉。遵朱子半日靜坐、半日讀書法。」劉洎是唐人，所述當為元代理學家劉因。「周程張邵朱呂」包括前述宋五子及朱熹、呂祖謙。汪佑和朱熹都是徽州人。

〔註 731〕應為湖西。
〔註 732〕應為「缺」。
〔註 733〕應為「學」。
〔註 734〕漏「堂」字。
〔註 735〕殷夢霞、李強選編《外國人著清史八種》，第四冊，第 607～608 頁。
〔註 736〕應為「因」。

「所著有《詩傳闡要》《禮記訂訛》諸書，而尤邃者，《明儒通考》一書，擇精而語詳。高彙旃先生千里借鈔，以謂得見此書，雖暝目而無憾云。」〔註 737〕高世泰，字彙旃，崇禎十年進士，官湖廣提學僉事，入清不仕，享年七十八，生卒年不詳。汪佑生卒年亦不詳。

23. 王端

目錄失載。

「王端，字子方，翼城人。」翼城屬山西。

「八歲而向學，十二能為文，十六有志於聖道，獨行獨勉。二十四而粗見大略，又二年，病失明，乃益勵於學，耳聞而口誦之，所詣日深。著有《學思祿〔註 738〕》。」〔註 739〕王端生卒年不詳。

24. 張烈，陳法

目錄均失載，傳中僅書「陳先生，字定齋」，未述其名為法，陳法傳文較張烈字數更多。

「張烈，字武承，順天人。」張烈一字莊持，號孜堂。

「康熙九年進士。著《王學質疑》五卷，舉《傳習錄》條析而辨難之，後附《朱陸異同》《史法質疑》二則，《讀史》五則。又有《讀易日鈔》六卷。卒年六十有四，祀鄉賢。」張烈卒於康熙二十四年。

「同時有陳先生，字定齋，安平人也。」陳法字世垂，號聖泉，晚號定齋，貴州安平人。張烈卒後七年方生，與其顯非「同時」。

「著《明辨〔註 740〕論》，論象山皆禪家頓悟法，雖顏、閔且不能，幾所謂直指人心、見性成佛耳。王陽明在龍場，晝夜默坐，一夕大悟，汗出踊躍若狂；陳白沙靜坐久之，見心體隱然呈露；錢緒山靜坐僧房，凝神靜慮，倏見此心真體；蔣道林靜坐寺中半年，忽覺此心洞然，宇宙渾屬一身；羅念菴坐右蓮洞中有悟，汗下如雨，灑然自得；羅近溪一日忽悟，心甚痛快，直趨父榻前陳之，其父亦起舞。凡學之墮禪宗者，無不有此頓悟之機，聖學不如是也。其辨致良知，有云：『孔子生知，聖人至七十，而始從心所欲，不踰矩。今欲概之人人，其不至猖狂妄行者，幾希矣。』又著有《河間問答》《內心齋詩稾》。」〔註 741〕

〔註 737〕殷夢霞、李強選編《外國人著清史八種》，第四冊，第 608 頁。
〔註 738〕應為「錄」。
〔註 739〕殷夢霞、李強選編《外國人著清史八種》，第四冊，第 608～609 頁。
〔註 740〕通「辯」。
〔註 741〕殷夢霞、李強選編《外國人著清史八種》，第四冊，第 609～610 頁。

顏、閔指孔子弟子顏回和閔損。陳白沙指明儒陳獻章，其為廣東新會白沙里人。明儒錢德洪號緒山，蔣信號道林，羅洪先號念菴。羅近溪亦為明儒。陳法卒於乾隆三十一年。

25. 李塨，王源

目錄分為兩傳，中間還隔著萬斯同，寫作「李剛主　萬斯同　崑繩」。

「李剛主，名塨〔註742〕，直隸人。」李塨，字剛主，直隸蠡縣人。

「雍正十年，以孝被旌。博野人顏習齋，其學主忍嗜慾，苦筸〔註743〕力，以勤家而養親，而以其餘習六藝，講世務，以備天下國家之用，以是為孔子之學。先生弱冠從習齋游，躬耕而食必粢糲，妻孥執苦身之役，諸王交聘輙避而之他。」清初思想家顏元，號習齋，該書無傳。

「大興王源，字崑繩，恢奇人也，所慕惟漢諸葛武侯、明王文成，而目程、朱為迂濶。見先生大悅，因與共師事習齋。時將六十矣。方望溪訝之，崑繩曰：『眾謂我目空並世人，非也。果有人，敢自侈大乎？』先生甞與望溪論習齋之學，望溪曰：『程、朱未甞不有事於此也。但凡此乃道之法跡耳，使不由敬靜以探其源，則於性命之理，知之不真，而發於身心、施於天下國家者，不能曲得其序。』先生色變，為默然者久之。」王守仁，謚文成。方苞，號望溪。

「崑繩概不快意，既葬二親，遂漫遊將求名山大壑以隱身焉。居數年，忽過望溪曰：『吾求天下士四十年，得子與剛主，而子篤程朱之學，恨終不能化。予為是以來。』留兼旬，盡發程、朱之所以失，習齋之所以得者，望溪不與爭。將行，憮然曰：『子終守迷，吾從此逝矣。』望溪曰：『子之言盡矣，吾可以言乎？子毋視程、朱為氣息奄奄人。觀朱子上孝宗書，雖晚明楊、左之直節，無以過也。其備荒浙東，安撫荊湘，西漢趙、張之吏治，無以過也。然世不以此稱者，以道德崇閎稱，此轉其小焉者耳。吾故以淺事喻子，非其義也。雖三公之貴，避之若浼，子所能信於程、朱者也。今中朝如某某，子夙所賤惡，倘一且〔註744〕揚子於朝，以學士或御史中丞徵，子將亡命山海而義不反顧乎？抑猶躊躇不能自決也。吾願子歸視妻孥，流行坎止，歸潔其身而已矣。』崑繩自是終其身口未甞非程、朱。」「楊、左」指楊繼盛、左光斗，「趙、張」指趙禹、張湯。

〔註742〕原字誤為斜玉旁。
〔註743〕應為「筋」。
〔註744〕應為「旦」。

「其後望溪出刑部獄，先生往唁，以語崑繩者語之。先生立起自責，取不滿程朱語載經說中已鋟板者削之過半。望溪舉習齋《存治》《存學》二編之未愜者告之，先生隨更正曰：『吾師始教，以改過為大，吾敢留之為口實哉？』望溪使子道希從先生學。」方道希實為方苞兒子。

「後聞毛西河檢討精於樂律，即束裝走三千里往受業。凡三日，盡得舊所傳五聲、二變、四清、七始、九歌、十二管並器色、旋宮諸遺法，且能正西河樂書訛謬二十餘字。西河大驚，乃盡出所著俾論定。今西河經史文集四百餘卷，皆先生所編輯也。自著有《恕谷集》、其他諸經說。」毛奇齡被稱為西河先生。

「〇崑繩，一字或菴。」王源，號或菴。

「性豪勁尚氣，於文章自謂左史、昌黎外無北面者。或病其不習時文，笑曰：『是尚需學而能乎？』因就有司求試，舉京兆第四人，曰：『吾寄焉，以為不知巳〔註745〕者詬厲也。』」左史指左丘明，昌黎指韓愈。王源應順天鄉試，中第四名舉人在康熙三十二年。

「晚年與李剛主師顏習齋學禮，終日正衣冠，對僮僕必肅恭，然自負經世學益堅，既而為汗漫游，見人不道姓名。踰六十，復歸，客死山陽。卒之日，神色傲然，無一語及家事。所著有《易傳》十卷、《或菴文集》，評訂《孟子》諸書。」〔註746〕王源卒於康熙四十九年。

26. 李圖南

目錄寫為李簡菴。「李簡菴，名圖南，字開士，連城人。」李圖南，號簡菴，福建連城人。

「甫四齡，成誦四子書。卒年五十有七。好讀《易》，卒時自以未竟其業，命子納《易》於懷以殮。雷翠庭謂學聖人必自狷者始，君庶足當之。」〔註747〕清代理學家雷鋐，號翠庭，前文鄂容安傳中亦曾提及。

27. 萬斯同

目錄排在李剛主、崑繩之間。

「萬斯同，字季野，號石園，浙江人。」門生私謚萬斯同曰貞文先生。

「生而異敏，八歲在客座中背誦《楊子法言》，不失一字。顧跅弛不馴，父戶部閉之空室中，先生竊視架上有明史料數十冊，讀之甚喜，又見經學諸書，

〔註745〕應為「己」。

〔註746〕殷夢霞、李強選編《外國人著清史八種》，第四冊，第610～614頁。

〔註747〕殷夢霞、李強選編《外國人著清史八種》，第四冊，第614頁。

皆盡之。既出，會家會，先生欲豫焉。諸兄笑曰：『汝何知？』先生曰：『觀諸兄所為，易與耳。』因出經義目試之，千言立就。父兄大驚，遂從梨洲先生遊，以慎獨為主，以聖賢為必可及，遂專意古學，尤熟於明代掌故。」楊子指西漢揚雄，亦作楊雄。萬斯同父萬泰曾任南明戶部主事。

「康熙戊午，詔徵鴻儒，力辭免。明年修明史，徐相國元文延至京師，局中徵士，例食七品俸，稱纂修官。先生請以布衣參史局，不署銜，不支俸，許之。諸纂修以稿至，主者皆送先生覆審。《明史稿》五百卷，先生手定也。蓋先生以遺民自居，而即任故國之史事以報故國。其心事類元遺山，其潔身非遺山所及也。乾隆中，張廷玉奉詔刊定《明史》，皆以史稿為本，先生之志於是為不負矣。」戊午為康熙十七年。金末元初文學家、史學家元好問，號遺山。

「康熙壬午卒，年六十。先生以官修之史倉猝成於眾人為非，又以《後漢》《三國》以下無表為非，著《補歷代史表》六十卷。又編成五禮之書二百卷。先生在京師攜書十數萬卷，及卒，旁無親族，錢名世以弟子為喪主，兼取其書去，時論薄之。」〔註748〕萬斯同卒於康熙四十一年戊午，年六十四。

28. 馬驌

「馬驌，字驄御，山東人。」馬驌另有一字宛斯。

「順治進士，撰《繹史》百六十卷。康熙四十四年南巡，垂問《繹史》一書，命張玉書物色原版，購入內府。」〔註749〕張玉書時任文華殿大學士。馬驌為順治十六年進士，卒於康熙十二年。

29. 梅文鼎

其傳文前漏「○」。

「梅文鼎，字定九，又字勿菴。」梅文鼎，號勿菴，安徽宣城人。

「著天算之書八十餘種，書中圈點塗抹，皆聖祖親筆也。孫穀成，入內廷學習，五十三年十二月奉上諭：『汝祖留心律曆多年，可將《律呂正義》寄一部去令看，或有錯處，可指出。夫古帝王有都俞吁咈四字，後來遂止有都俞，朋友之間亦不喜人規勸，此皆私意也。汝等須極力克去，則學問自然長進。可並將此意寫與汝祖知之。』恩遇為古所未有也。康熙六十年卒，年八十有九。上命有司經紀其喪。」〔註750〕所述亦刻畫玄燁形象。

〔註748〕殷夢霞、李強選編《外國人著清史八種》，第四冊，第614～616頁。
〔註749〕殷夢霞、李強選編《外國人著清史八種》，第四冊，第616頁。
〔註750〕殷夢霞、李強選編《外國人著清史八種》，第四冊，第616～617頁。

30. 何焯，陳景雲

目錄寫為何義門，傳中附載其弟子陳景雲事蹟。

「何義門，名焯，字屺瞻，號茶山〔註 751〕，江蘇人。先世曾以義門旌，學者稱義門先生。」何焯，號茶仙，別號無勇。

「康熙二十四年，〔註 752〕祭酒叔元方劾湯文正公，舉朝憤之，然莫敢訟言其非。獨慈谿姜西溟移文譏之，先生亦上書請削門生籍（先生嘗及祭酒門），天下快焉。」此事亦見姜宸英傳。

「然先生卒以是潦倒場屋不得志，最後為安溪李文貞所知。四十二年，聖祖問野寧有遺賢乎？文貞以何焯對，遂召試，命直南書房，賜舉人。試禮部下第，復賜進士，選庶吉士，仍直南書房。尋侍讀皇八子允禩，忌者益多。明年丁後母艱歸。初，先生刻《四書文》《行遠集》數種，海內五尺童子皆知其名，晚歲欲然自附於不賢識小之徒。」康熙朝大學士李光地，福建安溪人，謚文貞。

「五十二年，再以文貞薦召，仍直武英殿，尋授編修。上在熱河，有搆飛語聞者。上還京，先生迎道左，即命收繫，盡籍其邸中書籍檢勘，無狂謬語。又草稿中有辭吳縣令餽金札，上怒漸解，僅坐免官，仍直武英殿。方事之殷，校尉縛先生馬上馳送獄，家人惶怖，先生眠食如平時，振襟讀《易》，聲出戶外。即出獄，即趨局校書如故。時諸王皆右文，朱邸所治冊府，多資其校勘。世宗在潛邸，亦以《困學紀聞》屬先生箋疏。」《困學紀聞》，南宋學者王應麟著。

「六十一年，病，詔賜醫藥。卒年六十有二。詔復原官，超贈侍讀學士，賜金給符傳歸喪，命有司存恤其孤。」何焯卒後超贈侍講學士，並非侍讀學士。

「先生與方望溪論文不合，方〔註 753〕溪最惡錢牧齋文，先生頗右之，謂自牧齋後，更無人矣。蓋少嘗學於邵僧彌，僧彌自虞山出也。然望溪有作，必問其友曰：『義門見之否？義門能糾吾文之短者，如有言，乞以告我。』」錢謙益號牧齋，學者稱虞山先生。

「先生沒後，世咸用兼金購所閱經史諸本，估人多冒其蹟求售，於是何氏偽書頗雜出。」何焯著有《義門讀書記》《語古齋識小錄》等。

〔註 751〕當為「仙」。

〔註 752〕漏「翁」字。

〔註 753〕應用「望」。

「門人陳景雲，能背誦《通鑑》。所著《綱目辨誤》四卷，《兩漢訂誤》五卷，《三國志校誤》四卷，《韓文校誤》三卷，《柳文校誤》三卷，《文選校正》三卷。晚歲名益高，跡益晦，終年杜門，足不踰城市。」〔註 754〕陳景雲，字少章，門人私諡文道先生。他另著有《讀書紀聞》《通鑑胡注舉正》《紀元考略》等。

31. 惠士奇

目錄寫為惠天牧。「惠天牧，名士奇，江蘇人。」惠士奇，一字仲儒，齋名紅豆，學者稱紅豆先生。其子惠棟，下文有傳。

「博通六藝，九經經文、《國語》《戰國策》《楚詞》《史記》《漢書》《三國志》皆能闇誦。嘗與名流會，坐中有客進請曰：『聞君熟於《史》《漢》，試為誦《封禪書》。』先生朗誦終篇，不失一字，合坐歎服。卒年七十一。晚年尤邃於經學，撰《易說》六卷，《禮說》十四卷，《春秋說》十五卷。」惠士奇卒於乾隆六年。

「其論《易》有云：『漢儒言《易》，孟喜以卦氣，京房以適變，荀爽以升降，鄭康成以爻辰，虞翻以納甲。其說不同，而指歸則一，皆不可廢。今所傳之《易》，出自費直。費氏本古文，王弼盡改為俗書，又創為虛象之說，遂舉漢《易》而空之，而古學亡矣。』其論《春秋》有云：『《春秋》三傳，事莫詳於左氏，論莫正於穀梁，公、穀二家即七十子之徒所傳之大義也。』」東漢儒學家鄭玄，字康成。

「著《交食舉隅》二卷，曰：『日月有平行，有實行，有視行，日月之食亦有實食，有視食。實食者，日月在天相揜之實度。視食者，人在地所見之初虧、食甚、復圓也。』又著《琴箋理數考》四卷。〔註 755〕此文上有眉批，詳見本書第四章第一節末尾。

32. 全祖望

傳中提及李紱、閻若璩、何焯。

「全祖望，字紹衣，一字謝山，浙江人。」全祖望，號謝山，浙江鄞縣人。

「學淵博無涯涘，於書靡不貫穿，在翰林與李紱共借《永樂大典》讀之，每日各盡二十冊。其經揚州，居馬氏畬經堂，成《〈困學紀聞〉三箋》，論者謂在百詩、義門二家之上。乾隆二十年卒，年五十有一。弟子所問經史，錄為《經

〔註 754〕殷夢霞、李強選編《外國人著清史八種》，第四冊，第 617～619 頁。
〔註 755〕殷夢霞、李強選編《外國人著清史八種》，第四冊，第 619～621 頁。

史問答》，凡十卷。」〔註 756〕全祖望為乾隆元年進士，選翰林院庶吉士，次年辭官返鄉。他曾編《天一閣碑目》，輯《續甬上耆舊詩》，著有《鮚埼亭集》《古今通史年表》等。

33. 焦循

目錄寫為焦里堂。「焦里堂，名循，江蘇人。」焦循，字里堂，亦字理堂，江蘇揚州人。

「博聞強記，識力精卓，而於《周易》《孟子》專勤成書。著《雕菰樓易學三書》共四十卷，《易餘籥錄》二十卷，《易話》二卷，《注易日記》三卷，《易廣記》三卷。先生易學不拘守漢魏各師法，惟以卦爻經文比例為主，一曰旁通，二曰相錯，三曰時行。又著《孟子正義》三十卷，疏趙岐之注。」趙岐，東漢經學家。

「又著《周易王氏注補疏》二卷，《尚書孔氏傳補疏》二卷，《毛詩鄭箋補疏》五卷。謂《春秋》成而亂臣賊子懼，《左氏傳》云稱君無道，稱臣臣之罪，杜預且揚其詞而暢衍之，與孟子之說大悖。預為司馬懿女婿，目見成濟之事，將有以為昭飾，且有以為懿、師飾，即用以為巳〔註 757〕飾。撰《春秋左傳杜氏集解補》五卷。又著《禮記鄭氏補〔註 758〕》《論語何氏集解補疏》，合之為《六經補疏》二十卷。」〔註 759〕《禮記鄭氏補疏》為三卷，《論語何氏集解補疏》為二卷。焦循卒於嘉慶二十五年，得年五十八歲。他另撰輯有《揚州足徵錄》《北湖小志》《邗記》等。

34. 惠棟

「惠棟，字定宇。」傳中未述惠棟為惠士奇之子，學者稱小紅豆先生。

「於古書瞭然若辨黑白，撰《周易述》一編，專宗虞仲翔漢學之絕者，千五百年至是而燦然復章矣。」三國孫吳學者虞翻，字仲翔。

「又有《明堂大道錄》八卷，《禘說》二卷。其論左氏謂萬者『二人』，當為『二八』，防門廣里，地名。其論《爾雅》曰：『《釋詁》《釋訓》，乃周公所作，以教成王俗。儒不信《爾雅》，仲山甫之古訓，夫子之雅言，皆不存矣。』」仲山甫，周宣王大臣。

〔註 756〕殷夢霞、李強選編《外國人著清史八種》，第四冊，第 621 頁。
〔註 757〕應為「己」。
〔註 758〕漏「疏」字。
〔註 759〕殷夢霞、李強選編《外國人著清史八種》，第四冊，第 621～622 頁。

「又撰《九經古義》二十二卷，討論古字古音。少時撰《精華錄訓纂》二十四卷。卒於乾隆戊寅，年六十有二。」〔註 760〕「《精華錄訓纂》」全稱為《漁洋山人精華錄訓纂》。戊寅為乾隆二十三年。

35. 王鳴盛、鳴韶

目錄寫為王西莊，傳中亦述其弟鳴韶事蹟。

「王西莊，諱鳴盛，字鳳喈，江蘇人。」王鳴盛，號西莊，另字禮堂，江蘇嘉定人。

「沈德潛以侍郎致仕，海內英俊皆師之，先生稱高足弟子。有《耕養齋詩文集》四十卷，研精經學，一以漢人為師，尤墨守許、鄭。著《尚書後案》三十卷，專宗鄭康成。又著《十七史商榷》一百卷。晚著《蛾編術〔註 761〕》一百卷，皆刻行於世。」許、鄭指東漢經學家許慎和鄭玄，鄭玄字康成。「蛾術」語出《禮記》，指螞蟻銜土，喻勤學。

「先生入翰林，弟鳴韶，字鶴溪，獨侍二親，額其堂曰『逸野』，旁闢一室，懸蓑笠以見志。甞自作《蓑笠軒圖》，授徒講業以終。著文十卷、《十三經異義考》等。」〔註 762〕王鳴韶，字夔律，號鶴溪。

36. 錢大昕、大昭、塘、坫、侗

「錢大昕，字曉徵，江蘇人。」錢大昕，又字辛楣，號竹汀，江蘇嘉定人。

「乾隆二十八年進士，謂官至四品可休，歸田三十年，門下士積二千人。嘉慶九年卒，七十有七。」錢大昕實為乾隆十九年進士，官至少詹事，正四品。

「先生博極群書，無經不通，無藝不精，凡經史文義，迄今中西曆法，無不洞晰，謂漢儒無無師之學。所著有《廿二史考異》百卷，《三統術衍》三卷，《地球圖說》若于〔註 763〕卷，《潛研堂文集》五十卷、《詩集》二十卷等。」錢大昕在翰林院參與了《地球圖說》的編纂潤色，嘉慶四年將其刊行。

「與弟大昭以古學相切劘，猶子曰塘、曰坫、曰侗等皆有著述，文學萃於一門。子塘著《史記三書釋疑》。」〔註 764〕錢大昕子為東壁、東塾，錢塘為侄，末句失實且與前句矛盾。

〔註 760〕殷夢霞、李強選編《外國人著清史八種》，第四冊，第 622～623 頁。
〔註 761〕兩字錯置。
〔註 762〕殷夢霞、李強選編《外國人著清史八種》，第四冊，第 623～624 頁。
〔註 763〕應為「干」。
〔註 764〕殷夢霞、李強選編《外國人著清史八種》，第四冊，第 624 頁。

37. 宋琬

目錄寫為宋荔裳。「宋荔裳，名琬，字玉叔，山東人。」宋琬，號荔裳，山東萊陽人。

「〔註 765〕四川按察使，會入京而吳逆叛，成都陷，妻子皆在蜀，憂憤而卒。性孝友，工詩、古文，盛名滿天下，有南施北宋之目，施謂愚山也。」〔註 766〕宋琬為順治四年進士，授四川按察使在康熙十一年，次年冬吳三桂叛。其康熙十三年卒於京師，年六十一。

38. 汪琬

目錄寫為汪堯峰。「汪堯峰，名琬，字苕文，號鈍菴，江蘇人。」汪琬，號堯峰，亦號鈍菴、鈍翁，江蘇長洲人。

「順治十二年進士。嘗慨然念前明隆、萬以後古文道喪，乃思起百數十年文運之衰。因文見道，歷官皆有名蹟可紀。病免，結廬堯峰，居九年。」汪琬曾官戶部主事、刑部郎中等職，康熙九年病免。

「康熙十七年，徵授編修，與修明史，在史館六十日，選史稾百七十有五篇，杜門稱疾踰年，仍假歸。手一編矻矻窮年，曰：『吾老猶冀有所得也。』嘗曰：『學問不可無師承，議論不可無根據，出處不可無本末。』其文根柢六經，出入廬陵、震川間。」廬陵指歐陽修，歸有光號震川。

「卒年六十有七，有《堯峰文集》五十卷。」〔註 767〕汪琬卒於康熙二十九年，三十一年所刻五十卷名為《堯峰文鈔》。

39. 丁澎

目錄寫為丁藥園。「丁藥園，名澎，字飛濤，仁和人。」丁澎，回族，號藥園。

「順治十一年進士。早歲有《白燕樓詩》流傳，吳下士女爭採摭以書衫袖。謫居塞上五年，卜築東岡，躬自飯牛，吟嘯自若，無怨誹之意。著《扶荔堂集》。」〔註 768〕丁澎曾官刑部廣東司主事，順治十三年因冊立東宮皇妃典禮，改調禮部主客司，接待信仰伊斯蘭教諸國使節。次年典試河南，以違規被劾，戍奉天靖安五年。康熙二年南歸，九年任禮部祠祭司郎中，晚年回鄉，卒

〔註 765〕有闕文。

〔註 766〕殷夢霞、李強選編《外國人著清史八種》，第四冊，第 624～625 頁。

〔註 767〕殷夢霞、李強選編《外國人著清史八種》，第四冊，第 625 頁。

〔註 768〕殷夢霞、李強選編《外國人著清史八種》，第四冊，第 626 頁。

年不詳〔註 769〕。

40. 毛先舒，毛際可

目錄分為兩傳，且將毛際可之號鶴舫誤為「窮舫」。

「毛先舒，字稚黃。與西河、鶴舫齊名，稱『浙中三毛、文中三豪』。」毛先舒是仁和人，毛奇齡是蕭山人。

「〇鶴舫，名際可，字會侯。其學不及西河之博，亦不至西河之悍僻。」〔註 770〕毛際可是遂安人。

41. 計東

目錄及正文姓均誤：「許〔註 771〕東，字甫里〔註 772〕，吳江人。」計東，字甫草，號改亭。

「少負奇氣，過鄴城，尋謝茂秦葬處，得之，盡斥橐中金為修墓立石，誌之曰：明詩人謝榛墓。固請當事禁樵牧。卒年五十有二。」〔註 773〕謝榛，字茂秦。計東為順治十四年舉人，卒於康熙十五年。

42. 潘耒

目錄寫為潘次耕。「潘次耕，名耒，號稼堂。」潘耒，字次耕，晚號止止居士，江蘇吳江人。

「康熙己未，以布衣舉博學鴻詞，官檢討，纂修明史。」時為康熙十八年。

「時先生與朱竹垞、嚴蓀友獨由布衣入選，文又最有名，凡館閣經進文字，必出三布衣手。同列忌之，坐降，以母憂歸，遂不復出。」嚴繩孫，字蓀友。

「嘗應詔陳言康熙十年憲臣停止越職言事之非。篤師門之誼，刻亭林《日知錄》並詩文。」潘耒為顧炎武弟子。

「卒年七十有二。有《遂初堂〔註 774〕》三十九卷。」〔註 775〕潘耒卒於康熙四十七年。遂初堂為其藏書室名，所述三十九卷包括《文集》二十卷、《詩集》十五卷、《別集》四卷。

〔註 769〕參見多洛肯、胡立猛《〈中國回族文學史〉中清初詩人丁澎生平考辨》，《民族文學研究》2011 年第 6 期，第 24 頁。

〔註 770〕殷夢霞、李強選編《外國人著清史八種》，第四冊，第 626 頁。

〔註 771〕應為「計」。

〔註 772〕應為「草」。

〔註 773〕殷夢霞、李強選編《外國人著清史八種》，第四冊，第 626 頁。

〔註 774〕漏「集」字。

〔註 775〕殷夢霞、李強選編《外國人著清史八種》，第四冊，第 626～627 頁。

43. 葉燮

目錄失載。

「葉燮，字星斯[註776]，江蘇人。」葉燮（1627～1703），字星期，江蘇吳江人，浙江嘉興籍，晚年定居吳江之橫山，世稱橫山先生。另有一位清代戲劇家裘璉（1644～1729），浙江慈溪橫山人，亦稱橫山先生。

「論詩曰生，曰新，曰深，凡一切庸熟陳舊浮淺語，須一埽空之。汪堯峰說經硜硜，持論鑿枘。汪沒，先生曰：『吾向不滿汪文，亦謂其名太高，意氣太盛，故規之。且汪沒，誰譏彈吾文者？』乃取向所摘汪文短處，悉燔之。」汪琬，號堯峰。

「沈歸愚少從受詩，法守之不變。」[註777]沈德潛，號歸愚。

44. 陳恭尹

傳中提及李世熊、彭士望、屈大均、梁佩蘭、金嘉禾，為別傳所無。

「陳恭尹，字元孝，順德人。」陳恭尹初字半峰，晚號獨漉，又號羅浮布衣。

「隱居不仕，與李元仲，魏叔子、季子，彭躬菴諸君善，皆遺民也。」魏叔子是魏禧，季子是魏禮。李世熊，字元仲。彭士望，字躬菴。此二人該書無傳。

「嶺南三家首先生，而屈翁山、梁藥亭次之。有《嶺南三大家集》。（金邠曰：詩奇橫，國初嚴禁。）」[註778]屈大均，字翁山。梁佩蘭，號藥亭。此二人亦無傳。金嘉禾，字邠，蘇州人，道光十四年生，古錢幣研究專家，工詩善畫，擅長書法，同治九年自滬赴日講學。[註779]

45. 孫枝蔚

目錄寫為孫豹人。「孫豹人，名枝蔚，三原人。」孫枝蔚，字叔發，號豹人，室名溉堂。因家鄉有古澤焦穫，被稱為焦穫先生。

「世為大賈，甲申之亂，年二十有四，散家財起義不果，隻身走江都，折節讀書，遂以詩文名天下。」甲申為明崇禎十七年、清順治元年。

[註776] 應為「期」。

[註777] 殷夢霞、李強選編《外國人著清史八種》，第四冊，第627頁。

[註778] 殷夢霞、李強選編《外國人著清史八種》，第四冊，第628頁。

[註779] 沈慧瑛《金嘉禾名字號及籍貫年代考》，《蘇州日報》2020年9月26日，B01版。

「年六十，舉鴻詞科。時有奔競者，先生恥焉。求罷不允，促入試。不終幅而出。會特詔布衣處士，老不任職事，授京銜，以寵其行。及格者八人，先生與焉。部議正字銜，聖祖少之，與中書舍人。」〔註 780〕時為康熙十八年，孫枝蔚卒於二十六年。

46. 邵長蘅

目錄寫為邵青門。「邵青門，名長蘅，字子湘，江蘅〔註 781〕人。」邵長蘅，號青門山人。其為江蘇武進人。

「國朝布衣以文鳴者，自商邱、寧都外，惟先生可鼎足立。」商邱指侯方域，寧都指魏禧。

「嘗選明何、李、王、李四家詩，矯牧齋偏駮之論。有《青門集》。」〔註 782〕「何、李、王、李」指何景明、李夢陽、王世貞、李攀龍。錢謙益，號牧齋。

47. 儲欣

目錄失載。

「儲同人，名欣，宜興人。年六十一，試禮部不遇，遂杜門著書。及門多達者。」儲欣試禮部在康熙三十年。

「選唐宋十家文，風行海內。」〔註 783〕所選十家，為唐宋八大家及李翺、孫樵。

48. 彭孫遹

目錄寫為彭羨門。「彭羨門，名孫遹，字駿孫，浙江人。」彭孫遹，號羨門，浙江海鹽人。

「康熙十七年，徵博學之士。明年三月朔，召試，上親擢五十人，皆入翰林，而以先生為首選。後特命為《明史》總裁。」彭孫遹為順治十六年進士，授中書舍人，十八年因江南奏銷案褫職，康熙十四年復官。康熙十八年召試第一，授編修。二十九年任三朝國史副總裁官，次年任吏部右侍郎。

「年七十致仕，御書『松桂堂』額賜之，遂以名其集。」彭孫遹康熙三十六年致仕，時年六十七歲。三十八年玄燁南巡賜額。

〔註 780〕殷夢霞、李強選編《外國人著清史八種》，第四冊，第 628 頁。

〔註 781〕應為「蘇」。

〔註 782〕殷夢霞、李強選編《外國人著清史八種》，第四冊，第 628～629 頁。

〔註 783〕殷夢霞、李強選編《外國人著清史八種》，第四冊，第 629 頁。

「少工詩，與王漁洋齊名。南昌重建滕王閣，名流競賦詩，推先生作為冠。」〔註 784〕王士禛，別號漁洋山人。彭孫遹卒於康熙三十九年。

49. 李因篤

目錄寫為李天生。「李天生，名困〔註 785〕篤，字子德，陝西人。」李因篤，字天生，又字子德、孔德，陝西富平人。

「明季見天下大亂，走塞上訪求奇士與殺賊報國，無應者，歸而鍵戶讀經史，貫穿注疏，負重名。甲申、乙酉間，與顧亭林冒鋒刃，間關至燕京，兩謁莊烈帝攢宮。」莊烈是清廷給明崇禎帝所上謚號。甲申、乙酉為順治元、二年或康熙四十三、四十四年，而顧炎武六次拜謁攢宮分別在順治十六、十七年及康熙元、三、八、十六年，李因篤參加的是康熙三年和八年那兩次。〔註 786〕

「康熙己未，母勸之應徵，試授檢討。甫就職，以母老且病具疏，乞終養，格於通政司。先生自齎疏跪午門外三日，遂聞，俞旨許歸養。論者謂本朝兩大文章，葉忠節公映榴《絕命疏》及先生《陳情表》，皆令讀者油然生忠孝之心。」事在康熙十八年。葉映榴遺疏見本書第四章。

「著有《壽〔註 787〕祺堂集》。性樸直，初入都，人多易之。一日，宴集論杜詩，先生應口誦，或曰偶然耳，詰其他，輒舉全部無所遺。與毛大可論古韻不合，大可強辯，先生氣憤填膺，不能答，遂拔劍斫之，大可駭走，時傳以為快。顧亭林是先生而非大可，亭林之山左被誣陷，先生走三千里入都，泣訴當事脫其難。」〔註 788〕李因篤室名受祺堂，而非「壽祺」。顧炎武因文字獄牽連在山東濟南入獄，他進京營救，事在康熙七年。傳主卒於康熙三十一年。

50. 汪份，王步青

目錄寫為汪武曹，傳中尚述王步青事蹟，所提及陶元淳、黃越，為別傳所無。

「汪武曹，名份，長洲人。」汪份，字武曹。

「先生氣和而性慷直。方望溪嘗私語先生：『牧齋文穢惡藏於骨髓，一如

〔註 784〕殷夢霞、李強選編《外國人著清史八種》，第四冊，第 629 頁。

〔註 785〕應為「因」。

〔註 786〕參見牛余寧《顧炎武政治旅行研究》，曲阜師範大學 2009 年碩士論文，第 28～29 頁；李廣林《顧炎武的北遊與定居華下》，《唐都學刊（西安師專學報）》1985 年第 2 期，第 26 頁。

〔註 787〕應為「受」。

〔註 788〕殷夢霞、李強選編《外國人著清史八種》，第四冊，第 629～631 頁。

其人。』陶子師、何屺瞻皆不謂然，先生亦訝之。既老，乃曰：『今而知望溪非過言也。』」何焯，字屺瞻，前文有傳。陶元淳，字子師，江蘇常熟人，康熙二十七年進士，著有《陶子師先生集》《南崖集》等，《清史稿》有傳，該書無傳。

「所訂《四書大全》《唐宋八家文》，皆行世。著有《謚喜齋集》。晚歲辨《春秋》書爵非褒，書人非貶，為書二卷。國初排纂《四書》義疏為世所宗者，稼書、屺瞻、武曹外，黃際飛其一也。繼之者，王罕皆，名步青，一字已山。雍正癸卯進士，官編修。」〔註 789〕陸隴其，字稼書，下文有傳。黃越，字際飛，江蘇上元人，生卒年不詳，康熙四十八年進士，著有《四書大全合訂》《退谷詩文集》等，該書無傳。王步青，字罕皆，亦字罕階、漢階，號巳山，而非「字已山」，江蘇金壇人，雍正元年進士。

51. 周篔

目錄寫為周青士。「周青士，名篔，一字簹谷。」周篔初名筠，字公貞，更字青士，別字簹谷，浙江嘉興人。

「遭亂，受廛賣米，有括故家遺書鬻於市者，買得一船。每日中交易，箕筥滿肆，撥亂書讀之糠粃中。有郡丞行署與先生鄰，先生吟誦達且〔註 790〕，丞不能寐，恚甚，遣吏勾攝，將扶之，有士夫救而免。其為詩超儁拔俗，不襲前人一語。」〔註 791〕周篔編有《詞緯》《今詞綜》，著有《采山堂集》《析津日記》等。

52. 王翃

「王翃，字介人。」王翃和周篔均為浙江嘉興人。

「家故業染，一手挾書，一手數錢，與布商菜傭相應答。久之，學益進，遂以布衣稱詩。」〔註 792〕王翃世居嘉興王店鎮，其地古稱梅里，後世將他與同時唱和的朱彝尊、周篔、繆泳等歸為梅里詩派。

53. 藍鼎元，朱仕琇，黃任

目錄分為三傳，寫為「藍鼎元　朱梅崖　黃莘田」，傳中僅書朱梅崖，未提其名仕琇，梅崖為其號。

〔註 789〕殷夢霞、李強選編《外國人著清史八種》，第四冊，第 631 頁。
〔註 790〕應為「旦」。
〔註 791〕殷夢霞、李強選編《外國人著清史八種》，第四冊，第 631～632 頁。
〔註 792〕殷夢霞、李強選編《外國人著清史八種》，第四冊，第 632 頁。

「藍鼎元，字玉霖，號鹿州〔註 793〕，福建人。潮州守代刻其古文二十四卷。」藍鼎元，號鹿洲，福建漳浦人，畲族。他和《清史攬要》中提及的藍廷珍同為藍理侄孫。

「蜀中〔註 794〕古文自鹿洲，後推朱梅崖，詩推黃莘田。梅崖著有《梅崖居士集》。」朱仕琇，字斐瞻，號梅崖，福建建寧人。

「莘田，名任。康熙壬午舉人，以詩名天下。」〔註 795〕黃任，字于莘，號莘田，室名十硯齋，自號十硯翁，福建永福人。康熙四十一年舉人，著有《秋江集》《香草箋》。

54. 唐仲冕

「唐仲冕，字六枳。」唐仲冕，一字云枳，原籍湖南善化，客居山東肥城。其子為晚清理學家唐鑑。

「母歿，葬陶山，因以陶山自號。嘗結廬墓側，孜孜著述，撰《岱覽》三十二卷。著有《陶山文集》。」所述陶山在肥城西南，泰山西麓。

「吳門滄浪亭有名賢像石刻，首吳泰伯，終唐陶山。其為時推重如此。」〔註 796〕唐仲冕為乾隆五十八年進士，曾官蘇州知府、福建按察使、陝西布政使，辭官後僑居金陵，卒於道光七年。同年江蘇布政使梁章鉅重修蘇州滄浪亭，巡撫陶澍命石刻名賢像。

55. 曹仁虎

目錄寫為曹習菴。「曹習菴，名仁虎，字殷來〔註 797〕。」曹仁虎，字來殷，號習菴，江蘇嘉定人。

「乾隆辛巳進士。所刻詩流傳海舶，日木〔註 798〕國使臣以餅金購之。官侍讀學士。」〔註 799〕曹仁虎乾隆二十六年成進士，選庶吉士，授編修，擢右中允，累遷侍講學士。所述日本使臣重金購其詩事，頗具史料價值。

56. 劉大櫆

「劉大櫆，字耕南，號海峯，桐城人。」劉大櫆，一字才甫。

〔註 793〕應為「洲」。
〔註 794〕應為閩中。
〔註 795〕殷夢霞、李強選編《外國人著清史八種》，第四冊，第 632 頁。
〔註 796〕殷夢霞、李強選編《外國人著清史八種》，第四冊，第 632～633 頁。
〔註 797〕兩字錯置。
〔註 798〕應為「本」。
〔註 799〕殷夢霞、李強選編《外國人著清史八種》，第四冊，第 633 頁。

「方望溪大奇賞其文，自是天下皆聞劉海峯古文。喜學莊子，尤力追昌黎。姚姬傳實從其游，世遂有桐城派之目。」〔註 800〕姚鼐字姬傳，下文有傳。方苞、劉大櫆、姚鼐，後世合稱桐城派三祖。

57. 沈炳震

目錄及正文姓均誤：「陳〔註 801〕東甫，名炳震，字寅馭。」沈炳震，號東甫，浙江歸安人。

「乾隆丙辰之舉詞科也，先後應召至者二百餘人，而著書之多莫如先生。《新舊唐書合抄》二百六十卷，折衷其異同。又撰《九經辨字瀆蒙》十二卷，以正九經文字。又有《讀史四譜》及《唐詩金粉》等書，《增默齋集》。」〔註 802〕所述為乾隆元年博學鴻詞科。《讀史四譜》當作《廿一史四譜》。

58. 馬曰琯

目錄寫為馬秋玉。「馬秋玉，一字嶰谷，名曰琯，祁門人。」馬曰琯，字秋玉，號嶰谷，安徽祁門人，祖、父業鹽，自幼僑居江蘇揚州。與其弟曰璐均好藏書，俱有詩名，合稱揚州二馬。

「以詩名，家有叢書樓，藏書甲大江南北。四庫館開，進書七百七十六種。其園亭曰小玲瓏山館、曰街南老屋，四方名士，觴詠無虛日。高宗南巡，幸其園，賜御製詩，海內榮之。所著曰《沙河逸老集》。」〔註 803〕馬氏兄弟之園稱街南書屋，並非「老屋」，小玲瓏山館則為其中一景。

59. 吳錫麒

目錄寫為吳穀人。「吳穀人，名錫麒，字聖徵。」吳錫麒，號穀人。傳中未述其為浙江錢塘人。

「乾隆進士，官至祭酒。工駢體，試律體尤能獨開生面，館閣風氣為一變。名重中外，所著《有正味齋集》，高麗使臣出餅金爭購，廠肆為之一空。」〔註 804〕吳錫麒為乾隆四十年進士，擢國子監祭酒在嘉慶六年。其弟錫麟及子清皋、清鵬並有文名。

60. 姚鼐，管同。

〔註 800〕殷夢霞、李強選編《外國人著清史八種》，第四冊，第 633 頁。
〔註 801〕應為「沈」。
〔註 802〕殷夢霞、李強選編《外國人著清史八種》，第四冊，第 633 頁。
〔註 803〕殷夢霞、李強選編《外國人著清史八種》，第四冊，第 634 頁。
〔註 804〕殷夢霞、李強選編《外國人著清史八種》，第四冊，第 634 頁。

目錄寫為姚姬傳，傳中尚述管同情況，並提及程晉芳、吳定、吳德旋、梅曾亮。

「姚姬傳，名鼐，一字夢穀。世為桐城姬〔註 805〕氏。」姚鼐，字姬傳，室名惜抱軒，世稱惜抱先生。

「乾隆二十八年進士，累選〔註 806〕刑部郎中。」姚鼐擢刑部郎中在乾隆三十七年。

「四庫館開，為纂修官。非翰林與纂修者八人，先生及程魚門為尤著。」程晉芳，字魚門，家世業鹽，乾隆三十六年進士，著有《蕺園詩集》等，該書無傳。

「三十九年書成，乞歸養。」姚鼐入四庫全書館在乾隆三十八年，次年辭官。《四庫全書》完成初稿則在四十七年，全部完成於五十七年。

「當是時，學者多尚新奇，厭薄宋元以來儒者，詆為空疏。先生獨反覆辨論，甞言：『讀書者求有益於吾身心也，程子以記史書為玩物喪志，若今之為漢學者，以搜殘舉碎、人所罕見者為功，其玩物不尤甚耶？』」程子指北宋理學家程顥、程頤，此玩物喪志語出程顥。

「著《九經說》十九卷，以通義理考訂之郵。撰《古文辭類纂》四十八卷，以盡古今文体之變。」《古文辭類纂》初刻本為七十四卷，其後多為七十五卷，此或沿《國朝先正事略》之誤。

「袁簡齋好毀宋儒，先生遺之書曰：『其人生平不能行程、朱之行，而其意乃欲與程、朱爭名，安得不為天下之所惡乎？』」袁枚，號簡齋。

「紀文達撰四庫書目錄，頗詆宋儒，先生直斥其妄。」紀昀，謚文達。

「嘉慶二十年卒，年八十有五。著《惜抱軒文集》十六卷、《文後集》十六卷、《詩集》十卷、《書錄》四卷、《法帖題跋》一卷、《筆記》十卷。」《文後集》一說十卷，一說十二卷。

「其在揚州有所作，以示吳殿麟，殿麟所不可，輒竄易至數四，必得當乃已。殿麟，海峯弟子也。」吳定，字殿麟，號澹泉，安徽歙縣人，少與姚鼐同為劉大櫆弟子，著有《紫石泉山房詩文集》等，該書無傳。

「嘉道間，傳惜抱先生古文法者，有吳仲倫、梅伯言、管異之諸君。異之，名同。道光乙酉舉人。」〔註 807〕吳德旋，字仲倫，江蘇宜興人，著有《初月

〔註 805〕應為「姚」。
〔註 806〕應為「遷」。
〔註 807〕殷夢霞、李強選編《外國人著清史八種》，第四冊，第 634～636 頁。

樓文鈔》等。梅曾亮，字伯言，梅文鼎後裔，祖籍安徽宣城，移籍江蘇上元，著有《柏梘山房文集》等。管同亦為上元人，道光五年中舉，著有《因寄軒文集》等。

61. 惲敬

目錄寫為惲子居，正文未提行，且漏「○」。

「惲子居，名敬，江〔註808〕蘇人。」惲敬，字子居，號簡堂，江蘇陽湖人，後世稱其為陽湖文派創始人。

「治古文，得力於韓非、李斯。先生自言：『吾文皆自司馬子長出，子長以下無北面。』」司馬遷，字子長。

「卒於嘉慶二十二年，年六十有一。著《大雲山房文集》八卷。」〔註809〕惲敬為乾隆四十八年舉人，所著曰《大雲山房文稿》，並非「文集」，其內容除《補編》一卷外，《初集》四卷、《二集》四卷和《言事》二卷為作者自編〔註810〕。

62. 鄧顯鶴

目錄寫為鄧子立。「鄧子立，名顯鶴，一字湘皋，湖南人。」鄧顯鶴，字子立，晚號南村老人，湖南新化人。

「纂《沅湘耆舊集》千七百人，詩五千六百八十首，各為小傳，以詩存人。後搜刻《蔡忠烈遺集》《王船山遺書》，增輯周聖楷《楚寶》，重修《寶慶府志》，編校歐陽文忠〔註811〕公《圭齋集》，重訂《周子全書》。」明末蔡道憲，謚忠烈。《圭齋集》為元代歐陽玄所著，歐陽玄謚曰文，謚文忠者為宋代歐陽修。《周子全書》成書於明代，是北宋理學家周敦頤著作及後人記述之資料彙編。

「咸豐元年卒，年七十有五，郡人祀之邵州十先生祠。著《南村草堂詩鈔》二十四卷、《文鈔》二十卷，《資江耆舊集》六十四卷，《沅湘耆舊集》二百卷，《楚寶增輯考異》四十五卷，《武岡州志》三十四卷，《寶慶府志》百五十七卷，《朱子五忠祠〔註812〕傳略考正》一卷，《五忠祠續傳》一卷，《明季湖南殉節

〔註808〕原文句讀誤。

〔註809〕殷夢霞、李強選編《外國人著清史八種》，第四冊，第636頁。

〔註810〕詳見林振岳《〈大雲山房文稿〉版本考》，《圖書館雜誌》2017年第2期，第109～115頁。

〔註811〕衍字。

〔註812〕衍字。

諸人傳略》二卷，《易述》八卷。」〔註 813〕

63. 魏源，湯鵬

目錄誤書為「魏源（海西秋），「海西秋」應為湯海秋之誤，即湯鵬。

「魏默深，名源，邵陽人。」魏源，原名遠達，字默深，另字墨生、漢士，號良圖。

「道光壬午鄉試，試卷進呈，宣宗手批嘉賞，名籍甚。累官知州，咸豐六年卒。」魏源道光二年壬午舉順天鄉試，二十五年成進士，累官高郵知州，增田貢《滿清史略》所稱「知府」〔註 814〕誤。他卒於咸豐七年，《清朝史略》與《滿清史略》同誤。

「先生文筆奧衍，熟於掌故。所著有《曾子章句》二卷，《聖武記》十四卷，《海國圖志》六十卷，《詩古微》十卷，《書古微》十卷，《公羊古微》十卷，《春秋繁露注》十二卷，《清夜齋文集》二十卷，《皇朝經世文編》及論學文選若干卷。」《海國圖志》初刻本五十卷，二刻本增補為六十卷，三刻本增補為一百卷。魏源輯著另有《元史新編》《明代兵食二政錄》《清夜齋詩稿》等。

「同年生湯海秋，名鵬。」湯鵬，字海秋，湖南益陽人。道光二年舉人，次年成進士。

「豪於文，作《浮邱子》九十餘篇，四十餘萬言。每遇人輒曰：『能過我一閱《浮邱子》乎？』」〔註 815〕除了《浮邱子》十二卷，湯鵬另著有《海秋詩集》等。

64. 王翬

目錄寫為王石谷。「王石谷，名翬，別號耕煙。」王翬字石谷，號耕煙散人、烏目山人、雪笠道人、清暉老人、虞山人、劍門樵客等，江蘇常熟人。

「善画，徵召以布衣供奉內廷。康熙丁酉卒，年八十有六。武進惲壽平少寫山水，見先生画，歎曰：『吾讓子為一人矣！』遂專工花卉，稱絕藝。」〔註 816〕丁酉為康熙五十六年。惲壽平，初名格，字壽平，以字行。後世將王翬與惲壽平等五位畫家合稱清初六家。

〔註 813〕殷夢霞、李強選編《外國人著清史八種》，第四冊，第 636～637 頁。
〔註 814〕殷夢霞、李強選編《外國人著清史八種》，第二冊，第 378 頁。
〔註 815〕殷夢霞、李強選編《外國人著清史八種》，第四冊，第 637～638 頁。
〔註 816〕殷夢霞、李強選編《外國人著清史八種》，第四冊，第 638 頁。

65. 鄧石如

「鄧石如，安徽人。其名以恭避仁宗廟諱，故遂以字行，而更字頑伯。」鄧石如，初名琰，避顒琰諱，以字行，號完白山人、笈遊道人、鳳水漁長、龍山樵長等，安徽懷寧人。

「客江寧梅氏。秦漢以來金石善本等，臨摹百本。又苦篆体不備，手寫《說文解字》二十本。五年篆書成，乃學漢分，三年分書成。」鄧石如生於乾隆八年，少好刻石，於乾隆四十五年客江寧。梅氏指收藏家梅鏐，字繼美，號石居，梅穀成之子，梅文鼎曾孫，原籍安徽宣城。其家藏有大量金石善本。

「八年學既成，徧遊名山水，至歙〔註 817〕，鬻篆於賈肆。武進張編修語金修撰榜曰：『今日得見上蔡真跡！』修撰驚問，語以故，遂冒雨偕詣先生於古寺，修撰延為上客。金氏家廟甚壯，麗其楹皆貞石，而刻聯及懸額，修撰精心寫作，百易而後定，謂莫能加也。及見先生書，即鳩工斲其額，而石楹既豎不便磨治，乃架屋而臥，楹屬先生書之。書成，乃重建。其傾服至此。」武進張編修指江蘇武進人張惠言，字皋文，嘉慶四年進士，六年為翰林院編修。安徽歙縣人金榜為乾隆三十七年狀元，授翰林院修撰。上蔡指秦丞相、書法家李斯，其為河南上蔡人。

「曹文敏公文埴，屬先生作四体千文橫卷，一日而成，文敏歎絕，具白金五百為壽。未幾入都，強之同往，先生獨戴草笠，鞾芒鞋，策驢，後文敏三日行。先生策驢過轅門，門者呵止之，文敏遙見先生，趨延入，讓上座，徧贊於諸公曰：『此江南高士陶〔註 818〕先生也，其四體書皆為國朝第一。』諸公乃大驚。」乾隆朝戶部尚書曹文埴，謚文敏，其亦為歙縣人。此入都事在乾隆五十五年弘曆八十壽辰時。

「卒於嘉慶十年，年六十有三。」〔註 819〕傳中提及的梅鏐、張惠言、金榜、曹文埴，均為別傳所無。

66. 湯右曾

目錄寫為湯西涯。「湯西涯，名右曾，浙江人。」湯右曾，字西厓，亦作西涯、西崖，浙江仁和人。康熙二十七年進士，累官至吏部右侍郎。

「著《懷清堂集》。」該集共有二十卷。

〔註 817〕原字左下誤為「禹」，據包世臣《完白山人傳》改。

〔註 818〕應為「鄧」。

〔註 819〕殷夢霞、李強選編《外國人著清史八種》，第四冊，第 638～639 頁。

「浙中詩派，前推竹垞，後推湯涯。」〔註 820〕此語源於沈德潛的歸納。朱彝尊，號竹垞。「湯涯」不通，「湯」應為「西」。

67. 章愷

「章愷，字仲貫〔註 821〕，南城人。」章愷，字仲實。此南城指江西建昌府南城縣。

「明諸生，隱居華子岡，灌園養母。著《二十一史童觀集》《閱史偶談》。」〔註 822〕章愷生卒年不詳。他曾從下文有傳的謝文洊學，其論學嘗使文洊心折，並甚得魏禧稱道。

68. 黃采

「黃采，南城人。」黃采，字亮工。他和章愷均為江西南城人。

「繼母得狂易疾，扶持三十年如一日。居家以《小學》《家禮》倡引後進，風俗為一變。〔註 823〕黃采生卒年不詳。他和章愷均從學於謝文洊，兩傳可附於謝文洊傳之末。

69. 陸世儀

目錄誤書為「陸桴夢」。

「陸桴亭，名世儀，字道威，江蘇人。」陸世儀，號剛齋，晚號桴亭，江蘇太倉人。

「本朝諸儒恪守程朱家法者，推二陸，一清獻公，一桴亭先生也。所著《思辨錄》，凡十四類，清獻公嘗序而刻之。」陸隴其，謚清獻，文末有傳。

「劉念臺講道蕺山，張受先嘗約往受學，先生即赴，受先不果，終身以為憾。」明末山陰學者劉宗周，號念臺。太倉學者張采，字受先。

「所著有《宗禮典禮節衷》《治通》《治鄉三約》《甲申臆儀〔註 824〕》《城守要略》《八陣法門〔註 825〕》《先儒語錄集成》《明儒語錄集成》《禮衡》《易窺》《詩鑑》《書鑑》《春秋考論》《讀史筆記》《孝德錄》。」〔註 826〕陸世儀所著兵書為《八陣發明》，並非「法門」。「《宗禮典禮節衷》」，未見此書，其義不明。

〔註 820〕殷夢霞、李強選編《外國人著清史八種》，第四冊，第 639～640 頁。

〔註 821〕應為「實」。

〔註 822〕殷夢霞、李強選編《外國人著清史八種》，第四冊，第 640 頁。

〔註 823〕殷夢霞、李強選編《外國人著清史八種》，第四冊，第 640 頁。

〔註 824〕應為「議」。

〔註 825〕有誤字。

〔註 826〕殷夢霞、李強選編《外國人著清史八種》，第四冊，第 640～641 頁。

70. 高世泰

正文未提行，且漏「○」。

「高世泰，字彙旃，無錫人。忠憲公攀龍從子也。」明末學者高攀龍，謚忠憲，高世泰為其侄。

「少侍忠憲講席，篤守家學。晚年以東林先緒為己任，卒年七十有八。東林為高忠憲、顧端文兩公講學地，得諸君恪守遺規，其緒言益不泯於世。」〔註 827〕晚明學者顧憲成，謚端文。高世泰卒於康熙十五年，七十有三。

71. 謝文洊

目錄寫為謝約齋。「謝約齋，名〔註 828〕洊，字秋水，江西人。」謝文洊，號約齋，江西南豐人。未述其一號程山，影響下文理解。

「初篤信王陽明學，後取羅整菴《困知記》讀之，始一意程朱。著《大學中庸切己錄》等數十篇。發明張子主敬之旨，以為為學之要，畏天命一言盡矣。」明代學者羅欽順，號整菴。張子指北宋大儒張載。

「宋之盛過訪程山，遂訪易堂。魏禧、彭任會講旬餘，於是諸士皆推讓程山，謂其篤躬行，識道本。」彭任，易堂九子之一，參見前文魏禧傳。其與明末清初學者宋之盛均未獲立傳。

「病，自為墓志，卒年六十有七。所著又有《初學先言》《大臣法則》《左傳濟變錄》《詩文集》。」〔註 829〕謝文洊卒於康熙二十一年，六十有八。〔註 830〕

72. 王懋竑

目錄寫為王白田。「王白田，名懋竑，字予中，江蘇人。」王懋竑，號白田，亦字與中，江蘇寶應人。

「尤邃於經術，謂《易本義》前九圖、《筮儀》及《家禮》皆後人依託，非文公所作。又於諸史皆有考證。先生撰逑〔註 831〕，已刻者，《白田草堂集》二十四卷，《朱子年譜》及《讀史記疑》若干卷。」〔註 832〕「文公」指朱熹，其謚為文。

〔註 827〕殷夢霞、李強選編《外國人著清史八種》，第四冊，第 641 頁。

〔註 828〕漏「文」字。

〔註 829〕殷夢霞、李強選編《外國人著清史八種》，第四冊，第 641～642 頁。

〔註 830〕參見《清史稿校註》，臺灣商務印書館 1999 年版，第 14 冊，第一〇九七七頁。

〔註 831〕應為「述」。

〔註 832〕殷夢霞、李強選編《外國人著清史八種》，第四冊，第 642 頁。

73. 段玉裁

「段玉裁，字若膺。」未述其為江蘇金壇人。

「著《說文解字注》。」〔註 833〕此為該書諸傳中最短者，不到二十字。段玉裁另著有《經韻樓集》等。

74. 王士禛

目錄寫為王漁洋，位置在朱彝尊前。「王士禛，字貽上，號阮亭，別自號漁洋山人。」王士禛，一字子真。傳中未述王士禛在被弘曆改稱王士禎前，曾因避胤禛諱改稱王士正，亦未述其籍貫山東新城。

「累官刑部尚書，康熙五十年薨，年七十有八。以詩鳴海內者五十餘年，為一代大宗。乾隆中，特旨賜謚曰文簡。公在官政蹟，乃平生風節，足並垂天壤者，為詩名所掩。」〔註 834〕王士禛在官頗有政聲，文學上提出神韻說，著有《池北偶談》等。

75. 余增遠，周齊曾

目錄寫為余若水，傳中尚述周齊曾事蹟。

「余若水，諱增遠，字謙貞，會稽人。」余增遠，號若水，浙江會稽人。

「明崇禎癸未進士。草屋三間，不蔽風雨，以鱉甲承漏。聚村童五六人，授以《三字經》。冬夏一皁帽，雖至昵者，不見其科頭。先生慨世路偪仄，遂疑荀卿性惡之說為確，至欲著論以非孟。」余增遠為崇禎十六年進士，南明授禮部主事，遷郎中，事敗逃山中，後居紹興城南破屋。

「康熙己酉卒，蓋二十有四年不出城南一步也。疾革，黃梨洲造其榻前，欲為切脈。先生笑曰：『某祈死二十年以前，反祈生二十年之後乎？』梨洲泫然而別。」黃宗羲，別號梨洲老人、梨洲山人。己酉為康熙八年，余增遠卒年六十五。

「同時有周唯一先生，名齊曾，字思沂。」周齊曾，一字唯一，浙江鄞縣人，為余增遠同年進士。

「國變後歸隱，盡去其髮，為髮冢。梨洲倣葉水心誌陳同甫、王道甫之例，為兩先生合誌其墓云。〔註 835〕南宋學者葉適，號水心居士。陳亮，字同甫。王自中，字道甫。

〔註 833〕殷夢霞、李強選編《外國人著清史八種》，第四冊，第 642 頁。
〔註 834〕殷夢霞、李強選編《外國人著清史八種》，第四冊，第 642 頁。
〔註 835〕殷夢霞、李強選編《外國人著清史八種》，第四冊，第 643 頁。

76. 陸隴其

目錄寫為陸稼書。「陸隴其，字稼書，浙江人。」陸隴其為浙江平湖人，平湖別稱當湖，學者稱其為當湖先生。

「康熙九年進士。知嘉定縣，生日老稚數千拜堂，有百歲老人求一識。公曰：『自民有知識以來，未見官如爺者也。』以盜案落職。比行，委巷結綵、炳香以送。建生祠，或刻木為位，旌旛鼓吹，迎歸以祀者，凡兩月乃止。在縣未二年，德化入人之深如此。治行為天下首，四方人士為詩文送之，曰《公歸集》。罷官之榮，近今所未有也。」陸隴其任江蘇嘉定知縣在康熙十四年。

「後授靈壽知縣，簿書之暇，輒至學聽諸生講書。補四川道監察御史。」陸隴其知直隸靈壽縣在康熙二十二年，二十九年授御史。

「三十一年卒，年六十有二。後二年，江南學政任滿，上曰：『原任陸隴其學問優長，操行清潔，可代其任。』大臣奏曰公已故。上曰：『何不啟？』對曰七品已下，在籍身故，無啟奏之例。上嗟嘆久之，曰：『本朝如此人更不可多得。』」此事同時刻畫玄燁形象。

「雍正中，從祀孔廟。乾隆中，諡清獻。」陸隴其雍正二年從祀孔廟，乾隆元年諡清獻。

「所著有《大全》《困勉錄》《松陽講義》等。」〔註 836〕所述「《大全》」全稱為《三魚堂四書大全》，「《困勉錄》」當為《四書講義困勉錄》。《松陽講義》得名於靈壽松陽河，陸隴其論學之地後來命名為松陽書院。

與增田貢兩書比較，《清朝史略》在兩類人物的形象刻畫上有較大擴展，一是滿洲大臣特別是清前期滿洲大臣，二是儒林文苑中的文人學者。諸多個性鮮明生動的歷史人物傳記，極大地提高了該書的可讀性。正如佐藤楚材在自序中所說：「當居閑無事之時，閉門卻掃，散帙披誦，則或如聽和風麗日，君臣唱和；或如觀木蘭秋獵，箭飛獸挺之狀；或如賢人君子，晤對一室，聞其謦欬，與之議論上下。豈不愉快哉？」〔註 837〕

〔註 836〕殷夢霞、李強選編《外國人著清史八種》，第四冊，第 643～645 頁。
〔註 837〕殷夢霞、李強選編《外國人著清史八種》，第三冊，第 31～32 頁。

第六章　《清朝史略》的史事敘述及對華影響

本章首先分析《清朝史略》書中史事的敘述方式，之後闡述該書的對華影響，最終作出本書的全書結語。

第一節　《清朝史略》的史事敘述

佐藤楚材《清朝史略》較增田貢《清史攬要》《滿清史略》兩書體量大增，多數敘事更為詳細。為便於進行比較，本節將前著《晚清日本漢文清史專著舉要》第二章第五節及第三章第五節關於史事敘述的框架，根據《清朝史略》的內容和特點略加改易後，逐項分析。

一、關於明清易代史事

（一）明末農民戰爭

該書如此描述明末農民起義的背景：「先是，明陝西大饑，盜賊蜂起，邊軍乏餉者應之。及燕京被兵，延綏、固原、甘肅、臨洮、寧夏五鎮總兵皆以勤王入援，陝賊益不可制。山西巡撫耿如杞率勁卒五千人入援，兵部調守通州，次日調守昌平，又次日調守良鄉，三日皆不得餉。士飢掠食，又以不戢士逮如杞，於是五千人潰而歸，而晉賊又從此起。至是，並承宗去之，東西交閧，明遂不可為矣。」〔註 1〕承宗指明兵部尚書孫承宗。

〔註 1〕殷夢霞、李強選編《外國人著清史八種》，第三冊，第 104～105 頁。

關於李自成，書中山海關之戰眉批「破流賊」，正文為：「自成麾蓋先走，賊眾望之，遂土崩……自成走京師，屠三桂家口、明諸王于市，焚宮殿，載輜重西遁。」〔註 2〕農民軍在潼關外戰敗後，「自成腹背受敵，遂棄關遁，回西安」，復「焚宮室，出武關，走湖廣」〔註3〕，並未交代其結局。

關於張獻忠，書中稱：順治三年「詔肅親王豪格為靖遠大將軍，同平西王吳三桂等征張獻忠于四川……是冬進四川，襲獻忠于西充，殪之……四川略定」〔註4〕。

（二）明清戰爭

1. 描寫戰爭的殘酷

關於薩爾滸戰役中的尚間崖之戰，該書記載「明兵瓦解泥藉，尚間崖下河為之赤」〔註5〕。

天命六年渾河之戰，該書眉批為「瀋陽之戰」，正文寫道：「師次渾河……是役明以萬餘人當我數萬眾兵，力屈而覆，為遼左用兵已來第一血戰。」〔註6〕描述與《清史攬要》略同，但「我」字不妥，《攬要》所用為「清」〔註7〕。此評語或源於魏源《聖武記》。

天命十一年寧遠之戰前，「高第力言關外不可守，盡撤錦州、淩河諸城守具，移將士于關內，委棄米粟十餘萬，死亡載道，哭聲振野……」，戰時「宗〔註8〕煥令巨礮一發，傷數百人」〔註9〕。雖無《清史攬要》「血渠」之說，但兩書同誤此戰於並不存在的「天命十二年」〔註10〕。此誤同《聖武記》。

2. 記述清軍的屠殺

關於「揚州十日」，該書記載「豫王怒」，「我兵留十日，屠之而南」。對於歸降的南京，清軍主帥同為豫親王多鐸，則是「豫王駐軍城外十日始入城，斬滿洲掠物者八人以徇」。〔註11〕當時有「降將金聲桓奉命招撫江西，所至屠殺

〔註 2〕殷夢霞、李強選編《外國人著清史八種》，第三冊，第 144～145 頁。
〔註 3〕殷夢霞、李強選編《外國人著清史八種》，第三冊，第 149 頁。
〔註 4〕殷夢霞、李強選編《外國人著清史八種》，第三冊，第 158 頁。
〔註 5〕殷夢霞、李強選編《外國人著清史八種》，第三冊，第 76 頁。
〔註 6〕殷夢霞、李強選編《外國人著清史八種》，第三冊，第 79 頁。
〔註 7〕殷夢霞、李強選編《外國人著清史八種》，第五冊，第 10 頁。
〔註 8〕應為「崇」。
〔註 9〕殷夢霞、李強選編《外國人著清史八種》，第三冊，第 84 頁。
〔註10〕殷夢霞、李強選編《外國人著清史八種》，第五冊，第 11 頁。
〔註11〕殷夢霞、李強選編《外國人著清史八種》，第三冊，第 152 頁。

立威」〔註 12〕，「降將武夫趁機煽虐，所至地毛如洗」，另一方面也有「張天祿故史可法部將，尚有承平節制，營徽州山上，嚴戒軍士入城……徽人感泣」〔註 13〕。關於《清史攬要》記述的屠金華及廣州事，該書並未言及。

二、關於清代起事起義

（一）清代民族問題，以關鍵字「苗」為例

除了前述的漢人傅鼐形象以及鄂爾泰、岳鍾琪、楊遇春等人的傳中涉及的苗事，《世宗紀》中還述：雍正「初，上勤求民隱，鄂爾泰奏言：『雲貴大患，無如苗蠻。欲安民，必先制夷，欲制夷，必改土歸流，而苗類多與鄰省犬牙相錯，又必歸并事權，始可一勞永逸。……』於是自四年至九年，蠻悉改流，苗亦歸化。……是年（十二年）哈元生進《新闢苗疆圖志》，以尹繼善督雲貴，而復有黔苗之變。……」〔註 14〕其餘敘述較《清史攬要》更詳，而觀點略同。

《高宗紀》中述：乾隆「六十年，貴、湖征苗。苗介湖南、貴州萬山之中，環以鳳皇、永綏各城，營汛間錯相望。初，苗未變也，畏隸如官，官如神。兵民利焉，百戶外委利焉，司土者利焉。乾隆五十六年，永綏廳勾補寨苗訟竊牛於官，官病及闔寨，遂激石滿宜之亂，雖旋撲滅，而苗禍已胚。初，永綏廳懸苗巢中，環城外寸地皆苗，不數十年盡占為民地。獸窮則齧，于是奸苗倡言逐客民復故地，而群寨爭殺百戶響應矣。鎮江苗吳隴〔註 15〕、吳八月及乾州苗同蠢動，火光照二百里，軍中止短刀，無火鎗，總兵明安圖等束手死，苗疆大震。……」〔註 16〕「吳隴」應為吳隴登。

（二）秘密社會的反清活動

1. 天地會

書中首次提及天地會之名是臺灣林爽文起事：「林爽文者，居彰化之大理材〔註 17〕，地險族強，豪猾揮霍，聚群不逞，結天地會，黨日橫熾。總兵柴大紀調兵三百，使知府等往捕。賊夜攻營，軍覆，將吏死焉，彰化遂陷，時乾隆

〔註 12〕殷夢霞、李強選編《外國人著清史八種》，第三冊，第 155 頁。
〔註 13〕殷夢霞、李強選編《外國人著清史八種》，第三冊，第 156～157 頁。
〔註 14〕殷夢霞、李強選編《外國人著清史八種》，第三冊，第 436～440 頁。
〔註 15〕漏「登」字。
〔註 16〕殷夢霞、李強選編《外國人著清史八種》，第三冊，第 600 頁。
〔註 17〕應為「杙」。

五十一年十一月二十七日也。」〔註 18〕描述與《清史攬要》略同，但沒有清軍「焚無辜數小村」〔註 19〕等語，也沒有出現《攬要》的時間錯誤。

《阮元傳》中述：嘉慶「十九年，獲天地會鍾體剛、擒匪曾文彩、會匪鍾龍錦等，各論如法，民情乃安」〔註 20〕。

《宣宗紀》中述：道光十一年，「趙金龍作亂湖南。……時楚粵奸民結天地會屢強劫猺寨牛穀……於是金龍妖煽其峒倡言復讎……殺會匪二十餘人」〔註 21〕。而《清史攬要》作「殺天地會徒二千餘人」〔註 22〕。《清朝史略》當誤。

該記接述同年「盤均華之變」後回溯：「初，楚粵邊郡奸民為天地會締黨歃約，橫行鄉曲，小剽掠，大擅殺，各有名號，兵役皆其耳目羽翼，一呼百諾，吏不敢問。趙金龍起事，即戕殺會匪，故會匪不附，而郴桂兩粵奸民已所在蠢動。州縣籍軍興，團練隨時禽渠魁，又猺平迅速，故幸未生變，然黨與蔓三省，逋逃藪聚。論者曰：邊防隱憂在苗猺之右。」〔註 23〕天地會在此是少數民族起事的背景因素。

2. 白蓮教

《清朝史略》中白蓮教的前身出現比《滿清史略》更早，乾隆十三年，「禁彌勒佛、白蓮社、白雲宗、明尊教等邪教」〔註 24〕。《滿清史略》的類似記載則繫於二十三年。〔註 25〕其實，早在乾隆五年頒行的《大清律例》中，即延續了《大明律》中對所述四種秘密宗教為首者處以絞刑的規定。

《仁宗紀》嘉慶元年記事中述：「白蓮教者，奸民假治病持齋，偽造經咒，以救劫為名，而安徽劉松為之首。乾隆四十年，劉松以河南鹿邑邪教事發被捕，遣戍甘肅，復分遣其黨劉之協、宋之清教授傳播，徧川陝湖北，日久黨益眾，遂謀不靖，倡言劫運將至，以同教鹿邑王氏子曰發生者，詭明裔朱姓，以煽動流俗。乾隆五十八年事覺，復捕獲，各伏辜。王發姓〔註 26〕以幼童免死戍新

〔註 18〕殷夢霞、李強選編《外國人著清史八種》，第三冊，第 581～582 頁。
〔註 19〕殷夢霞、李強選編《外國人著清史八種》，第五冊，第 108 頁。
〔註 20〕殷夢霞、李強選編《外國人著清史八種》，第四冊，第 78 頁。
〔註 21〕殷夢霞、李強選編《外國人著清史八種》，第四冊，第 122～123 頁。
〔註 22〕殷夢霞、李強選編《外國人著清史八種》，第五冊，第 136 頁。
〔註 23〕殷夢霞、李強選編《外國人著清史八種》，第四冊，第 129～130 頁。
〔註 24〕殷夢霞、李強選編《外國人著清史八種》，第三冊，第 515 頁。
〔註 25〕殷夢霞、李強選編《外國人著清史八種》，第二冊，第 320 頁。
〔註 26〕應為「生」。

疆，惟劉之協遠颺。是年復跡于河南之扶溝，不獲，于是有旨大索。州縣吏奉行不善，逐戶搜緝，胥役乘虐，而武昌府同知常丹葵奉檄荊州、宜昌，株連羅織數千人，富破家、貧陷死無算。時川、湖、粵、貴民方以苗事困軍興，而無賴之徒亦以嚴禁私塩、私鑄失業，至是意讎官思亂，奸民乘機煽惑，于是發難于荊襄達州，駸淫于陝西而亂作。正月，湖北荊州之枝江、宜都則有聶傑人、張正謨等賊起，宜昌之長樂、長陽應之。」〔註27〕其中未出現《清史攬要》「宋之問」〔註28〕之誤。

「十月，四川達州奸民徐天德等激千〔註29〕胥役，復與太平東鄉賊王三槐、冷天祿等並起。初，四川有嘓匪而無教匪，嘓匪者，金川之役，官兵潰于木果木，其逃卒之無歸者，與失業夫役、無賴悍民，散匿川東北，剽掠為生。及官捕急，則以白蓮教為逋逃藪。」〔註30〕此述四川嘓匪與白蓮教之關係。

嘉慶五年「秋，禽教主劉之協於河南，上以劉之協首創邪教，毒流五省，逋誅數載，檻送京師。御製《邪教說》以『但治從逆，不治從教』之旨宣示中外」〔註31〕。此事增田貢兩書均未記。

此外，紀中此前述及王聰兒和姚之富、以及後來追述她與劉之協之事，所用「襄陽賊姚之富與教首齊林之妻王氏」〔註32〕「齊王氏」〔註33〕均無誤，但在額勒登保傳中僅寫作「王氏」〔註34〕。

3. 天理教

《仁宗紀》中述：嘉慶十八年「天里教匪之變（亦名八卦教），聚眾斂財，愚民苦胥吏者爭與焉。而河南滑縣李文成、直隸大興林清為之首。……」〔註35〕該書和增田貢兩書一樣，均將天理教誤為「天里教」，評價也一致。此誤同《聖武記》。

4. 邊錢會

《文宗紀》中述：咸豐六年，「江西邊錢會匪起。江西吉安、建昌等府屬

〔註27〕殷夢霞、李強選編《外國人著清史八種》，第四冊，第2～3頁。
〔註28〕殷夢霞、李強選編《外國人著清史八種》，第五冊，第111頁。
〔註29〕應為「于」。
〔註30〕殷夢霞、李強選編《外國人著清史八種》，第四冊，第5頁。
〔註31〕殷夢霞、李強選編《外國人著清史八種》，第四冊，第26頁。
〔註32〕殷夢霞、李強選編《外國人著清史八種》，第四冊，第3頁。
〔註33〕殷夢霞、李強選編《外國人著清史八種》，第四冊，第413頁。
〔註34〕殷夢霞、李強選編《外國人著清史八種》，第四冊，第82頁。
〔註35〕殷夢霞、李強選編《外國人著清史八種》，第四冊，第40頁。

有邊錢會名目，以錢塗朱描金為號，屢禁愈眾，遂勾同粵逆竄入南豐縣，連陷新城、瀘溪等縣，圍攻廣信。巡撫沈葆楨時籌饟於河口，聞貴溪失守，單騎馳回，甫抵城，賊已麕聚城外，吏民盡散。沈葆楨徒守陴，妻林氏為前雲貴總督林則徐之女，同在危城，無媼婢，躬汲爨，具壺漿以餉士卒。八月十二等日，開城擊賊，斃三千餘人，斬其渠帥，餘匪潰遁，郡境肅清」〔註 36〕。敘事與《清史攬要》略同，但刪去了「以煽惑愚民」〔註 37〕這一目的性評價。

5. 太平天國

從前述洪秀全人物形象可以看出，和《清史攬要》類似，《清朝史略》對太平天國運動基本上持否定態度。但其收錄的一些史料也反映了另一方面的評價，如曾國藩奏摺中說李秀成「權術要結，頗得民心。城破後，竄匿民間，鄉民憐而匿之。蕭孚泗生擒李逆之後，鄉民竟將親兵王三清捉而殺之，投諸水中，若代李逆發私忿者。李秀成既入囚籠，次日又擒偽松王陳德風，到營一見李逆即長跪請安。聞此二端，惡其得民心之未去，黨羽之尚堅……」，此處有一眉批：「賊得人心。」〔註 38〕

6. 捻軍

前著《晚清日本漢文清史專著舉要》中曾引述了增田貢和旅日學者王治本的一段筆談：

增田貢問及捻軍起義：讀《粵匪紀略》，有河南一種賊，號捻匪。捻髮之謂歟？

王治本回答：捻，兩手相握，亦教匪之一名。

增田貢問：握手通情相固者，亦係其邪教乎？

王治本回答：如西法逢人兩手相握。〔註 39〕

佐藤楚材在《清朝史略》中對「稔」字的解釋較王治本靠譜一些：咸豐四年，「捻匪起。捻者，揑也。不逞之徒聚揑成隊，肆劫掠，俗謂之捻子。各聚其處，江南則淮、徐、海，安徽則穎、亳、壽，河南則南、汝、光，山東則兗、沂、曹、濟，湖北則襄、棗、鍾、隨。以各省論，皆屬邊界，以大勢論，則居天下之中，譬之雞卵中黃獨堅，故此數十府州縣之民類多慓悍，承平之際，僅

〔註 36〕殷夢霞、李強選編《外國人著清史八種》，第四冊，第 241 頁。

〔註 37〕殷夢霞、李強選編《外國人著清史八種》，第五冊，179～180 頁。

〔註 38〕殷夢霞、李強選編《外國人著清史八種》，第四冊，第 399～400 頁。

〔註 39〕趙晨嶺《晚清日本漢文清史專著舉要——增田貢〈清史攬要〉〈滿清史略〉比較研究》，花木蘭文化出版社 2022 年版，第 8 頁。

與搶竊盜等耳，兵興後，粵逆聯為一氣，或令分擾以擊我兵，或令前驅以助其勢，何慮千百股，與粵逆相始終」〔註 40〕。作者站在清朝立場上，對捻軍的評價毫無正面內容可言。

三、關於清代涉外史事

（一）書中歐美國家

1. 荷蘭

除了鄭成功收復臺灣事涉荷蘭，書中還記述：康熙二年「十二月，耿繼茂、李率泰奏：『十月，臣等統兵渡海攻克廈門，賊眾驚潰，登州提督施琅會荷蘭國來〔註 41〕板船邀擊之，斬千餘級，乘勝取浯嶼、金門二島，鄭錦、周全斌等遁。』」〔註 42〕山東登州所設為總兵，施琅時任福建水師提督。此外，《清史攬要》所述康熙十九年「議檄荷蘭夾板船為助」〔註 43〕事則並未記載。

2. 英國

書中吳熊光、阮元、那彥成等人的傳記中均涉及英吉利之事，詳見本書前一章。此外，《高宗紀》中述：乾隆五十五年廓爾喀之役，「其國境南隔鄰印度之地，曰披楞者，久為英吉利屬國，與廓夷積釁……至道光二十年英吉利入寇粵浙，廓爾喀亦遣人稟駐藏大臣言：『小國與里底所屬之披楞地相接，每受其侮，今聞里底與京屬搆兵，京屬屢勝，臣願率所部往攻里底屬地，以助天討。』駐藏大臣未知所稱里底即英吉利，所稱京屬即謂中國之廣東省，所稱披楞屬地，即東印孟加臘，顧答以蠻觸相攻，天朝向不過問，卻之。史氏曰：印度地產鴉片煙，英吉利關稅，歲八千萬計。其兵船入犯中國者，十九皆孟加臘之人，誠能聽廓夷出兵之請，擣其空虛，牽其內顧，使西夷失富強之業，成狼狽之勢，亦海外之奇烈也。」〔註 44〕「披楞」一詞在《清史攬要》中亦曾出現〔註 45〕，其若指人當指南亞的英國殖民者，指地則是英國東印度公司在孟加拉的殖民地。

《宣宗紀》中關於鴉片戰爭的記述遠較《清史攬要》更詳：道光「十九年，

〔註 40〕殷夢霞、李強選編《外國人著清史八種》，第四冊，第 220 頁。
〔註 41〕應為「夾」。
〔註 42〕殷夢霞、李強選編《外國人著清史八種》，第三冊，第 234 頁。
〔註 43〕殷夢霞、李強選編《外國人著清史八種》，第五冊，第 59 頁。
〔註 44〕殷夢霞、李強選編《外國人著清史八種》，第三冊，第 599 頁。
〔註 45〕殷夢霞、李強選編《外國人著清史八種》，第五冊，第 111 頁。

西洋英吉利以禁鴉片搆釁擾海疆。初，西洋貿易，惟英吉利國最多，惟尤狡猾。乾隆五十八年，英吉利入貢，請於天津、寧波海口貿易，並求附近珠山小海嶋及廣東附城地方各一處居商存貨。上既嚴諭指駁，復慮其沿途生事，特命松筠護行，凡所要求，皆嚴詞拒絕。途中安謐，高宗嘉其得體。」首先追述乾隆五十八年馬戛爾尼使團來華事。

「嘉慶十六年，英吉利有護貨船擅入內洋，不敢驅逐，兩江總督蔣攸銛飭停貿易以懲之，英計絀，乃遵約束如舊制。二十年入貢，其使不能行三跪九叩首，廷議以其崛強遣之，睿廟不懌，孫玉庭適述職京師，召見垂問，以公嘗撫粵，悉英情也。公面奏：『乾隆五十八年英人貢方物，使至京，已不能效中國禮拜之儀，其大班曰呵噹咚，嘗於廣東巡撫署拜領大皇帝賞物，弓身俯伏，臣親見之。譯者曰俯伏者，英禮免冠頓首也。今貢使即呵噹咚，未有謹於彼而驕於此者。』上問：『其國富強有諸？』公奏：『其富由中國，彼以所有易茶葉，轉鬻於附近諸國，故富耳。然一日無茶則病，禁之則彼窮且蹙，又安能強？如其妄有干求，當折以天朝之法度，如其歸心恪順，不必責以中國之儀文。』反覆開陳，漏下四刻，睿廟大悅。二十一年嘗遣使入貢，未許成禮而回。」〔註46〕所述嘉慶二十一年遣使為阿美士德使團。

「逾年，兩廣總督阮元臨粵，疏請嚴禁鴉片，首以嚴馭洋商英商為務，遇事裁抑之。英船在黃埔殺人，公嚴飭洋商必得兇犯乃已，商不能庇，犯乃自刎死。有擊民夫婦者，亦予絞決抵罪。先是，二年冬，英人護貨兵船殺死民人二，阮元飭洋商及管事大班縛犯以獻，大班委其責於兵頭，即飭傳諭兵頭獻犯。詭稱英民互有殺傷，冀相抵賴，公持之力，頭目等聲言將揚帆歸國停貿易，公給印諭言：『歸即歸，天朝並不重爾等貨稅。』於是船皆出海口，然非其志也，仍潛泊外洋以待，日久折閱多，其兵船又先遠遁，大班乃稟求回岸貿易，俟下次貨船抵粵時縛犯來獻。公復給印，諭兵船不許復來，其見在貨船，暫許貿易，續到者，如不能縛犯，仍嚴拒不許入。方事之殷，商民官吏皆惶惶，或言關稅將自此大絀，且慮激變，為朝廷憂。公曰：『國體為大，稅數為輕，且索兇理長，不可為所欺脅。』力持三月，頭目始有乞回貿易之稟。自是兵船亦不敢來，公調任，兵船即踵，海疆乃自此多故矣。」嘉慶二十二年，阮元調任兩廣總督。道光二年事亦記載於阮元傳中。

「初，鴉片自亞臘比亞及印度地方齎來，蔓延日廣，及西洋交通，遂為互

〔註46〕殷夢霞、李強選編《外國人著清史八種》，第四冊，第130～131頁。

市之要物。煙毒薰人且糜財，乾隆中，禁外蕃來鬻及內民食之，燒一千圅。嘉慶二十一年，復燒三千二百圅。厥後英人得印度，種罌粟製鴉片，以謀貿易之利，齎至亞馬港及廣東，倍蓰前日。先是，十六年齎二萬七千圅，翌歲至三萬四千圅，而有司貪賄，縱之不問。英商交易，公然無忌憚。」亞臘比亞即阿拉伯，亞馬港即澳門。

道光十八年，「鴻臚卿黃爵滋疏請禁鴉片以塞漏卮，有旨下中外大臣議。湖廣總督林則徐條陳利害，略曰：鴉片煙流入中國，其初不過紈絝子弟習為浮靡，嗣後上自官府搢紳，下至工商優隸，以及婦女、僧尼、道士，廣東每年漏銀漸至三千餘萬兩，合之各省又數千萬兩，耗銀之多，由於販煙之盛，販煙之盛，由於食煙之多。眾臣子誰不切齒？請禁止之，永絕澆風。帝嘉焉，於是定制十人為保，互相監同，一人犯之，舉保有罰。無論薰煙，即持煙器者亦死。吏或縱法弗問，輒奪官職。又諭英商禁其齎來，已而英商有私鬻者，即捕而逐之，大班請曰：『請緩三日，然後使去。』不聽，於是大班大懼，嚴禁其徒，使不得復與內民私貿易，而內民猶有潛蓄鴉片者，眾疑英商所鬻」〔註47〕。林則徐條陳內容為《清史攬要》所無。

「是年冬，林則徐入覲」，「十九年，補兩廣總督，乃宣諭德威，繕守備於虎門各海口，添建礮臺……時通商之國以十數，咸傾心受納，惟英吉利持兩端。書諭英商港內停泊二十二船，所有鴉片宜盡數送呈，且自後犯者，殺無赦。英商依違未答，嚴兵備臨之。英商不得已，呈一千三十七圅。則徐曰：『其數未盡。』英商抗辨不服，則徐乃閉食料不與，與者處死。於是土人服役蕃館者亦恐罪逃去，英商窘窮，遂呈全數。則徐悉燒滅之。曩時消阿片者皆燒毀之，而其灰亦可食，故阿片已燒，餘毒猶尚不息，乃命眾卒踏碎之，和鹽及石灰投之海」。〔註48〕此述虎門銷煙事。林則徐補兩廣總督在道光二十年，此與《清史攬要》同誤。「阿片」即上文鴉片，文中並未統一。

「九月，大班義律等以食料為名，糾師船犯尖沙觜……尋六犯海口，皆受懲創……其停貿易，英人屢撼之，不動，則徐尋往亞馬港設禁如初，會內民私與英商互市，即捕處刑。謂大班曰：『宜出奸商付我正罪。』大班不應，於是則徐絕接濟，禁奴僕，一如廣東。英商困甚，遂相率去，繫泊香港。則徐又命沿海土民，使防英人上岸，以絕其接濟。英人益窘而侵入之志決矣。火輪戰艦

〔註47〕殷夢霞、李強選編《外國人著清史八種》，第四冊，第133～134頁。
〔註48〕殷夢霞、李強選編《外國人著清史八種》，第四冊，第134～135頁。

二艘，闖然駛入廣東，揚言曰：『復互市則已，否者有戰耳。』則徐不應，英人砲擊我三船，忽成粉齏，死傷亦多。英人既去，則徐恐其再來，大修兵備。……」〔註49〕義律為英國政府駐華商務總監。此段末述九龍之戰，參戰清軍由參將賴恩爵指揮。

「先是，有顏魯望者上疏，……則徐因其策，潛謀燬英艦，英人偵知之，英將蘇密多來贈書曰：『聞貴國有燬敝船之議，戰艦二艘，設大礮五十口，戰士三百，謹待命，不敢少避。』我官卻其書，封緘如故。尋發戰艦，將欲擊之。蘇密多曰：『請勿逼，逼則不保無火礮之害。』我船直逼之，英艦放砲，我亦放，官兵終敗，一船破碎騰空，三船沈水，船將亦傷砲丸，僅免去。居數日，復戰于香港，互有勝敗。既而英人介於亞墨利加人，乞互市，不聽。」〔註50〕蘇密多即英艦「窩拉疑」號艦長士密。此述穿鼻之戰，參戰清軍由廣東水師提督關天培指揮。亞墨利加即美國。

「先是，一奴見捕，蕃官請赦之，亦不省。○二十年，英人復來請釋奴，竟不聽，官兵尋將燒英船，風逆火轉自燒，死傷頗眾，事遂止。方是時，亞馬港交易已絕，土民失產，往往陷為盜……而英人招集喜望峰、印度諸道兵，欲大修怨。五月二十二日，大艦二艘到亞馬港，一布冷墨爾為將，一阨兒利阿多為將，各設巨礩七十門，其他大小船十數，設砲四十四口或十六口，並進攻舟山嶋。巨砲交發，我軍大敗，總兵官死之，知縣驚惶，自投城塹而死，土民亦四散。英人乘虛奪嶋，島有五港，分兵據守，盡取嶋中碑碣，築城牆，晝居城上，夜則入船，以為警備。舟山地雖褊小，與北方諸都相近，據以為塞，出兵四略，且奪漕運最便，故先取之。」〔註51〕喜望峰即好望角，指英國在南非的殖民地。布冷墨爾即侵華英軍海軍司令伯麥，阨兒利阿多即侵華英軍總司令懿律，他是義律的堂兄。此述第一次定海之戰，總兵張朝發傷重不治，縣令姚懷祥不屈殉節。

「二十四日，又進逼乍浦。城中發砲斃九人，英軍亦放巨砲碎城門，居民駭散，城殆陷，而英人亦去，我府懸榜募士人曰：奪英艦載巨砲八十口者，賞賜銀二萬兩，每小砲一口遞減一百兩，燒戰艦者準之，擒白兒者一兩，黑兒隨減之。土民聞之，爭出應募，然無能獲賞者。布冷墨爾適到廈門，遺一船齎書

〔註49〕殷夢霞、李強選編《外國人著清史八種》，第四冊，第136～137頁。
〔註50〕殷夢霞、李強選編《外國人著清史八種》，第四冊，第137～138頁。
〔註51〕殷夢霞、李強選編《外國人著清史八種》，第四冊，第138～139頁。

建白旗，以示非兵船，而官兵一切拒之，矢砲雨下，不可近。布冷墨爾恚曰：『我不報此怨不已。』即日歸舟山，尋攻寧波。見我船在海口，砲擊之。我兵力拒，英人直進圍城營，我兵堅閉城門不出。英人欲上書朝廷，我將又卻之不達。布冷墨爾就諭土人曰：『我所敵者，官吏也，土人益安其所，勿敢或動。』而土人往往逃走，若舟山最甚，嶋中全無居民，食料無所獲，水土又不適，疾疫隨生，死者日十數人，兵勢為之稍衰。會亞墨利加人在亞馬港又與英人生隙，我將乘釁出兵，絕亞馬港通路，蘇密多聞之，從廣東馳來，擊大破之，而亞馬港近傍無復我兵，兵勢復振。」〔註52〕此述乍浦、寧波戰事。

「先是，阨兒利阿多率一隊進入北地，上書議和，且往來遼東以觀地勢，上命欽差琦善權辭以答曰：『是地不便議事，宜在廣東待。』阨兒利阿多即去。七月，浙江巡撫奏請葛雲飛復原官定海鎮總兵。先是，雲飛以憂去，上書大府言：『廣東禁鴉片，令方急，外夷陰狡，恐為變，波及浙洋，宜先事定謀。』及英吉利據定海，巡撫服雲飛先見，馳書要之，詣鎮海計防禦。時雲飛督耕隴上，得書白母，遂行至鎮海，請盡出勁兵扼金雞、招寶兩山間，集定海潰兵，大閱海上。」〔註53〕該書未給葛雲飛立傳，其事蹟均在紀中。

「九月二十日，寧波餘姚縣會有一英艦忽至，鄉勇馳集防之，英人素不諳地理，膠淺不能動。鄉勇集攻圍，船中乃發巨砲，霹靂一震船破，乃移小船逃去，獲女將及徒兵二十人。女將驍勇絕倫，挺身奮戰，手斬五六人，折數十刀槍，鄉勇披靡。有一人揮槍從後來擊其肩，力稍沮，眾就擒之。女將，英國第三公主云。相傳英國有三女，一為英國今主；二為副將，在本州；三為船將，所擒是也。其人明眸秀眉，髮漆黑，粉面如雪，歲十八許，宛如東洋人。大班即時馳書來謂曰：『見還公主，即悉還定海及侵地，如或加害，傾國大舉，誓必報復。』當是時，命定海欽差伊里布、廣東欽差琦善議和，悉反則徐所為，恐和議不速成也。撤則徐所設各隘口兵以媚之。以則徐過激致變褫職，命以四品卿銜赴鎮海至營效力，尋謫戍伊梨。王相國鼎、湯協揆金釗至以死生去就爭之，卒為忌者所持，不能得。」是頁眉批：「或曰擒公主訛傳。」〔註54〕前著已述，被俘的是英軍鳶號運輸船船長夫人安妮·諾布爾。

「二十一年春，議奏釋還公主，未及降旨，遂斷行釋放，而英人陽撤廣東

〔註52〕殷夢霞、李強選編《外國人著清史八種》，第四冊，第139～141頁。

〔註53〕殷夢霞、李強選編《外國人著清史八種》，第四冊，第141頁。

〔註54〕殷夢霞、李強選編《外國人著清史八種》，第四冊，第142頁。

兵，轉侵浙東，擾粵省，沿海騷動，烽火連天，在事者莫能禦侮。上大怒，褫伊里布、琦善職，解送京師，琦善途縊死。」琦善並未縊死，其在咸豐四年病卒於江北大營，已是十餘年後的太平天國戰爭期間。

「上奮議親征，大臣諫止之，乃命皇弟綿愷〔註55〕親王為大將軍，統師赴浙東。滿洲兵五萬從之，皇侄奕山先發。」〔註56〕旻寧弟惇郡王綿愷，前卒於道光十八年，弟惠親王綿愉，咸豐三年方為奉命大將軍。當時授奕山為靖逆將軍赴粵，後來又授奕經為揚威將軍赴浙，鴉片戰爭中並無授大將軍事。

「四月朔，大兵達廣東。阨兒利阿多聞之，避其鋒，潛棄館入船，夜我兵果欲襲之，聞館中無人而罷。翌日我兵設火船，與英船遇即發，列岸諸堡砲擊助之，欲一時鏖之。英船亦放砲，接戰不屈，至夜交綏。三日，英人來攻，亂砲連發，碎城堡，又破船四十艘，或騰空，或擱沙，死者萬計，英人僅傷三人。四日，英人遣二十六隊兵，盡取外蕃商館。初，自鴉片事起以來，所在盜賊紛興，諸蕃館皆為賊據。至是，英人全取之。五日，英兵登岸，營于東北山上，追鏖滿兵于街中，而大小天〔註57〕砲從船亂放，水陸夾攻，我軍敗走。英人乘勝來言曰：『漢退兵六十里外，納銀六百萬兩，英國亦收兵而去，併所取城堡返之。』我將曰諾，約先納五百萬兩，而潛募土人曰：『斬大班者有殊賞。』然陽已撤兵退，於是英人亦去廣東。」書中未述此前二月間關天培殉國的虎門之戰。

「先是，英帝慮出軍之久，使僕鼎查及彪吾臥烏古領眾繼之。七月二日，將至澳門，英人奮躍，勢百倍，廣州府戒嚴。我兵退在六十里外，聞之中途復返，修築城堡以為守備。英將見其運土石之船，砲擊沈之，並破岸上廬舍去。是月十日，英軍一隊至廈門，放礮奪戍臺，尋上陸，拔其城，搬兵器于船，開倉廩，從土人所取，然後留三戰艦守之，更進北向。」僕鼎查亦作璞鼎查、噗嘣喳，他繼任英國駐華商務總監及全權代表，彪吾臥烏古即侵華英軍陸軍司令郭富。

「先是，英人已歸定海，葛雲飛與總兵王錫朋、鄭國鴻偕往鎮……八月，英人再犯定海。時總兵王錫朋以壽春兵出守九安門，總兵鄭國鴻駐竹山門，總兵葛雲飛駐堯〔註58〕峰嶺，相去十餘里。天雨浹旬，雲飛青布帕首、麻袍、著

〔註55〕原字誤為斜玉旁。
〔註56〕殷夢霞、李強選編《外國人著清史八種》，第四冊，第143頁。
〔註57〕應為「火」。
〔註58〕應為「曉」。

鐵齒轔，日偕士卒往來霪潦中，屢戰卻敵。相持凡數日，會天大霧，英人全隊進逼。礮沈其舟，英人分道攻曉峰、竹山。曉峰無礮，英人奪間道下，攻破竹山門，鄭國鴻力戰死之。尋薄土城，雲飛手掇四千觔礮迴擊之。英人殊死進，雲飛率部卒二百餘人持刀械步鬪。英酋安突得執大綠旗麾兵進，雲飛罵曰：『逆賊終污吾刀！』斬之，刀折，復拔所佩刀，衝賊隊中。至竹山門，方仰登，賊刀劈公面，去其半，血淋漓，徑登，賊駴迸開，忽有礮背擊雲飛，洞胸，穴如盌，力戰沒。方賊之逼土城也，雲飛行營有藥桶二，密納火線其中，而朱書其上曰『軍餉』。城陷，賊踏雲飛營，爭取之，焚數百人。義勇徐保夜跡其尸，走竹山門，雨霽，月微明，見公半面宛然，立厓石下，兩手握刀不釋，左一目猶晱晱如生，欲負之行，不能起，拜而祝曰：『盍歸見太夫人乎？』遂乘浮舟內渡，及明，抵鎮海。初，英人先犯九安門不利，退攻竹山、曉峰，錫朋馳救，兩營已先敗，英人殊死爭鬭，錫朋眾且盡，所親將卒及身盪殺數十百人，賊至益多，揮短刀陷陣死。是役也，英兵艦二十九艘，眾二萬餘，我兵合三鎮，僅四千。錫朋飛書鎮海大府請益兵，大府不許，戒死守母〔註59〕望援。戰且五六日，勢足以待救，亦坐視不救，曰：『吾守鎮海者也。』鎮海急則又走，三總兵皆坐是敗，定海再陷，三總兵同日戰死。」〔註60〕此述第二次定海之戰，所敘戰況較《清史攬要》更詳細，三總兵形象刻畫更深入。「大府」即《攬要》中的「府帥」〔註61〕，兩書均未提其名。

「二十六日，襲鎮海，皆〔註62〕立拔之，獲兵器火藥無算。又進抵寧波，我軍不戰而走，隨即取之。先是，我官亦知西洋製造之精，募蘭人築堡障，建砲臺，皆據其規模，又製火輪船，而不得其操術。至是，募英國水夫輕卒，不惜金幣傭之，月給三四十兩，而臨事輒四散，不肯為之用。凡英人所據，務施恩惠，以收人心，故土人親狎接濟，日用所需，未嘗乏也。既取香港、定海，委為諸蕃停泊之港，不責地稅，諸蕃亦大悅。此時彪吾臥烏古在舟山，將攻杭州府，我軍乃襲之，事出不意，英兵力拒不敗，我兵又圍寧波，燒之不克，遂攻鎮海，亦不利，將復襲定海，英軍逆擊之，我軍敗而走，退營于慈谿縣。英兵一千餘駕火輪船突然衝之，官兵設數砲于營上，至則齊發，兵士亦力拒之，戰未半，英人火我營，闔軍潰走。翌日，逼我第二營，而營中前夜已遁，寂然

〔註59〕應為「毋」。

〔註60〕殷夢霞、李強選編《外國人著清史八種》，第四冊，第143～147頁。

〔註61〕殷夢霞、李強選編《外國人著清史八種》，第五冊，第140頁。

〔註62〕衍字。

無人，英人復取之，於是彪吾臥烏古大舉，將攻杭州府，既發，中途變計，急順錢塘河〔註63〕而下，攻乍浦。我軍乘其虛，謀復定海諸地，英兵留守甚寡，不能守，棄營而走。於是前軍資用不繼，將士皆有後顧之憂，而彪吾臥烏古不以為意，自先士卒馳向乍浦。乍浦最稱繁殷之地，城壘嚴整，沿海砲臺森列，守兵有八千餘，內有滿州〔註64〕兵千七百，英將噗嘣喳先使火輪船探津口，商民震悚，避難者相踏藉死。時城中兵集而旗色慘淡，眾為之危，英艦六艘，大如丘阜，官兵望見而氣索，所發砲彈落水不達。英人大笑，以一艦迫，碎砲臺。先鋒五百人，自唐家灣而登，直突南門。南門破，英兵益進，陷東門，都統長喜、同知韋逢甲帥張惠、周恭壽欲騎戰蹀之，英兵林立，籠劍銃而跪，陣堅不可犯。周恭壽奮然策馬直突，三將繼馳，血戰斬百餘人，恭壽中丸墜馬，猶瞋目斬數人而死。官兵敗退，長善〔註65〕、逢甲亦奮戰，俱死。都統徐雲在城，先刎死。滿兵預伏街中，待其過，從後起，勢甚銳。英人極力支吾不敗，連發大砲，滿兵少沮，英軍乘機突擊，追入人家，婦女不遑避，多刺其子自縊死。獲巨砲八九十，其他甲兵器械無算，而英人死傷亦不尠。」〔註66〕長喜實為副都統。此述乍浦城陷，時為道光二十二年四月初九日。

「乍浦即陷，欲進奪揚子江，江既奪，則一鼓衝金陵不難，於是我將大懼，使眾兵固守江口，築堡據之。五月八日，英人往襲之，我兵不能支，棄堡而遁，轉攻吳淞。時總兵陳化成拒守吳淞口。……吳淞亦陷。十二日，火輪船溯水而行五十里，奪我營二所，其間獲遺砲往往鑄造『夷狄征伐』之字，皆委為敵用。是時，英後軍繼至，勢益振。既破橫江銕鎖關，勢如破竹，進攻鎮江府。地亦殷盛，城市煥麗，我兵七萬，沿江列營拒守，無他奇策。英軍水陸並進，分為三隊，一當城外之兵，一斷其走路，直入府之南，一奪其北郭。兵已進，我軍偃旗棄兵而逃，英人南北並入，滿兵在城鏖戰，英軍合擊殲之。將軍齊進宵逃，副將祥雲、海齡死之，府城遂陷。南京大震。」〔註67〕此述吳淞、鎮江城陷。吳淞戰況亦見陳化成傳中。「將軍齊進」，未查到此人，或為參贊大臣、四川提督齊慎，祥雲為驍騎校，海齡為副都統。

「宣宗素一意剿寇，而諸大臣皆不欲戰，君臣議常不合。至此始知其不可

〔註63〕應為「江」。

〔註64〕應為「洲」。

〔註65〕應為「喜」。

〔註66〕殷夢霞、李強選編《外國人著清史八種》，第四冊，第147～150頁。

〔註67〕殷夢霞、李強選編《外國人著清史八種》，第四冊，第150～153頁。

防，遂起伊里布同欽差大臣耆英馳赴講和。英兵乘勝進至燕子磯，距江寧府三十里，耆英至，即遣使議和。駕幸熱河，於是士民瓦解，而姦民所在蜂起，往往偽稱官吏，誣欺百端，有司不能制，土兵當丁役，亦不肯自往，率募亡賴兇徒代往。英軍見其死卒衣帶中有數錢，知其為傭錢，因傳為笑。七月，耆英等會英將僕鼎查、嗎利孫定議。僕鼎查修盟書，一曰，清國消滅煙土，納銀二千六百萬兩償之，今年納六百萬兩，以後每年納五百萬兩，加利五分；二曰，割廣州、福州、寧波、廈門、上海五處為英國互市之區，使家眷來往；三曰，香港永歸英國管轄；四曰，漢有所俘，苟係英國所役屬者，皆釋之；五曰，欽差相議待清主手勅，然後出令，不得擅執法刑人；六曰，清英官吏同等交接，修好毋敢或爭；七曰，今年納銀六百萬兩，南京河、上海所有英國戰船退去，舟山、古浪嶼未敢退盡，待二千一百萬兩納畢，然後悉退無餘。於是和議定，清英收兵，陸續就歸途。而宣宗以為福州省會之區，不可與，欲以他鎮換之，僕鼎查知之，急開互市于其地，議遂止。」〔註 68〕此述《南京條約》的簽訂，其中所謂旻寧「駕幸熱河」的史實錯誤，前文已述。第一條中「二千六百萬兩」之數，與增田貢兩書同誤。條約規定的賠款總數為洋銀二千一百万圓，其中包括煙价銀六百萬圓、商欠銀三百萬圓、軍費銀一千二百萬圓，第七條中「二千一百萬兩」亦誤。

「伊里布又受命往廣東，會僕鼎查議定船舶來往貨稅多寡之制。前是，英船二艘路過臺灣，遭風破壞，土人疾英人有年，見之宿憤忽發，四集擒捕，鎮總兵洪達阿〔註 69〕、道官姚雲〔註 70〕命殺之。僕鼎查上疏曰：『暴殺如此無罪，則某將以兵問之。』宣宗驚，立解二人職，命耆英謝之，而廣東人心，怨英人次骨。」〔註 71〕增田貢兩書未提姚瑩，而達洪阿均誤作「洪達」〔註 72〕，該書誤而不同。

「二十七年十一月，我府漕夫與英卒爭鬬，我夫傷手，其徒大起，圍英館燬之，土人來救之亦助之，火益不已。我府發卒來救，反為所侮辱，不得已乞援於英人。英人駕船放砲救之。彪吾臥烏古將歸香港，在洋中聞之，急來援，

〔註 68〕殷夢霞、李強選編《外國人著清史八種》，第四冊，第 153～154 頁。

〔註 69〕應為達洪阿。

〔註 70〕應為「瑩」。

〔註 71〕殷夢霞、李強選編《外國人著清史八種》，第四冊，第 154～155 頁。

〔註 72〕殷夢霞、李強選編《外國人著清史八種》，第五冊，第 142、143 頁。第二冊，第 358 頁。

兇徒皆就擒，伊里布北上在途亦來。事既治，總兵官馳至香港謝之，並許英國備戰艦於港口，以戒黨匪，乃諭土人使與英人修好，而土人意不欲從，或有署英館曰：「快哉館也，一炬焦土。』頃之，伊里布病死，新尹未至，廣東交商為之絕。翌歲五月，乍浦有英船載煙土至，無敢貿易者，隨即攜去，獨香港、舟山，交商復初。」〔註 73〕所述廣州黃竹岐抗英事件，較《清史攬要》更詳。

關於第二次鴉片戰爭，《清朝史略》中的記述與《清史攬要》略同，也出現了並不存在的「穆親王」〔註 74〕，《北京條約》賠款數額亦誤為「一千二百萬兩」，漢口、鎮江同誤為「漢江」〔註 75〕。

超出增田貢兩書時間範圍的《今帝紀》中還有一條記載：光緒三年三月，「選熟通中西文字者二十餘人，分遣英、法二國留學大書院」〔註 76〕。

3. 西班牙

和《清史攬要》一樣，西班牙在書中只出現了一次，在鴉片戰爭前夕的道光十九年，「英人既去，則徐恐其再來，大修兵備。適洋中見伊斯把爾商船，以為英人，急襲燒之，英人馳往救之，送之亞馬港」〔註 77〕。「伊斯把爾亞」〔註 78〕之名少了末字，同時增述了英方對此事的反應。

4. 法國

除了前述的「分遣英、法二國留學大書院」〔註 79〕，法國在書中也被稱為佛國，簡稱「佛」〔註 80〕，一如增田貢兩書。不過同治九年天津教案時已改譯為法國：「五月，天津民怒法人倡天主教于內地，結黨殺教徒，焚禮拜堂，法國領事官怒訴之，遣直隸總督曾國藩按撿之。國藩奏曰：『善全和局，以為保民之道；豫備不虞，以為立國之本。』上善之。國藩與李鴻章會領事，協議誅罪首十五人，流從二十二人，改建天主堂，出償金若干，事始得平。」〔註 81〕

5. 美國

鴉片戰爭時的美國，在該書中譯為亞墨利加，前已述及。之後一如增田貢

〔註 73〕殷夢霞、李強選編《外國人著清史八種》，第四冊，第 155～156 頁。
〔註 74〕殷夢霞、李強選編《外國人著清史八種》，第四冊，第 261 頁。
〔註 75〕殷夢霞、李強選編《外國人著清史八種》，第四冊，第 288 頁。
〔註 76〕殷夢霞、李強選編《外國人著清史八種》，第四冊，第 537 頁。
〔註 77〕殷夢霞、李強選編《外國人著清史八種》，第四冊，第 137 頁。
〔註 78〕殷夢霞、李強選編《外國人著清史八種》，第五冊，第 138 頁。
〔註 79〕殷夢霞、李強選編《外國人著清史八種》，第四冊，第 537 頁。
〔註 80〕殷夢霞、李強選編《外國人著清史八種》，第四冊，第 288 頁。
〔註 81〕殷夢霞、李強選編《外國人著清史八種》，第四冊，第 502 頁。

兩書，美國被譯為米國：同治六年，「敕蒲安臣為一等欽差重臣，遣英、米諸國新添和約。蒲安臣到俄國而卒。蒲安臣生於米國，宦遊於中國，以熟習中外情形，為中國奉使於海外卒，憫其沒王事，特賜銀六千兩，又賜其妻銀萬兩。」〔註82〕蒲安臣其人其事增田貢兩書未述。

同治十三年「十一月一日，金星過日，米、法、俄天官學士來北京窺測，與所預推脗合，不差分刻」〔註83〕。此事增田貢亦未記載。

（二）部分周邊國家

1. 俄羅斯

康熙二十五年，「七月，鄂羅斯察漢汗上疏乞撤雅克薩之圍。上諭：『察漢以禮通好，朕本無屠城之意，其令薩布素等撤兵收集于所近戰艦立營，並曉諭城內羅剎，聽其出入，毋得妄行攘奪。俟鄂羅斯使復至定議。』」〔註84〕「察漢汗」即沙皇。

二十七年「夏五月朔，遣使於俄羅斯國。上御乾精〔註85〕門，奉使內大臣索額圖、修國偉、馬喇等，率同兵部督捕理事官張鵬翼〔註86〕等，出使俄羅斯國」〔註87〕。此述《尼布楚條約》的簽訂，「修國偉」應為都統佟國綱。使團中排名在護軍統領馬喇之前者，尚有尚書阿喇尼和左都御史馬齊。二十八年，「定鄂羅斯邊界立碑」〔註88〕。

三十二年，「鄂羅斯察汗遣使進貢。上曰：『鄂羅斯人材頗健，從古為通中國，距京師甚遠。……聞其國有二萬餘里。』」〔註89〕

三十四年，噶爾丹「令使者徒步歸，大言借俄羅斯鳥鎗六萬，將大舉內犯，蓋以前敗由火器不如中國，故佯假西洋火器以張其軍。其實俄羅斯並無意助寇，且噶爾丹懲前敗，亦未敢深入」〔註90〕。次年昭莫多戰後，噶爾丹「欲北赴鄂羅斯，而鄂羅斯拒不受」〔註91〕。

〔註82〕殷夢霞、李強選編《外國人著清史八種》，第四冊，第469頁。
〔註83〕殷夢霞、李強選編《外國人著清史八種》，第四冊，第514頁。
〔註84〕殷夢霞、李強選編《外國人著清史八種》，第三冊，第281～282頁。
〔註85〕應為「清」。
〔註86〕應為「翮」。
〔註87〕殷夢霞、李強選編《外國人著清史八種》，第三冊，第286頁。
〔註88〕殷夢霞、李強選編《外國人著清史八種》，第三冊，第289頁。
〔註89〕殷夢霞、李強選編《外國人著清史八種》，第三冊，第296頁。
〔註90〕殷夢霞、李強選編《外國人著清史八種》，第三冊，第300頁。
〔註91〕殷夢霞、李強選編《外國人著清史八種》，第三冊，第305頁。

《清朝史略》中未提到蒙古土爾扈特部及其赴俄與東歸，俄羅斯再次出現是咸豐十年割地之事，其敘述與《清史攬要》略同。

2. 浩罕

道光「六年，張格爾〔註92〕安集延、布魯特五百餘，突至回城，拜其先和卓木之墓，回人所謂瑪雜也……初，回疆惟敖罕驁悍善戰，有『百回兵不如一安集延』之語。敖罕，八回城之一也。張格爾恐伊犁北路援兵速集，遣使求助于敖罕，約四城破，子女玉帛共之，且割喀城酬勞。七月，敖罕自將安集延萬人至，則張格爾已探喀城無後援，悔背前約。敖罕酋怒，即自督所部攻城，城不下，又恐回人背之，腹背受敵，率兵宵遁。張格爾使人追陷其眾，復歸投者二三千，張格爾置為親兵。」〔註93〕敖罕即下文浩罕，該書與增田貢兩書均前後用兩名，並未註出。喀城指喀什噶爾。

「八年正月，……初，張格爾就禽，長齡檄諭浩罕、布噶爾縛獻逆裔家屬。浩罕言被虜兵民可以獻出，惟回人經典無獻和卓子孫之例。……敕禁其貿易（茶葉、大黃）……。」〔註94〕

「十年八月，浩罕、安集延入寇。初，那彥成奏趣歷年留商內地之安集延出卡，以斷耳目，且沒入其貲。諸夷商憤怨，思報復，探知大兵已班，于是奉張逆之兄玉素普為和卓，糾結布魯特、安集延眾共萬餘謀入寇。是年春攻圍喀、英二城，分兵犯葉城……賊萬餘來犯，擊而退之……。」〔註95〕此「張逆」指張格爾。英城指英吉沙爾，葉城指葉爾羌。

「十一年，……是時，浩罕聞官兵大至，將由伊犁、烏什、喀城三路出討，于邊界筑牆防拒，又遣三頭目來訴前事，並請通商。長胤〔註96〕奏言安邊之策，振威為上，羈縻次之，上命如其所請。是冬，浩罕復以兵巡俄羅斯邊界，張聲勢。十一月，奏請于喀城參贊署設善後局。浩罕本微也，土產甚貧，全賴諸夷入卡貨物過境抽稅。其西有倭羅堆牌部，地險人悍，逮八年，浩罕並倭羅堆牌，無內顧憂，故十年遂東犯邊，然其西又有布噶爾國環之，尤大且強，及道光二十二年，浩罕遂為布噶爾所滅。」〔註97〕該書述浩罕請通商時間之誤一

〔註92〕有闕文。
〔註93〕殷夢霞、李強選編《外國人著清史八種》，第四冊，第112～113頁。
〔註94〕殷夢霞、李強選編《外國人著清史八種》，第四冊，第118頁。
〔註95〕殷夢霞、李強選編《外國人著清史八種》，第四冊，第119～120頁。
〔註96〕應為長齡。
〔註97〕殷夢霞、李強選編《外國人著清史八種》，第四冊，第121～122頁。

如《清史攬要》〔註 98〕，實當在道光十年。

3. 日本

（1）關於通好和通交

《清朝史略》並未記載順治初年送還日本漂民事，除了前文人物形象刻畫中提及的日本，該國在紀中出現已是晚清：

同治十年「六月，日本國使副島種臣等來京師交換和約。先是，日本人與中國立通商和約，總理各國事務衙門以江蘇按察使應寶時熟悉洋務，請旨馳赴天津會同李鴻章酌辨條款，至是和好遂成。」〔註 99〕

十一年，「日本國領事官來統通交事務」，述其分工時也出現了「仙〔註 100〕頭」之誤，一如《滿清史略》〔註 101〕。其後增述：「其公署一切規制，擬泰西諸國，署前旗繪一紅日。」〔註 102〕

（2）關於日本侵臺及相關談判

《穆宗紀》中稱：同治十三年「五月，日本人伐臺灣土蕃。臺灣全島分為東部西部，西部隸臺灣府，東部化外之民，稱土蕃。車城、社寮、保力莊、統領阜、田中央等稱熟蕃。車城者，蕃中都會，人煙四百餘戶。自餘住山中者稱生蕃，牡丹、高士滑、爾乃等，凡十八社，而牡丹尤兇悍。先是，琉球商舶遭颶漂著臺灣南境，為牡丹人所殺（一說備中人所殺，未詳孰是）」〔註 103〕。此事《清史攬要》述為：「我日本備中民及琉球人漂到臺灣生番地，為所殺害……」〔註 104〕日本備中州人佐藤利八等僅被搶奪衣物，並未被殺。而佐藤楚材在註釋中記錄的說法是琉球人被日本備中人所殺。

「琉球愬日本，以求申雪，至是，陸軍中將西鄉從道為蕃地事務都督，陸軍少將谷干城、海軍少將赤松則良為參軍，發兵（楚材曰：世傳是役從道使人謂兄隆盛曰：『弟總海陸兵將遠入異域，不可無選鋒。』隆盛募壯士八百餘人遣之）。於是戰艦五艘相次至臺灣，兵凡三千六百，置牙營龜山，餘陣車城。熟蕃迎降，請為鄉導。六月，遣兵入石門口，擊斃巨酋阿祿父子已下三

〔註 98〕殷夢霞、李強選編《外國人著清史八種》，第五冊，第 135 頁。
〔註 99〕殷夢霞、李強選編《外國人著清史八種》，第四冊，第 505～506 頁。
〔註 100〕應為「汕」。
〔註 101〕殷夢霞、李強選編《外國人著清史八種》，第二冊，第 413 頁。
〔註 102〕殷夢霞、李強選編《外國人著清史八種》，第四冊，第 508 頁。
〔註 103〕殷夢霞、李強選編《外國人著清史八種》，第四冊，第 509 頁。
〔註 104〕殷夢霞、李強選編《外國人著清史八種》，第五冊，第 259 頁。

十四人。七月，分三道進，蕃人潛身深箐，據險狙擊。日本兵繞出其後，蕃人潰走。日本兵奮進，斬獲無算。諸酋長懾伏乞降，獨牡丹、高士滑不服，乃分兵深入巢窟，至則竄匿無人，焚其屋舍，留兵扼風港、雙溪諸要害，以斷其運糧料彈藥之路。十月，牡丹、高士滑餘類窮蹙出降，從道班師龜山，建設都督府、兵營、病院。於是諭日本人曰：『臺灣全島隸中國所轄，宜速撤兵去。』不聽。會有訛言曰將襲西部，乃派總理船政大臣沈葆楨統帶閩省舟師往臺灣視察情形，以備不虞。」〔註 105〕所述戰況全從日方視角，內容則遠較《清史攬要》為詳。

「是月，日本辨理大臣大久保利通來北京會攝政恭親王等議生蕃所屬，稽遲多日，議不諧，迄無成章，幾至決裂。英國駐華公使威妥瑪善為調停，籌兩便之策，和議遂成。達兩國和好條款，連署鈐印為交換，其文曰：『會議條款互立辨法文據事。照得各國人民有應保護不致受害之處，應由各國自行設法保全，如在何國有事，應由何國自行查辨。茲以臺灣生蕃曾將日本國屬民等妄為加害，日本國本意為該蕃是問，遂遣兵往彼向該生蕃詰責。今與中國議明退兵並善後辨法，開列三條於後：一、日本國此次所辨原為保民義舉起見，中國不指此為不是；二、前次所遇難民之家，中國定給撫恤銀兩，日本所有在該處修道、建房等件，中國願留自用，先行議定籌補銀兩，別有議辨之據；三、所有此事兩國一切來往公文，彼此撤回注銷，永為罷論。至於該處生蕃，中國自宜設法妥為約束，以期永保航客不再受兇害。其會議憑單事，臺灣一事現在經英國威大臣同兩國議明，並日本在立辨法文據，日本國從前被害難民之家，中國先准給撫恤銀十萬兩，又從日本退兵在臺灣地修道、建房等件，中國願留自用，准給費銀四十萬兩。又經議定，准於日本國明治七年十二月二十日、清國同治十三年十一月十二日，日本國全行退兵，清國全數付給銀兩，亦不得愆期。日本國未經全數退兵盡之時，中國銀兩亦不全數付給。立此為據，彼此各執一紙存照。』盟約已成，利道〔註 106〕歸去。」〔註 107〕所述條款與《清史攬要》相同。

（3）關於李鴻章、王凱泰請遣公使

《清朝史略》未記載日本逐步併吞琉球事，關於李鴻章、王凱泰請遣公使，

〔註 105〕殷夢霞、李強選編《外國人著清史八種》，第四冊，第 509～511 頁。

〔註 106〕應為「通」。

〔註 107〕殷夢霞、李強選編《外國人著清史八種》，第四冊，第 511～513 頁。

未如《清史攬要》般節錄其疏內容〔註108〕，而增述其他：同治十三年，「大學士、直隸總督李鴻章建議請遣公使於日本及西洋通商各國。福建巡撫王凱泰亦疏請通商各國於都城設公〔註109〕省設領事。皆留中不發。先是，曾國藩奏內亦曰：遣使一節，中外既已通好，彼此亦屬常事，論者或恐使臣之辱君命，或慮費用之浩繁，此皆過慮之詞，似應令中外人臣留心物色，隨時保舉。至是，禮親王等會奏李鴻章所議均屬可行，本衙門片奏有曰：『凡出使絕域者，莫不極一時之選，如宋之富弼、蘇轍等，皆以名臣大儒膺斯職任。』又曰：『茲由臣等查得主事陳蘭彬、員外郎季〔註110〕鳳苞、編修何如璋、知縣徐建寅、道員許鈴身、典簿葉源濬、編修許景澄、主事區諤良、同知銜徐同善共九員，另繕履歷清單，恭呈御覽，以備他日遴選之資。』」〔註111〕禮親王指世鐸，「本衙門」指總理各國事務衙門。

（4）關於何如璋、張斯桂使日

光緒三年「十月，簡派駐紮日本欽差大臣何如璋、副使張斯桂赴日本呈國書曰：『大清國大皇帝問大日本國大皇帝好。朕誕膺天命，寅紹丕基，眷念友邦，言歸干〔註112〕好。茲特簡二品頂戴升用、翰林院侍講何如璋為欽差出使大臣，三品頂戴、即選知府張斯桂為副使，往駐貴國都城，並令親齎國書，以表真心和好之据。朕〔註113〕何如璋等和平通達，辨理交涉事件必能悉臻妥協。惟冀推誠相信，得以永臻友睦，共享昇平，朕有厚望矣。』何如璋，廣東大坤〔註114〕縣人，與萬、毛、董三子同有文名。」〔註115〕何如璋（1838～1891），同治七年進士。「萬」或為道光二十年進士、曾任翰林院掌院學士的萬青藜（1821～1883），「董」或為萬青藜同年進士、曾任總理各國事務衙門大臣的董恂（1807～1892），「毛」或為道光二十五年進士、曾任翰林院掌院學士的毛昶熙（1817～1882），亦有可能指道光十八年進士、曾任翰林院編修的毛鴻賓（1811～1867），因其早卒，毛昶熙可能性更大。增田貢兩書中的關鍵人物沈文熒、王韜，該書並未記載。

〔註108〕殷夢霞、李強選編《外國人著清史八種》，第五冊，第260～262頁。
〔註109〕有闕文，據《清史攬要》當為「使，於行」三字。
〔註110〕應為「李」。
〔註111〕殷夢霞、李強選編《外國人著清史八種》，第四冊，第513～514頁。
〔註112〕應為「于」。
〔註113〕眉批：「『朕』下脫『知』字。」
〔註114〕應為「埔」。
〔註115〕殷夢霞、李強選編《外國人著清史八種》，第四冊，第539～540頁。

第二節 《清朝史略》的對華影響

2011 年，復旦大學潘喜顏博士在其學位論文《清末歷史譯著研究（1901～1911）——以亞洲史傳譯著為中心》的附錄《清末（1901～1911）歷史譯著知見錄》中記述：「《大清一統史略》，［日］佐藤楚材編輯，陳邦瑞校對，大清光緒二十八年八月二十日出版，大日本明治三十五年九月廿一日發行，發行者理文軒中外書會，印刷者世界譯書局，經售者日清書館。根據日本佐藤楚材《清朝史略》譯出，全書共十二卷，線裝小本三十二冊。前有菊池張子顯甫序、西村茂樹序、自序、薩道懇序、蓉湖浦井信敘，末有星城中桐儉跋、盧舟小川亮跋、渡井量臧跋、男雲韶跋。該編起於清初至於光緒年間，卷之一太祖；卷之二太宗；卷之三世祖；卷之四聖祖；卷之五世宗；卷之六高宗；卷之七仁宗；卷之八宣宗；卷之九文宗；卷之十穆宗；卷之十一今帝，編年紀事，間用追敘法，如紀鄭成功事；儒林、文苑、孝義、隱逸列傳不拘時代，均附卷末。」〔註 116〕

光緒二十八年八月二十日為 1902 年 9 月 21 日，亦即明治三十五年九月廿一日。佐藤楚材《清朝史略》本用中文寫成，無須翻譯也並無譯者，用「譯出」不妥。文中所列該書的序跋與原版有異，原版的順序為西村茂樹序、菊池純序、中桐儉敘、薩道懇序、自序，小川亮跋、浦井信跋、佐藤雲韶跋、渡井量臧跋、溫故堂主跋。菊池純誤為「菊池張」，中桐儉的敘變成了跋，浦井信的跋成了敘，溫故堂主的跋沒有了，可見該書在華出版時校對不細。文中稱該書編年紀事，並未指出其為紀傳體史書，僅提及「儒林、文苑、孝義、隱逸列傳」，而未述體量更大、排列在前的清朝大臣列傳，一如本書第五章開頭所述黃東蘭教授僅見及曾國藩傳，或者是所閱版本內容缺失，或者是存在誤讀之處。

除了潘博士的論文，筆者雖努力搜求，仍尚未發現其他關於《清朝史略》在華出版情況的記述。相比在清末民初有多個版本問世的《清史攬要》，《清朝史略》的對華影響僅能說比寂寂無聞的《滿清史略》略勝一籌。而從本書前面的分析比較可知，該書雖有不少舛誤，但體例較為嚴密，體量相當浩大，刻畫人物細緻生動，史事敘述亦有頗多可取之處，作為晚清日本漢文清史專著中紀傳體史書的代表，其史學價值應當得到肯定。

〔註 116〕潘喜顏《清末歷史譯著研究（1901～1911）——以亞洲史傳譯著為中心》，復旦大學博士論文，2011 年，第 138 頁。

主要參考文獻

1. 佐藤楚材《清朝史略》，見殷夢霞、李強選編《外國人著清史八種》，第三、四冊，國家圖書館出版社 2008 年版。
2. 增田貢《清史攬要》，同上書，第五冊。
3. 增田貢《滿清史略》，同上書，第二冊。
4. 新修《清史》送審稿，國家清史編纂委員會內部資料，2018 年。
5.《清史稿校註》，臺灣商務印書館 1999 年版。
6. 譚其驤主編《中國歷史地圖集》，中國地圖出版社 1982 年版。
7. 馮爾康《清史史料學》，故宮出版社 2013 年版。
8. 劉海峰《百年清史纂修史》，安徽人民出版社 2014 年版。
9. 增田涉著，由其民、周啟乾譯《西學東漸與中國事情》，江蘇人民出版社 2010 年版。
10. 顧誠《南明史》，光明日報出版社 2011 年版。
11. 趙晨嶺《晚清日本漢文清史專著舉要——增田貢〈清史攬要〉〈滿清史略〉比較研究》，花木蘭文化事業有限公司 2022 年版。
12.《清實錄》，中華書局 1986 年版。
13. 昭槤《嘯亭雜錄》，中華書局 1980 年版。
14. 徐珂《清稗類鈔》，中華書局 1984 年版。
15. 清華大學圖書館、科技史暨古文獻研究所編《清代縉紳錄集成》，大象出版社 2008 年版。
16.《魏源全集》，嶽麓書社 2004 年版。

17.《道光福建通志臺灣府》，成文出版社，1983 年版；遠流出版事業股份有限公司，2007 年版。

18. 樗園退叟《盾鼻隨聞錄》，抄本見福建省文史研究館編《摩盾餘譚（外三種）》，江蘇古籍出版社 2000 年版；刻本見沈雲龍主編《近代中國史料叢刊》第 297～8 冊，文海出版社 1968 年版。

19. 薛福成《庸盦筆記》，上海古籍出版社 2002 年版。

20.《黄宗羲年譜》，黄炳垕撰、王政堯點校，中華書局 2006 年版。

21. 李恆輯《國朝耆獻類徵》，江蘇廣陵古籍刻印社 1990 年版。

22.《欽定八旗通志》，吉林文史出版社 2002 年版。

23. 張德澤《清代國家機關考略》，學苑出版社 2001 年版。

24. 國家清史編纂委員會、國家清史纂修領導小組辦公室編《清史鏡鑑：部級領導幹部清史讀本》（第八輯），國家圖書館出版社 2015 年版。

25. 黄東蘭《儒學敘事下的中國史——以明治時期日本的漢文中國史著作為中心》，《江蘇社會科學》2016 年第 3 期。

26. 李孝遷《清季支那史、東洋史教科書譯介初探》，《史學月刊》2003 年第 9 期。

27. 黄興濤《話「支那」——近代中國新名詞源流漫考之二》，《文史知識》1999 年第 5 期。

28. 賈乃謙《朱溶及其〈忠義錄〉試析》，《遼寧大學學報》，1985 年第 4 期。

29. 陳必佳《再論〈縉紳錄〉記載的準確性及其史料價值》，《清史研究》2019 年第 4 期。

30. 齊木德道爾吉《關於康熙本〈三朝實錄〉》，《內蒙古大學學報（人文社會科學版）》2002 年第 3 期。

31. 滎孟源《〈夷匪犯境聞見錄〉校記》，《文史哲》1984 年第 1 期。

32. 易惠莉《日本漢學家岡千仞與王韜——兼論 1860~1870 年代中日知識界的交流》，丁日初主編《近代中國》（第十二輯），上海社會科學院出版社 2002 年版。

33. 朱方芳、鄭雙習《鄭開極、謝道承、沈廷芳、陳壽祺與〈福建通志〉》，《福建史志》2006 年第 4 期。

34. 謝景芳《「三王」、續順公所部「隸旗」考辨》，《北方論叢》1996 年第 6 期。

35. 王新惠《清初兵部督捕侍郎許三禮生平考述》,《河南社會科學》2020 年第 9 期。
36. 陳德遠《清初名儒陳定齋先生史績考略》,《貴州文史叢刊》1993 年第 5 期。
37. 馬明達《王源(崑繩)年譜》,《暨南史學》第五輯,暨南大學出版社 2007 年版。
38. 沈慧瑛《金嘉禾名字號及籍貫年代考》,《蘇州日報》2020 年 9 月 26 日。
39. 張宗友《「耆舊西吳大雅材」:布衣詩人周篔學行考論》,《文學研究》第 6 卷第 2 期,南京大學出版社 2020 年版。
40. 蔡錦芳《清代揚州風雅鹽商馬曰璐生卒年考》,《中國典籍與文化》2011 年第 1 期。
41. 王穎《馬曰璐卒年新證》,《古籍整理研究學刊》2010 年第 5 期。
42. 周遠政《〈古文辭類纂〉版本述略》,《古典文學知識》2003 年第 5 期。
43. 林振岳《〈大雲山房文稿〉版本考》,《圖書館雜誌》2017 年第 2 期。
44. 多洛肯、胡立猛《清初著名回族詩人丁澎生平補考》,《西北民族研究》2013 年第 3 期。
45. 多洛肯、胡立猛《〈中國回族文學史〉中清初詩人丁澎生平考辨》,《民族文學研究》2011 年第 6 期。
46. 崔軍偉《康熙朝「三朝國史館」存續時間及成書問題舉證》,《歷史檔案》2012 年第 3 期。
47. 崔軍偉《康熙朝紀傳體「三朝國史」纂修考》,《檔案》2011 年第 5 期。
48. 李廣林《顧炎武的北遊與定居華下》,《唐都學刊(西安師專學報)》1985 年第 2 期。
49. 王家新《鄧石如年表》,《中國書畫家》2013 年第 4 期。
50. 潘喜顏《清末歷史譯著研究(1901～1911)——以亞洲史傳譯著為中心》,復旦大學 2011 年博士論文。
51. 夏勇《清詩總集研究(通論)》,浙江大學 2011 年博士論文。
52. 沈大明《〈大清律例〉與清代的社會控制》,華東政法學院 2004 年博士論文。
53. 任寅秋《菊池三溪早期漢詩研究——以《晴雪樓詩抄甲集》為中心》,北京外國語大學 2021 年碩士論文。
54. 朱世培《〈中西聞見錄〉研究》,安徽大學 2013 年碩士論文。

55. 袁瑩《姚鼐遊歷研究》，上海師範大學 2010 年碩士論文。
56. 張青松《鄧顯鶴年譜》，南昌大學 2007 年碩士論文。
57. 牛余寧《顧炎武政治旅行研究》，曲阜師範大學 2009 年碩士論文。
58. 武少青《顧炎武旅遊考論》，上海師範大學 2007 年碩士論文。

後 記

本書寫作過程中，收到了前著《晚清日本漢文清史專著舉要》的排印稿。在楊嘉樂副總編輯的悉心幫助下，我發現了書稿中的50處問題並逐一進行了修正。

前書改定付印，本書繼續撰寫。由於是同一系列的第二部，仍要不時翻查相關史料和前稿，果然又發現了漏網之魚，其中一部分已在本書正文中說明。其餘羅列於此，謹向前著的讀者表示歉意。

關於《清稗類鈔》，前書第二章第四節述康熙帝玄燁形象時引用了《清史攬要》中的一首「老胡歌」〔註1〕，因我此前只在《清稗類鈔》中看到過此歌，便貿然推斷其為史源，全然忘記了徐珂此著出版於民國初年，晚於《清史攬要》。這實在是個嚴重的低級錯誤，當改為「此歌亦見於徐珂《清稗類鈔》」。

關於魏源，增田貢在《滿清史略》道光初年史事中增述：「帝覽魏源試卷，手批嘉賞，入為中書舍人。」〔註2〕旻寧所覽當為道光二年順天鄉試卷，魏源入為中書舍人在八年或九年。前著以為兩事均在九年。另魏源曾任高郵知州，《滿清史略》誤作「知府」〔註3〕，前著並未指出。

關於江忠源，《清史攬要》寫道：咸豐三年，「湖北按察使江忠源破賴漢英，解南昌圍。……江忠源星夜赴援，賊望其旗幟，驚曰：『江妖來何速也？！』賊呼官吏為妖，故云」〔註4〕。前著將「驚曰」誤寫為「警曰」。

〔註1〕殷夢霞、李強選編《外國人著清史八種》，第五冊，第66頁。
〔註2〕殷夢霞、李強選編《外國人著清史八種》，第二冊，第348頁。
〔註3〕殷夢霞、李強選編《外國人著清史八種》，第二冊，第378頁。
〔註4〕殷夢霞、李強選編《外國人著清史八種》，第五冊，第156頁。

本書完稿後，我已開始拙作「日本清史三部曲」的第三部《清末民初日本清史專著要論》的撰寫，如再發現前兩部拙著中有未及更正的舛誤，當一併在下一篇後記中說明。我將更加努力，深入鑽研，細緻校對，儘量避免此類問題的出現。

2022 年 8 月於萬泉寺園